从来爱物多成癖

北宋收藏文化及其观念摭谈

白俊峰 著

天津社会科学院出版社

图书在版编目（ＣＩＰ）数据

从来爱物多成癖：北宋收藏文化及其观念摭谈 / 白
俊峰著. -- 天津：天津社会科学院出版社，2021.8
ISBN 978-7-5563-0768-5

Ⅰ．①从… Ⅱ．①白… Ⅲ．①收藏－文化研究－中国
－北宋 Ⅳ．①G262

中国版本图书馆 CIP 数据核字(2021)第 198278 号

从来爱物多成癖：北宋收藏文化及其观念摭谈
CONGLAI AI WU DUO CHENG PI ：
BEISONG SHOUCANG WENHUA JI QI GUANNIAN ZHITAN

出版发行：天津社会科学院出版社
地　　址：天津市南开区迎水道 7 号
邮　　编：300191
电话/传真：（022）23360165（总编室）
　　　　　　（022）23075303（发行科）
网　　址：www.tass-tj.org.cn
印　　刷：北京盛通印刷股份有限公司

开　　本：787×1092　毫米　　1/16
印　　张：19
字　　数：233 千字
版　　次：2021 年 8 月第 1 版　2021 年 8 月第 1 次印刷
定　　价：68.00 元

目录

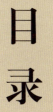

宋太宗为什么让武官到收藏典籍的秘阁观书？宋徽宗收藏金石器物，难道仅仅为了满足自己的喜好？皇家的古器收藏到底有什么现实功用？苏轼是否卖过自己的书画作品？米芾作伪的心理动机是什么？收藏史，回答的就是这些隐含在一件件文物艺术品背后的历史疑问。

宋代是一个审美的时代，宋人对"物"的关照，烙印了鲜明的价值观和浓郁的美学趣味。在收藏领域，他们的行为和观念经过近千年的继承、整合和发展，已经注入民族的文化基因。借由收藏这个话题，让我们洞窥千年前的社会图景、艺术生活和时代芳华，与那些有趣的灵魂进行一次对话。

前言：收藏文化及其观念

我在《大宋收藏》一书的写作中，对宋人围绕收藏活动而生发的各种观念产生浓厚兴趣，但囿于个人能力和时间等因素，并没有过多探讨。在持续的阅读和思考后，终于决定来谈谈这个话题，于是就有了这本新书。这也是我试图通过收藏文化，洞窥宋人政治社会生活乃至文化心态，构建收藏史写作体系的又一次小小尝试。

在正式开始探讨这个话题之前，有必要先说明两个基础性的问题。

首先，收藏文化的本质到底是什么？收藏是人类极其重要的社会文化活动，收藏的历史，从宽泛的意义上讲，它与人类生存发展的历史几乎是同步的。人们收藏的品类涵盖了人类的社会生活，即经济、政治和文化的方方面面，但依照约定俗成的惯例，则主要包含文物艺术品，这其中，书画、瓷器、玉器、金石器物、典籍、时玩等，自古就是中国人的喜好，也是我们研究收藏史时观照的重点对象，特别是书画艺术品，更是重中之重。正因此，学者们通常把收藏史归类为艺术史的范畴，特别注重对文物艺术品递藏信息、辨别真伪等方面的考证与研究。这种研究，当然是无可厚非的。但收藏作为人类的社会文化活动，其活动主体是有血有肉的人，而收藏史关涉历史中的人与事，与彼时的政治环境、经济发展、社会习俗和文化心态等都有紧密联系。因此，收藏史并不等同于艺术鉴赏史，仅从研究的对象而言，前者比后者更为宽泛和宏观，收藏史的研究不局限于艺术品鉴藏活动的线性演变，而应强化收藏文化的概念，突出人这个关键因素，通过观照人的行为和观念，概览丰富多彩和复杂多变的历史文化图景。窃以为，所谓收藏文化，就是人类围绕各类收藏品而发生的赏鉴、储藏、流通、研究、使用等文化活动以及由此产生的文化观念。这是对传统意义上的"艺术鉴藏"这一概念的延伸和发展，研究的范畴扩大了，研究的重点则由观照"物"进而推及"人"。

　　本书就是对上述想法的一个实践。较之《大宋收藏》着墨于宋人的收藏活动，本书的研究对象是人，以及由此而来的观念。而对观念的解读，则是收藏文化的核心。这就引发了第二个问题，什么是收藏观念？借用罗宗强为张毅《宋代文学思想史》所作序言中的一句话——极简略地说，文学思想就是人们对于文学的看法[1]——收藏思想或收藏观念，实际上也是人们对于收藏的看法，或者说，是人们围绕收藏活动而产生的看法。这其中包含了两个层面：微观层面，是人们对藏品获取、辨伪、欣赏等方面的观念，具体到宋代，比如米芾的辨伪方法，就是收藏活动中最基础的观念之一。这种观念基于收藏行为本身，是附着在收藏行为中的。但是，人类的情感又是如此复杂微妙，宋人的许多收藏观念，既包含在苏轼《宝绘堂记》这样的专论中，更多的则表现为人们的行为方式，犹如隐匿于历史深处的草蛇灰线，这是宏观层面的收藏观念，是由收藏行为引申和阐发出来的，需要从宋人丰富的收藏活动中爬梳。比如，

1　详见张毅《宋代文学思想史》（修订本），中华书局 2006 年，第 1 页。

徽宗的收藏行为就是其营造"丰亨豫大"的帝国气象的一种手段，是其"理想国"的重要表征之一，在北宋晚期特殊的政治文化语境中，并不是我们想象的所谓"雅好"那般简单。因此，收藏观念不能脱离收藏活动，撇开行为，所谓的观念也就成了空中楼阁。但是，如果把宏观的收藏观念的范围无限扩展，显然也不合适，比如宋人对艺术的品评，虽说是收藏赏鉴的范畴，但更应该归属艺术史。所有的话题都应有一个相对的边界。这个边界如何把握，确实需要斟酌。

总之，收藏观念不仅是收藏文化的重要组成部分，也是每一个时代思想演进的内容，蕴含着太多有趣的话题。这就要求我们，必须打通收藏活动中涉及的艺术创作、真伪赏鉴、诗词题跋等方面，从艺术史、文学史乃至政治史等多个角度观照古人的收藏行为。比如，苏轼"寓意于物"的收藏观与其提出的书画"写意观"之间有着天然联系，前者面对的是有形的物质载体，即收藏品；后者面对的是非物质层面的创作技巧和理念。这两者是很难分开的，共同构成了苏轼艺术赏鉴的观念和理论。苏轼告诉我们，不仅要在艺术创作中注重"意"的表达，获取或欣赏艺术品时也要注重"意"的注入。这两个"意"，都是主观感情和精神的折射。区别则在于，前者与"形"相对应，脱离了"形"的束缚，更加侧重于"意趣"。后者与"欲"相对，强调的是对趣味和品位的观照，主张收藏要摆脱"欲"的羁绊，追求收藏行为的价值和意义。苏轼的艺术观大多见于他对书画作品的题跋，在此表达了自己的收藏观与艺术观。

本书书名取自唐人李涉《葺夷陵幽居》诗。李涉性喜翠竹，自言"从来爱物多成癖"，是千古藏家的真实写照。天津博物馆藏有清代朱耷所书的《葺夷陵幽居》诗行书轴，用笔沉实老辣，堪为精品。我对"八大"痴迷已久，用此作为该书题目，也算是一种机缘。书中附有一篇宋代收藏文化的绪论，是对正文的导读。正文围绕太宗、徽宗这两位北宋可以称作一首一尾的皇帝，探讨北宋皇家收藏文化以及收藏的政治意义、皇帝的个人趣味等，同时讨论了南宋高宗的一些收藏活动。太宗是宋代政治文化的真正确立者，他在典籍收藏领域的种种努力，促进了宋代"涵养士类"和"书卷气象"的形成。至北宋末年，太宗的努力转化为徽宗营造的"文物盛世"，在时代变革的临界点，呈现一个极盛的幻觉，为金人的铁蹄所破灭；围绕苏轼、米芾这两位北宋士人和收藏家，来探讨士人收藏的行为和观念，在苏轼一章中兼及了司马光等人的收藏；在米芾一章中则一并讨论了欧阳修等人的收藏活动和观念，并考察了他们对颜真卿书法所持的不同态度。欧阳修、苏轼、米芾是宋代士人收藏的三个代表，他们的观念反映了那个时代士人的精神世界，代表了古代收藏文化的高度。

书中还旁及一些艺术史的话题，比如徽宗的艺术实践和观念、苏轼的绘画理论及文人画兴起的原因、颜真卿书法在北宋的接受，等等。收藏史不可能回避这些问题，但也不能写成单纯的艺术史，所以上述话题并未完全展开。写作时，秉持了小切口、大视野的方式，务求直抒胸臆，内容不局限于人物本事，故看似有跳脱处。

书中部分内容源于《大宋收藏》，并对其中一些表述进行了补正、拓展，并尽力完善，以弥补之前留下的诸多缺憾。在此向读者郑重说明。

白俊峰

宋代收藏文化述略

收藏是文化延续的重要途径，而藏品的流转，实际上是文化在时间与空间两个维度演进的状态，这是构建收藏文化的基础。但收藏之所以成为文化，更离不开人们对藏品的认知、使用、研究以及与此伴生的观念。学者们普遍认为，迄今中国历史上出现了五次"收藏热"，分别是北宋、晚明、清中期、民国以及当代。特别是北宋时期，是收藏史的第一个高峰。彼时的收藏极其活跃，已经显化为文化现象，极大地影响了后世收藏文化的发展。可以说，中国收藏文化的基本格局，就是由宋代奠定的。

一

公元 960 年，后周将领发动"陈桥兵变"，拥立宋州归德军节度使赵匡胤为帝，宋朝建立，共历十八帝，至公元 1279 年南宋灭亡，延续 319 年。

宋朝建立后，赵匡胤由一介武夫变为尊儒重文之君。此后，历代帝王接续传统，崇尚"抑武扬文"的治国理念，形成"文官政治"与"书卷气象"。经济社会的快速发展，政治环境的相对清明，士人阶层的空前壮大，以及此前唐五代在收藏领域的铺陈和酝酿，都为宋代文学艺术发展乃至收藏的繁荣奠定了基础。

宋代是我国历史上商品经济、文化教育、科学技术飞速发展的时代。有赖于经济社会发展提供的保障，宋代文学艺术取得了极高成就，书法、绘画、诗词等均对后世产生重大影响，斗茶等文人雅趣成为社会时尚。文学艺术的繁荣、社会对艺术品的需求以及文人群体的空前壮大，促进了收藏的兴盛，而收藏又为文学艺术创作提供了素材和借鉴样本，相互生发，蔚为大观。

大体上，宋代收藏可分为两个群体或类别，即以皇家为代表的官方收藏群体和以士人为代表的民间收藏群体，也可以简称为官藏体系与私藏体系。在这两个群体中，嗜好收藏的各级官员较为独特，相对于民间而言，他们可以归类为官方收藏，但相对于皇家而言，他们也属于民间收藏。笔者将其定义为士夫收藏[1]，主要是因为这类人兼有文化人身份，形成了鲜明的群体性特征，是宋代收藏文化最为显化的代表，与商贾、市民的收藏区别明显。无论是皇家还是士人，他们的收藏行为均带有浓重的贵族化、精英化特征，这也是宋代收藏的重要特点之一。宋之后，民间商贾凭借雄厚资财深度介入收藏领域，士人也开始"拥抱"市场，精英化特质逐渐弱化，市场化特征明显增强。

宋代"重农抑商"思想相对松动，商品经济活跃，城市发展迅速，与收藏相关的交换、交易、唱和等文化活动非常频繁。收藏市场已经形成，较唐代有质的飞跃，大相国寺俨然一个规模巨大的文物艺术品集散地。艺术品的市场属性也逐渐显露，藏品的市场价格已经形成，藏品博易手段多元，买卖的同时，还辅以质库抵押、交换等方式，且交换在士人藏家中颇为盛行。但宋代文物艺术品的交易尚处发展阶段，没有形成明代江南地区那种充分市场化的繁荣局面，具有承前启后的历史特征。

宋代皇家收藏作为最大的收藏体系，承载了参与皇家政治生活和延续文化的重任。在历朝历代，国家层面的收藏都是最大的收藏行为。两宋的皇家更是如此，赵氏家族不仅统治了三百余年，还是一个不间断传

1　按，笔者在《大宋收藏》中使用了"士夫收藏"的概念，作为延续，本书亦称"士夫收藏"，但在指称宋代士大夫群体时，则简称为"士人"。

（宋）青玉鹅形盒，高 8.4 厘米，宽 11.8 厘米，天津博物馆藏

承的艺术家族，对收藏的热爱从未中断。特别是北宋时期，历代帝王均对收藏投入相当的热情和精力；士人阶层空前壮大，收藏行为从皇家传到民间，士人的文化趣味成为社会主导并带动了收藏的普遍繁荣，在欧阳修等人的倡导和推动下，借由金石收藏活动，收藏观念日趋成熟，使收藏获得了文化的正当性与合理性，出现以金石著录为代表的文化现象；人们开始从单纯的物质拥有向研究收藏的历史、意义等转变，对收藏的认知愈发深入，收藏的文化自觉业已形成。这种自觉，有赖于宋人主体意识的觉醒和对"物"所持的浓厚兴致，也与他们经世致用的传统儒家观念有关。

　　从时间线梳理，可以把两宋收藏大致概括为发展期、繁荣期、鼎盛期及衰落期。太祖、太宗时期，开启了宋代收藏的历史，至仁宗，为发展期。其间，太宗对收藏尤为重视，民间进献活跃，为后世皇家收藏的繁荣奠定了基础。仁宗至徽宗时期为繁荣期，分别涌现出以欧阳修、苏轼为核心的两个具有鲜明特征的庞大收藏家群体，仁宗朝金石学也开始兴起。徽宗朝为鼎盛期，因徽宗的倡导和推动，皇家收藏集前朝之大成而达到历史高峰，以宣和系列书谱、画谱、博古图的刊行为显著时代标志。南渡之际，皇家与民间收藏均遭战火影响，皇家收藏几乎流散殆尽，虽然南渡后高宗极力倡导，尚能维持局面，但已不复昔日辉煌。在这个大致的分期中，皇家收藏与士人收藏的脉络基本重合，士人收藏虽然比不上皇家收藏的规模和体系，但收藏群体更庞杂、赖以生存的社会基础更雄厚，更具抵御外力的韧性，比如南宋末期皇家收藏已走向衰落，但依然出现了贾似道这样富可敌国的大收藏家[1]。据此，宋代收藏的鼎盛期为北宋晚期，徽宗则是两宋三百余年收藏文化的重要标志。

---

1 按，严格说，贾似道算不上士人阶层，但他的收藏堪与皇家抗衡，是宋代末期最重要的收藏家。

一

　　所谓官藏，实则包含了皇家收藏与皇家统摄下的政府收藏行为，在"普天之下莫非王土"的时代，也可以将官藏与皇家收藏并称。古代任何一个"君权神授"的封建王朝，皇帝都是权力和财富的象征，也是最大的收藏家。他们主导的收藏活动，无不有权力的介入，带有丰富的政治意义，历来承载了确立皇权正统地位、彰显皇家意志、教化天下臣民的重要政治功用。可以说，皇家收藏的演变，几乎就是一部权力交替、政治更迭的历史。

　　古代皇家收藏早有传统，汉武帝创秘阁聚天下图书，隋炀帝置妙楷、宝迹二台存储法书名画，唐太宗雅好书画，更是将王羲之《兰亭集序》真本陪葬昭陵。宋代的皇帝们承续前代传统，大多雅好搜集，同时也喜爱文事，尤以徽宗为代表，是艺术的热情实践者和推动者。正因此，宋代的皇家收藏显得别有风貌。一是皇帝将个人喜好推到极致，从宋初便开始留意艺术收藏，三百多年中除短暂的战争之外，几乎没有中断，官民书画收藏勃兴，艺术交易活跃，极大地推动了宋代书画艺术的发展。二是崇古之风大兴，以金石古物收藏为代表，既满足皇帝好古嗜古的个人兴趣，又通过一系列强化正统地位的手段，在礼乐改革上体现"回向三代"的政治抱负，带动宋代成为金石收藏和著录的第一个高峰。观察宋代的皇家收藏，会发现收藏行为已经深度介入政治事件、宫廷生活之中，显化为独特的政治文化。

在书画收藏领域，太宗赵光义在赵匡胤的基础上，通过民间搜集、臣民进献等手段，广揽天下艺术珍品，于端拱元年（988）在崇文院设立秘阁储藏法书名画。有赖于宋代印刷术的飞速进步，太宗于淳化三年（992）刊刻《淳化阁帖》，也引领了皇帝对收藏品进行整理研究的风气。太宗之后的一百余年间，皇家不间断地收藏，至徽宗达到历史顶峰，《宣和书谱》《宣和画谱》即为此时刊刻。徽宗以其天赋异禀，大兴画院，首倡画学，成为宋代皇家书画收藏的集大成者。靖康之乱导致北宋皇家书画收藏散佚，高宗赵构继位后重拾传统，中兴企图在收藏领域表现得淋漓尽致。有赖于南宋时江南地区的富庶和安定，又经孝宗、光宗、宁宗等帝努力，皇家书画收藏再成规模，但再也没有回到北宋晚期的历史高峰。杨王休在《宋中兴馆阁储藏图画记》中记载的南宋皇家书画收藏数量，大略只有徽宗《宣和画谱》著录的五分之一。南宋亡后，宋代皇家收藏落下帷幕，深宫书画艺术品散佚。随着朝代的更迭，古代皇家收藏的另一个时代已开启。

在金石收藏领域，太祖建国之初颁行《三礼图》，对后世帝王收藏、著录金石器物产生深远影响。皇帝们借此复原古礼的政治企图也初显端倪并成为传统。真宗时期，皇帝已开始对进献的古铜鼎进行考证。仁宗时期，金石等古器物的收藏研究开始兴起，皇帝通过造作新乐与校定古乐器、刊刻篆书《石经》、御篆功臣神道碑额、颁赐内府古器物铭文拓本等综合性措施[1]，带动和鼓励了金石收藏风气的兴起。仁宗朝欧阳修撰写的《集古录》具有划时代的意义[2]。徽宗时期，内府古器物收藏已成大观，《宣和博古图》著录宋代皇家收藏的商代至唐代青铜器 839 件。涉及金石的收藏、研究在官方倡导下，带动了宋代嗜古之风的兴起。仁宗、徽宗时期的乐制改革中，皇家收藏的古器物均扮演了重要角色。徽宗利用古器物，则进行了系统而缜密的礼乐改革，力求"一道德而同风俗"。靖康之乱导致内府所藏古器物被金人掳走或散落民间。高宗接续前朝，极力搜寻古器，出于礼制的复兴，对金石器物进行了大规模地复制和仿造，但皇家金石收藏已大不如前，尚实证的金石研究式微。南宋亡后，宋代皇家金石收藏画上句号。

宋代皇家收藏在这两条主线之外，还有一个非常重要的门类，即典籍收藏。太宗对典籍收藏尤为重视，将其作为"文治"的重要手段，明确提出了"存续治乱之道"的主张，并积极推动典籍的搜集、整理、著录，还大兴土木，建设"三馆一阁"，是宋初皇帝"文治"理念显化的重要特征。南渡后，高宗力图"中兴"，于典籍收藏也倾注心血，民间搜求频繁，几乎为宋代诸帝之最。

此外，庞大的皇家收藏体系可谓"旁枝横溢"，比如真宗对祥瑞之物的收藏、徽宗对赏石的收藏，都成规模且引人关注。特别是徽宗营建的艮岳极一时繁华，成为屡被后人提及的"亡国之象"。

1　详见史正浩《宋仁宗对宋代金石学兴起的贡献》，《艺术学研究》2013 年第 7 期。
2　按，《集古录》已佚，欧阳修《集古录跋尾》流传至今。

三

有宋一代，民间收藏的主要群体为士人阶层。宋代偃武修文的治国策略，促使士人阶层空间壮大，成为士人的"黄金时代"。而士人收藏的主流，则是为官的文人，他们兼有官僚与文人的双重身份，是宋代收藏乃至我国古代收藏史中颇具特色的一个群体。宋代士人收藏的品类也主要集中于书画和金石两个方面，但兴趣更为庞杂和多元，且具有明显的群体特征与清晰的辨析度。

此时，士人阶层凭借融通庙堂与江湖的身份、全面的文化素养和独特的趣味，将收藏纳入正经补史、寓意于物的文化范畴，赋予收藏更为丰富的文化内涵，并成为社会的主流风尚，带动了收藏的繁荣。收藏的商业特征、消费属性虽然已经显现并影响了收藏行为，但并非主流。居主流的，是士人阶层对藏品的赏玩、研究与著录，以及围绕收藏形成的雅集、唱和等文化活动，且成一时风气，极大影响了后人对宋代收藏文化的认知。

宋代书画艺术取得极高成就。无论是皇家的倡导还是民间的喜爱，都促成了艺术史中一座巍然耸立的高峰。宋人在书法上崇尚个性与自由，产生了苏轼、黄庭坚、米芾等一大批影响深远的书法家；绘画领域山水、花鸟、人物诸科均名家辈出，伴随着相关理论的构建与成熟，文人画兴起并直接影响了元代以及后世文人画的发展。士人阶层对书画艺术的喜爱，是书画收藏兴盛的主要原因之一。苏轼、米芾、李公麟、王诜等兼具艺术家与收藏家两种身份，既孜孜于艺术实践，又不辍于藏品搜集。书画艺术的实践为收藏注入了丰富的文化内涵；而收藏又为艺术创作和理论构建提供了重要基础，衍生出文人雅集、诗词唱和等文化现象，也促生了宋人对文房用品的浓厚兴致。两种身份的"相互成全""互为生发"在古代收藏史中颇为耀眼。

在官方与民间的共同努力下，宋代金石学大兴。金石学可谓中国考古学的"鼻祖"。金石二字中，"金"为青铜器及铭文，"石"指石刻及其文字。将文字刻于石上或铸于青铜器上，是古人传承历史的重要手段。早在汉代时，存于简帛上的先秦文献已残缺不全，故"三代"青铜器铭文与东周以后的石刻文字，显得尤为珍贵。金石学萌芽于汉代，到仁宗时期，开始广受重视，至徽宗时则蔚然成士人显学，达到了历史的高峰。这既得益于宋代皇帝奖励经学、恢复礼制的倡导，也与士人正经补史的经世思想，以及宋代墨拓术、印刷术的发展密不可分。此时，士人对金石古物的收集、整理和研究出现空前热潮，涌现出一大批金石藏家和著录。"宋人治此学，其于搜集、著录、考订、应用各面无不用力，不百年间，遂成一种之学问"[1]，王国维进而认为，"原其进步所以如是速者，缘宋自仁宗以后，海内无事，士大夫政事之暇，得以肆力学问。其时哲学、科学、史学、美术，各有相当之进步；士大夫亦各有相当之素养，赏鉴之趣味与研究之趣味，思古之情与求新之念，互相错综"[2]。金石学大兴，也引发猖獗的盗墓，宋人笔记中多有记载。

除书画、金石两大收藏领域，宋代士人收藏可谓包罗万象。其中，私家藏书极其兴盛，万卷书楼，南北遥望，形成与皇家官府、书院寺观藏书"三足鼎立"的格局，开创了中国藏书文化的新局面。苏轼、米芾等人嗜好藏石，多有佳话流传。对文房用品的喜好也是士人风尚，文人书斋的笔墨纸砚等用具，已经超越了单纯的使用范畴，成为满足士人的赏鉴趣味、文化追求，借此回向内心世界的重要载体，不仅拓展了收藏的领域，丰富了收藏文化的内涵，而且显著地影响了后世的审美，成为我们观察宋代士人文化生活、精神世界的一个窗口。文人书房的空间意象，自宋之后也多了一份超尘出世的雅趣。此时，与文房雅玩相关的著录大量出现。相关的鉴藏活动亦多见于士人唱和的诗词，苏轼、黄庭坚、米芾、王诜等相互借观、馈赠藏品，有的还亲力亲为制作文房用品，投入的精力足与书画收藏活动等观，而且更加体现了文人清赏的趣味。

宋代士人藏家众多，是一个庞大的群体。欧阳修作为北宋开风气之先的文坛宗主，在金石拓本收藏和研究领域亦有划时代贡献，并以其为中心形成了金石收藏的群体，所著《集古录跋尾》收录周秦至五代近

---

1 王国维《宋代之金石学》，见《王国维文存》，清华大学国学研究院主编、方麟选编，江苏人民出版社 2014 年，第 748 页。

2 王国维《宋代之金石学》，见《王国维文存》，清华大学国学研究院主编、方麟选编，江苏人民出版社 2014 年，第 752 页。

四百篇金石文跋尾。吕大临《考古图》收录商周至秦汉古器224种，开创最早且系统的图录体例，为宋代金石学"图谱中兴"的代表。赵明诚接续欧阳修，所著《金石录》收录上古至五代古器，并对古器文字进行详细考证，为宋代金石研究的典范和集大成者。苏轼、米芾、王诜等继欧阳修之后，在北宋后期形成活跃的"收藏圈"，西园雅集风绪远播。这个群体中的收藏家，兼具文人素养和艺术造诣，把相互题跋、唱和、雅会外延为收藏的主流活动，为收藏注入了浓郁的文化趣味，也给后人留下许多风雅的话题，从中可以窥见宋代士人收藏的活跃，以及当时雅化的生活方式。这两个庞大的收藏家群体，分别以两位文坛宗主欧阳修、苏轼为核心，以文物艺术品为载体，以师友、门生、同僚、姻亲等为纽带，前后衔接，枝蔓缠连，形成庞大的社会网络和独特的文化现象。

　　宋代士人收藏的一个重要特征，就是精英化。知识分子不仅掌握了政治权力，而且手握文化与时尚的"权杖"，其收藏行为和收藏思想深刻影响了宋代收藏文化。他们大多秉持传统知识分子的风骨与气质，虽然乐于重金求购藏品和交换，并在社交中将藏品作为重要筹码，但收藏的文化意味更为强烈。另外，士人中的艺术家群体并不太愿意主动介入市场交易自己创作的艺术品，保持了"游心艺事"的澄澈。从现有史料中，很难看到苏轼将自己创作的书画作品纳入市场交易的记载。一方面，这是宋代收藏市场尚处于发育期的表现；另一方面，恰恰是这种精英化的气质，构建了宋代收藏文化的独特景观。

（明）陈洪绶《蕉林酌酒图》，绢本设色，纵 156.2 厘米，横 107 厘米，天津博物馆藏

陈洪绶所绘此图，描绘了古人于蕉树下酌酒的场景，身边的石案和面前的根几上，置以收藏的古器，是文人风雅趣味的形象再现。

四

宋代收藏文化的繁荣，也反映在宋人的收藏观念上。宋人收藏活动中闪烁的思想之光，堪称耀眼夺目。他们已经注意到了物欲与审美冲突带来的问题，并通过理论的构建和收藏实践，为后人架构了一个完善的理论体系。其中，最具代表性的有欧阳修借助金石拓本收藏"正经补史"的经世价值观，苏轼提出的"寓意于物"思想，以及米芾提出的赏鉴家与好事者的分类观念以及一系列辨伪理念，这共同构成了宋人丰富而立体的精神世界。

在皇家收藏层面，太宗即位后，高度重视典籍收藏，将典籍收藏概括为"存续治乱之道"，纳入文治范畴，并秉持了开明的集藏理念，推动了大宋王朝的"右文"之策。宋代皇帝拥有"回向三代"的政治抱负，致力于礼制的改革和复兴，其中皇家的收藏品扮演了重要角色。这不仅是政治理念的选择，还暗含了皇帝们的宗教信仰、个人喜好以及政治操作的技巧，哲宗甚至因为获得"传国玺"而改元，其间有着微妙的政治意涵。徽宗是宋代皇家收藏的集大成者，不仅有其喜好文艺的因素，也离不开道教的助力。从徽宗的收藏活动，能看到一个极其独特的样本。他把收藏作为"丰亨豫大"的重要表征，利用金石器物推行礼乐改革，并采取了相当开放的理念和系统性的策略，是其绍述政治的重要内容，更是打造"理想国"的形象工程，体现了致君尧舜、化民成俗的野心。总体而言，宋代皇帝在收藏领域的行为和观念，未脱这样一个基本的逻辑。

首先是基于个人嗜好。这是收藏的情感基础，是由赵氏家族的艺术基因和皇帝的喜好决定的。

其次是确立道德规范。为嗜好正名，避免引发"耽于兴致"的非议，树立"政治正确"的立场，并表达"教化"的政治功用。在这一点上，太宗无疑是成功的典范，而徽宗则是失败的样本，后人把北宋亡国与他的"玩物而丧志，纵欲而败度"紧紧联系在了一起。

最后是参与政治构建。在前两者基础上，皇帝将收藏行为纳入政治活动，收藏成为政治实践的重要内容。前述太宗、徽宗的收藏行为，就是典型。

在士人阶层，米芾通过古物这一媒介，感知时间的恒久以及世事的无常，并在《书史》《画史》等著录中系统地总结了艺术品辨伪、保存的方法，完善了藏品鉴赏的技术性手段，历史性地提出了赏鉴家与好事者的概念区分。沈括进而对当时的"收藏热"给予冷静批判，讥讽好事者乃"耳鉴"。欧阳修等人赋予金石收藏"补正史阙"的意义，使收藏行为摆脱了"耽于兴致""玩物丧志"的诟病。苏轼则是一个更为复杂的收藏家，他不厌其烦地强调"寓意于物"，极大地丰富了宋人对"物"的认知，但也多有遵从内心的选择，与王诜进行了许多功利性交换，体现了审美与物欲的纠结。总体上来看，宋代士人的收藏观念，充盈着一种鲜明的主体意识，他们对自我的身份、学养、道德等抱有高度认同，在对时风和流俗的批判中实现了趣味、身份的双重"区隔",不仅划定了一个清浊雅俗的区隔线,而且确立了彼此的身份差异。这是士人主体意识觉醒的显化特征,也蕴含在他们的艺术观中。苏轼"士人画"概念的提出,就带有鲜明的身份意识,显著推动了宋代文人画的兴起和发展。

宋人的收藏观念集中体现在他们的诗词文章中,比如欧阳修《集古录目序》、苏轼《宝绘堂记》、米芾《画史》序文等,是北宋乃至整个宋代收藏史的经典,反映了他们的集古思想和主张。司马光退居洛阳,在读书堂与典籍为伴,并多有诗作记录读书堂和读书活动,这是政治失意后退守内心世界、寻求心灵寄托的明证。

宋人的收藏观念,概括来讲,包含了三个维度:对物之功用的认识和由此带来的经世观念;对历史和时间的审视以及对收藏文化价值的肯定;对欲望和人性的批判进而寻求心灵寄托的雅致。宋人的收藏观,充满了时间感和历史感,他们借由收藏追问历史,而器物带来的恒久的幸福感,让他们沉迷其中,呈献出一个独特、细腻、丰富的精神世界。他们对"物"抱有成年人的好奇心,对自身与"物"的关系,也进行了理性地思考和审视,不排斥占有的欲望和收藏的经世价值,也不拒绝收藏带来的审美愉悦,在欲望与道德的调和中往往注重精神的自适。

如果将宋代收藏放至历史演进的大背景中考察,就会发现,这不是唐代的那种野性和激情,也不是明代的那种老成和事功,而是人到中年后的理性和审慎,带有成熟但并不颓废的味道,恰恰与宋人的理学思想合拍。总的来看,宋人的收藏观念是丰富多彩的,有时甚至是相互抵牾的。这是宋人精神世界的一体两面,其复杂性反倒呈献了更为真实和立体的状态。

五

宋代收藏文化已经成熟，表现在收藏的品类、著录、思想等各个方面。宋之后，基本上没有跳脱这三百余年来奠定的型格。

宋代的收藏文化具有为后世定型的历史价值。从收藏门类看，书画、金石古器、文房用品等，均有极大发展并逐渐完善，今人的收藏门类不脱宋人范畴。宋人关于文物艺术品的著录也空前繁荣，进入一个"谱录时代"。书画领域，有皇家主导编纂的《宣和画谱》《宣和书谱》、刘道醇《五代名画补遗》《圣朝名画评》、李廌《德隅斋画品》、米芾《书史》《画史》、董逌《广川画跋》《广川书跋》、周密《云烟过眼录》等；金石器物领域，有皇家主导编纂的《宣和博古图》、欧阳修《集古录》《集古录跋尾》、吕大临《考古图》、杨南仲《石经》、赵明诚《金石录》等；其他领域有苏易简《文房四谱》、洪遵《泉志》、朱长文《琴史》、杜绾《云林石谱》等；综合类的则有赵希鹄《洞天清录》，为历史上第一部综合性收藏赏鉴著作。典籍领域，诞生了晁公武《郡斋读书志》、尤衷《遂初堂书目》、陈振孙《直斋书录解题》等。这些著作大都具有开创之功，为后人考辨文物艺术品和典籍的递藏信息提供了重要参考，体现了较前代更为完善的赏鉴观念和著录思想。

在文学领域，宋代频繁的收藏活动为文学创作提供了极为重要的素材。特别是书画收藏领域，涉及赏鉴品评的诗文在宋代大行其道，蔚然成时代趣味。苏轼、欧阳修、梅尧臣等都有大量记录收藏赏鉴活动的诗词文章。特别是他们围绕收藏进行的相互唱和，充盈着一种澄澈清明的生命张力和古韵悠然的文人雅致，是古典文学中耀眼的存在。此外，宋人也留下了大量与收藏相关的赏鉴类题跋，这些题跋中，有相当数量以书法形式存世，书法与文学相得益彰。仅就苏轼的题跋而言，其不仅是研究收藏文化的珍贵史料，也是文学史和艺术史不可或缺的重要内容。奠定了宋诗格局的梅尧臣，尤爱将收藏活动写入诗歌，不仅丰富了宋诗的题材和内容，也提升了宋诗的表现境界。

在艺术领域，收藏史或可称为另类的艺术史。艺术史之所以具有书写的可能，恰恰在于人们对艺术品的递藏和注入其中的文化观念，与艺术家和艺术品共同构成了艺术史的基本脉络，其中，鉴藏活动贡献了重要的艺术观念，宋人的许多艺术观与之密不可分。欧阳修、苏轼等提出的绘画写意观，皆出自对绘画作品的赏鉴，是收藏活动引申出的重要艺术观念，对后世中国画的发展至关重要，可以说在理论层面铺平了写意画发展的道路。宋人的收藏趣味，还延伸到绘画的题材上，为后世提供了"博古图"这样影响深远的绘画范式，时至今日，博古题材的绘画也屡见不鲜。进献给皇家的《流民图》和《耕织图》，也是绘画中的经典图式。宋人收藏的习惯，还影响了艺术表现的形式。卷轴等书画装裱方式因便于携带保存和随时展玩，得到空前发展，纸绢作品更为流行。宋人基于嗜古理念，对古器物进行了大量复制和仿制，也影响了瓷器艺术的发展，推动了宋瓷典雅内敛艺术风格的形成。文房用品得到士人宝爱，也促进了相关制作工艺、制作理念的飞速提升，沈括在《梦溪笔谈》中所记的"石油"，在当时的主要功能之一就是制墨。

宋人对美的热衷以及由此带来的对"物理"的探究与思考，都已经成为民族文化的基因，深刻地影响着我们的思考方式和行为方式。可以说，中国人关于美的认识，几乎未脱宋人的范畴。比如，书房自北宋开始，成为与文人活动相伴生的文化空间。书房陈设中，收藏品是空间装置的标配和文人雅趣的代表，"即如图书鼎彝之属，亦须安设得所，方如图画……故韵士所居，入门便有一种高雅绝俗之趣"[1]。空间陈设中的古物，代表了一种"清赏"的传统，早在宋代就已不是文人专享，开封熟食店张挂名画，杭州茶肆则"插四时花，挂名人画"。此种风气影响了艺术的各个领域，在民间年画中，关于"书斋"的"画诀"就形象概括了书房的空间意象："树根几，古木椅，织锦褥，花竹榻，图经史，满书架，冬宜竹，春宜画，笔墨砚，陈桌上，龙窑瓶，插拂尘，右壁剑，左壁琴。"[2]

简言之，古代收藏文化是出世的文化，抛开皇家收藏的政治意义不谈，总体上代表的是一种小我的趣味和自适的逻辑，在传统儒家的经世观念之外，追求情感的寄托和情绪的释放，熨帖和抚慰心灵。这种文化特质经由宋代最终定型，即便是有欧阳修等人经世的收藏观念作补充，之后也没有发生根本性变化，并逐步成为中国人精神谱系和文化观念的重要组成部分，我们可以将其称为"精神世界后花园"中结出的文化之实。

1　（明）文震亨《长物志》卷八之"位置"，李瑞豪编著，中华书局 2012 年，第 209 页。
2　王树村《中国民间画诀》四"小说人物"之"室内装置"，上海人民美术出版社 1982 年，第 19 页。

这里，"细推物理"并没有完全演化为外向的与科学相关的认知，反倒是在"物我观照"中越来越趋向于内敛，甚至是士人精神和趣味的代名词，于长物之中不涉宏旨，只关风月。当然，我们不能据此否定这种近乎"弱德"的美好，它的内核依然保留了民族文化的精髓，至少在宋人那里，呈现的是思想的高度。今天，当我们回望苏轼"寓意于物"的观念时，不得不承认古人的高明所在——在他们眼中，收藏这种私享的"小道"，其实也蕴含着一个近乎具有哲学意味的人生命题。

第一章 遗编坠简宜询求

　　本章重点探讨宋太宗的典籍收藏，以及通过典籍收藏而施行的一系列文治政策。

　　宋代皇家收藏始于太祖赵匡胤，但赵匡胤的收藏行为带有"搜掠"性质，严格说，是战争的一部分。他的武力统一之举，既纳版图，又敛财富，其中就包括典籍、字画、珍宝等文物艺术品。

　　太宗赵光义则是宋代皇家收藏的实际奠基者，正是从他开始，收藏成为宋朝皇家传统。太宗的典籍收藏，具有明确政治目的和丰富政治意义，是其确立两宋右文之策的重要手段之一，深刻影响了宋代的历史。

宋代皇家对典籍、书画、器玩的收藏，起始于开国皇帝赵匡胤。《宋史》中随处可见赵匡胤攻城略地后主动搜掠或各地进献的记载。乾德元年（963），太祖平荆南时，"诏有司尽收高氏图籍，以实三馆"。当时，宋朝刚刚建立，三馆书籍少得可怜，"三馆书裁数柜，计万二千余卷"[1]。乾德三年（965）九月，太祖命右拾遗孙逢吉前往四川，"取伪蜀法物、图书、经籍、印篆赴阙"[2]。孙逢吉不辱使命，于转年五月呈献伪蜀图书、法物等旧藏，当月，太祖专门"阅蜀法物、图书"[3]。在御览前朝旧物后，太祖认为，"其法物不中度"，于是下令全部销毁，"图书付史馆"[4]。就在乾德四年（966）闰八月，太祖还下诏"购亡书"，"凡进书者，先令史馆点检，须是馆中所阙即与收纳，仍送翰林学士院引试，验问吏理，堪任职官者，官得具名以闻"[5]。在购求天下亡书的同时，太祖对"进书者"进行考核，合格后给予官职。这一年，朝廷得书1228卷，分储于馆阁之中。到了开宝九年（976），太祖平定江南后，命太子洗马吕龟祥"就金陵籍其图书，得二万余卷，送史馆。伪国皆聚典籍，惟吴、蜀为多，而江左颇精，亦多修述"[6]。这次籍没的江南图书，数量多，质量好，极大地充实了草创的北宋史馆。

由此可见，太祖对前蜀的法物是很不感兴趣的，这也体现了他的趣味，当然，也包含了政治取舍的因素。这些前朝用于仪仗、祭祀的器物，在改朝换代之时，想必不会受到新帝的青睐。在太祖心目中，"不中度"，

---

1 《宋会要辑稿·崇儒》，苗书梅等点校，王云海审订，河南大学出版社2001年，第231页。
2 《宋会要辑稿·崇儒》，苗书梅等点校，王云海审订，河南大学出版社2001年，第231页。
3 （元）脱脱等《宋史》卷二本纪第二，中华书局2000年，第17页。
4 《宋会要辑稿·崇儒》，苗书梅等点校，王云海审订，河南大学出版社2001年，第231页。
5 《宋会要辑稿·崇儒》，苗书梅等点校，王云海审订，河南大学出版社2001年，第232页。
6 《宋会要辑稿·崇儒》，苗书梅等点校，王云海审订，河南大学出版社2001年，第232页。

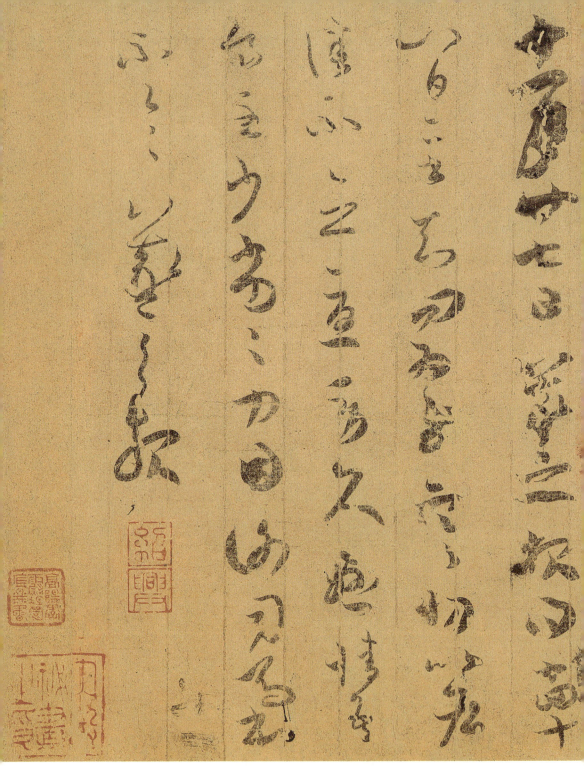

（晋）王羲之《草书寒切帖卷》，唐摹本，纸本，纵25.6厘米，横21.5厘米，天津博物馆藏

此本为唐代钩填本，现存王羲之草书五行，是一件流传有序的书法艺术珍品，国内稀有。

就意味着不合他所认为的祖宗仪法，销毁是再自然不过的事情。他诏令颁行《三礼图》，以图式展示"三代"礼仪，就是试图确立大宋王朝新的"仪轨"的明证，这也成为宋代后世皇帝在礼制领域的重要参照。朝代赓续之际，礼制的确立，是每一个新的王朝首先想到的问题，太祖自然也不会例外。邵博《邵氏闻见后录》亦有一则记载，可以印证太祖在收藏领域的趣味和对藏品的不同态度："太祖下南唐，所得李廷珪父子墨，同他俘获物，付主藏籍收，不以为贵也。"李廷珪是南唐人，制墨绝佳，深得南唐后主李煜赏识，但李氏墨连同其他俘获物被太祖"籍收"后，并不受皇家重视，后来官方重修相国寺门楼，所用黑漆就是李廷珪父子之墨。到了徽宗宣和年间，李氏墨愈发珍贵，"黄金可得，李氏之墨不可得也"[1]。此时的徽宗，对文房用品的喜爱已经到了无以复加的程度，上行下效，民间也甚为宝爱，李氏墨愈发珍贵，就是再自然不过的事情了。

太祖虽然起于戎马，即位后，也相当重视文教，加强中央集权的同时，大力倡导文官政治。《宋史》载：

> 乾德改元，先谕宰相曰："年号须择前代所未有者。"三年，蜀平，蜀宫人入内，帝见其镜背有志"乾德四年铸"者，召窦仪等诘之。仪对曰："此必蜀物，蜀主尝有此号。"乃大喜曰："作相须读书人。"由是大重儒者。[2]

太祖不清楚"乾德"的年号蜀人已经用过，显得有些生气，窦仪解释后，

---

1 （宋）邵博《邵氏闻见后录》卷第二十八，刘德权、李剑雄点校，中华书局1983年，第218页。
2 （元）脱脱等《宋史》卷三本纪第三，中华书局2000年，第33页。

很是释然，遂发"作相须读书人"的感慨。这里面，自然有一种迁怒之后为自己"找台阶"的因素。不过太祖的开明，确实为宋代后世皇帝起到了良好的示范作用，他在位期间削弱藩镇军事实力，完善科举并创设殿试，知人善任，厚禄养廉，显著改变了武夫专权的局面，无怪乎《宋史》有"遂使三代而降，考论声明文物之治，道德仁义之风，宋于汉、唐，盖无让焉"[1]的溢美之词。"声明文物之治"即为"文治"。不过，太祖在位 17 年，仍然东征西讨，忙于安定天下，无暇施行系统的"右文之策"。宋代皇帝真正开始完整地施行"文治"政策的，则始于太祖的弟弟——太宗赵光义。

太宗即位，有"烛影斧声"的诟病，但他很好地继承了哥哥的政治遗产。其"文治"之策，就包含了大规模的藏品搜集和整理，用力最勤的则是对典籍的收藏、保管和著录。这是古代皇家典籍收藏中，将理念与实践结合得最为紧密的案例，太宗辅以一系列深思熟虑、远见卓识的政治操作，推动了宋代"文官政治"和"书卷气象"的形成。

1　（元）脱脱等《宋史》卷三本纪第三，中华书局 2000 年，第 34 页。

一

宋太宗赵光义（939—997），字廷宜，为宋朝第二位皇帝（976—997在位），本名赵匡义，后因避其兄名讳改赵光义，即位后又改赵炅。开宝九年（976）太祖驾崩，赵光义继位。太宗行事果敢而负有帝王之能，迫使吴越王钱俶和割据漳、泉二州的陈洪进于太平兴国三年（978）纳土归附，次年又亲征太原，灭北汉，正式结束了五代十国的割据局面。他在位期间两次举兵攻辽，企图收复燕云十六州，但都遭到失败，从此对辽采取守势。赵光义大倡文治，彻底改变了唐末以来重武轻文的局面，谥号神功圣德文武皇帝，庙号太宗。

《宋会要辑稿》对两宋皇帝"求遗书"有详细记载，其中对太宗搜求典籍和法书名画着墨甚多，可见其用力之勤、留意之深。

太平兴国二年（977）十月，太宗下诏诸州，"搜访先贤笔记图书以献"。诏令之下，民间积极互动，荆湖献晋张芝草书及唐韩干画马三本，潭州石熙载献唐明皇所书道林寺和王乔观碑，袁州王浣献宋之问所书龙鸣寺碑，昪州献晋王羲之、王献之、桓温十八家石版书迹，韶州献唐宰相张九龄画像及文集九卷。

太平兴国六年（981）十二月，太宗"诏开封府及诸道转运遍下管内州县，搜访钟繇墨迹"。这一次也没有空手而归，"镇国军节度使钱惟治以钟繇、王羲之、唐明皇墨迹凡七轴献"。

太平兴国八年（983），秘书监钱昱献钟繇、王羲之墨迹八轴，越州献王羲之画像和石砚。

太平兴国九年（984）正月，太宗第三次下诏，搜求典籍之急迫，溢于言表："今三馆储书数虽不少，比之开元则遗逸尚多，宜广求访。"

雍熙二年（985）三月，潘昭庆献褚遂良、欧阳询和虞世南墨迹三本。

淳化五年（994）四月，太宗听从参知政事苏易简（北宋时期的大收藏家，著有收藏史中首部文房类著作《文房四谱》）的建议，派钱熙寻访宋州赵邻几的家人，搜访唐代以来的"奏御"，并"诏本郡以钱十万赐其家"。

至道元年（995）六月，太宗命内品监秘阁三馆书籍裴愈前往江南、两浙诸州购募图籍。裴愈虽是太监，但精通赏鉴之道，亦有诗才，《送鲁秀才南游》诗中有"东吴山色家家月，南楚江声浦浦风"的佳句。裴愈不辱使命，购得古书六十余卷，名画四十五轴，古琴九，王羲之、贝灵该、怀素等墨迹共八本，藏于秘阁。[1]

上引史料，有两个问题值得关注。

一是关于搜访的成效。程俱对此评价，"数年之间，献图书于阙下

---

1 上引诸条太宗搜访的记录，详见《宋会要辑稿·崇儒》，苗书梅等点校，王云海审订，河南大学出版社 2001 年，第 232—234 页。

者不可胜记""图书之盛，近代无比"[1]。直观地看，自然也会得出如程俱这样的结论，即太宗的民间搜访，确实比较频繁，收获颇丰。但事实果真如此吗？至少是要打一个问号的。实际上，太宗的这几次搜访，纳入皇家的典籍少之又少，比之太祖平定江南时一次性籍没的二万余卷图书，简直是九牛一毛，甚至可以忽略不计，反倒收来一批散落民间的珍贵书画艺术品，而书画艺术品的数量也很有限。我们可以据此推论，太宗的典籍搜访，政治导向的意义或者说大倡文治的宣教意义，远大于实际成效。还有一种情况是，许多进献活动并没有被记录下来。

《宋史》对北宋诸帝的典籍收藏有明确记载：

> 尝历考之，始太祖、太宗、真宗三朝，三千三百二十七部，三万九千一百四十二卷。次仁、英两朝，一千四百七十二部，八千四百四十六卷。次神、哲、徽、钦四朝，一千九百六部，二万六千二百八十九卷。三朝所录，则两朝不复登载，而录其所未有者。四朝于两朝亦然。最其当时之目，为部六千七百有五，为卷七万三千八百七十有七焉。[2]

据此，太祖、太宗、真宗三朝收藏的典籍，共有三万九千多卷。而太祖一朝通过大规模籍没，已经远超三万卷，如果再减掉真宗朝新增的典籍数量，太宗朝收储的典籍，确实不那么多，至少没有程俱说的那么夸张。但经过了太祖的积累，再加上太宗的推行，给人以"图书之盛，

1　（宋）程俱《麟台故事》卷一，见《麟台故事校证》，张富祥校证，中华书局 2000 年，第 40 页。

2　（元）脱脱等《宋史》卷二百二志第一百五十五，中华书局 2000 年，第 3366 页。

近代无比"的印象，也是顺理成章的。[1]

二是关于搜藏的品类。太宗的历次搜藏中，前朝的书法艺术品是重中之重，比如钟繇、王羲之以及唐代诸书法家的墨迹等，都在视野之内且屡有斩获。这实际上反映了他的个人喜好。宋朝诸帝多优文事、喜好翰墨，三百多年间倡导文治的政策取向，无不烙印着赵氏家族的艺术基因，太宗也不例外。《宋史》如此评价他：

> 帝幼不群，与他儿戏，皆畏服。及长，隆准龙颜，望之知为大人，俨如也。性嗜学，宣祖总兵淮南，破州县，财物悉不取，第求古书遗帝，恒饬厉之，帝由是工文业，多艺能。[2]

太宗小时候便展现出成熟的一面，"性嗜学"，再加上宣祖的悉心教导，"工文业，多艺能"。他喜欢"飞白书"，造诣在宋代诸帝中称得上出类拔萃，即便是与徽宗、高宗相比，也并不逊色。米芾《书史》称："本朝太宗挺生五代文物已尽之间，天纵好古之性，真造八法，草入三昧，行书无对，飞白入神，一时公卿以上之所好，遂悉学钟、王。"[3]一位喜好翰墨、充满"文艺细胞"的皇帝，在搜求遗书的时候，自然不会放过书画艺术品，而且，从他屡屡求访的结果也能看出，收获最大的也是前贤翰墨。这也是其表达"文治"立场的一种手段，太宗在向臣子们分享爱好的时候，总会找一个堂而皇之的借口。雍熙三年（986）十月，他

---

1 按，学者对宋初典籍收藏的数量存有争议，真宗大中祥符八年（1015）四月宫内曾遭大火，殃及内府所藏，损失惨重。具体数据，很难达成共识。

2 （元）脱脱等《宋史》卷四本纪第四，中华书局 2000 年，第 37 页。

3 （宋）米芾《书史》，吴晓琴、汤勤福整理，见《全宋笔记》第二编（四），大象出版社 2006 年，第 260 页。

将飞白书赏赐宰相李昉等人，并说道："朕退朝未尝虚度光阴，读书外尝留意于真草，近又学飞白，此虽非帝王事业，然不犹逾于畋游声色乎！"[1]政余习书，太宗认为"非帝王事业"，但他直言，这种做法比"畋游声色"要好很多。至道二年（996）六月，太宗出飞白书二十轴，分赐宰相吕端等人，并对称谢的臣子讲："飞白依小草书体，与隶书不同。朕君临天下，复何事于笔砚。但中心好之，不能轻弃，岁月既久，遂尽其法。然小草书字学难究，飞白笔势罕工，朕习此书，使不废绝耳。"[2]这番话很值得琢磨，帝王悠游于笔砚，容易被人看作"不务正业"，但太宗又确实是"中心好之"，很难割舍，他自言学习并领悟书法的奥义，也是一种使命，"使不废绝耳"。皇帝作为一国之君，自然要把个人性情和喜好纳入政治构建的格局中，披上"政治正确"的外衣，并借此来宣扬和推行自己的主张。太宗的这种态度颇为审慎，他试图在"游于艺"和"勤于政"之间找到微妙的关联，并借此消解个人爱好可能带来的不良反响，至少要堵住那些谏官的嘴，如果能够展示一个亲染文事的帝王形象，那就再好不过了。这个目的很容易达到，他的那些御书每次都会受到臣子追捧，并引以为浩荡的皇恩和无上的荣耀。太宗赏赐给苏易简的御书，就被苏氏后人宝藏两百多年。

可以确认的是，帝王的爱好和收藏行为，往往带有某种特殊的政治意涵，这是其"天下一人"的身份和所处的政治环境决定的。太宗在勤练书法和通过赏赐来强化帝王权力并给予臣民政治教化的同时，也会通过收藏的绘画作品赋予统治的正当性与合法性。传为南唐画家周文矩所

1　（宋）李焘《续资治通鉴长编》卷二十七。

2　《宋会要辑稿·崇儒》，苗书梅等点校，王云海审订，河南大学出版社 2001 年，第 320 页。

绘的《重屏会棋图》，就被学者认为蕴含了"兄终弟及"的隐喻，在太宗朝受到重视，用以给他从兄长手中取得帝位进行图式化的政治解读。此图现存世两幅，一幅藏于北京故宫博物院，即为通常所称的《重屏会棋图》；一幅藏于美国弗利尔美术馆，一般称为《后主观棋图》。前者绘制精微，后者略显粗率。北京故宫博物院所藏《重屏会棋图》，学者普遍认为，乃北宋摹本，其祖本可能是徽宗朝《宣和画谱》所载周文矩的《重屏图》。也有学者认为，此图非《重屏会棋图》摹本，或是太宗朝所绘"初本"，弗利尔美术馆所藏则是此本的摹本。

　　《重屏会棋图》之所以受到学者关注并引发符码式的解读，在于其绘制的内容充满了历史张力。画中描绘了南唐中主李璟与其弟景遂、景达、景逿等会棋的情景，人物座次、神情以及棋局摆设等，似乎暗藏玄机。余辉认为："该图表达了李中主制定的'兄终弟及'继位法的政治安排"，"卷中的政治含意对宋太宗这一支来说实在是太重要了，北宋两次出现'兄终弟及'的事例，除赵光义之外，徽宗赵佶也是如此。由此，北宋特别是太宗、徽宗对《重屏会棋图》卷的关注，不仅仅是该图的艺术成就，更重要的是它的政治寓意。"[1] 余辉的观点具有代表性，有其历史情境的依据，体现了对绘画图式进行"政治索隐"的兴趣，但所谓"政治隐喻"的直接佐证，有待进一步探索。笔者认为，既然《宣和画谱》载有署名周文矩的《重屏图》，说明此图至少在徽宗前已藏于皇家，作者亦有确切的文字可考，不应有疑。北京故宫博物院藏《重屏会棋图》乃摹本之说，也应成立。考虑周文矩生活的年代，虽然宋初在世，但不太可能于

1　详见余辉《画里江山犹胜——百年艺术家族之赵宋家族》之"北宋初期赵氏家族的艺术活动"，中国美术学院出版社 2018 年，第 22—23 页。

太宗朝被召入翰林图画院从事绘画，如果是所谓北宋"初本"，缘何《宣和画谱》将其归入周文矩名下？因此，"初本"之说证据并不那么充分。问题是，在周文矩《重屏图》已佚的前提下，此摹本是否完全遵照了前者的面貌？是否添加了一些后人津津乐道的"政治隐喻"？是否是太宗授意之下的"再创作"？这些疑问，都需要更具说服力的材料来回答。不管怎样，此图开放式的叙事手法和精妙绝伦的绘画技艺，给我们留下了巨大的想象空间，而这些想象无不指涉皇帝利用藏品来宣示统治合理性的努力。

到了南宋，因时局的大变动，皇帝的这种政治意图显得更加迫切，最具代表的就是高宗朝的《中兴瑞应图》。此图存有多个版本，其中以天津博物馆所藏最为精妙，传为萧照绘制，曹勋题赞。该画现存三段：第一段画的是赵构母亲显仁皇后用棋子占卜，写有赵构名字的棋子落入九宫格中；第二段则是赵构行至郓州时，见飞仙台而欲卜命，便搭弓射向飞仙台三字，三箭皆中；第三段内容为赵构卧于军帐，梦见钦宗将御衣加在自己身上。这些情景，实则是为赵构量身打造的"瑞应故事"的图式再现。靖康二年（1127），赵构于南京应天府（今河南商丘）即位，改元建炎，建立南宋王朝。当时被掳的徽、钦二帝尚在人世，家国离乱之际，他的即位实属非常。如何才能强化自己顺应天意的帝王形象？类似《中兴瑞应图》这样的图画，则是最好的灌输，亦是当时最为先进的宣教方式之一。天津博物馆所藏的另一幅表现高宗逃脱金人围堵的宋画《泥马渡康王图》，将高宗的经历附会为"神灵随默佑、泥马渡江潮"，也是政治教化的形象再现。这些作品，自然会受到格外关注。

（宋）萧照（传）《中兴瑞应图》，绢本设色，纵 26.7 厘米，横 397.3 厘米，天津博物馆藏

靖康丙午京城陷虜盡取　二聖及天
卷在南郊虜謂守者云　上領兵河北
旦夕即至俾守者聞其言給寬　二聖
之心　顯仁嘗以象恭黃羅裹將子書
康王字晨起焚香祝曰若擲子在盤惟
康王子入九宮者　上必得天位擲下
果如所祝他子皆不入衆皆稱賀巫奏
徽宗大慶　臣謹贊曰
宗廟大慶　昌論春陵　三十二子
乾吉允升　克應簽祝　如叶大橫
再造王室　萬福是膺

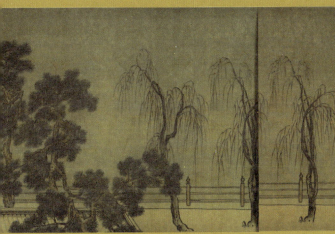

上經鄆州館于州治圃有榭曰飛德臺
上意瓮有所卜命箭連中榜上三字無
偏無側箭皆在字形中上悅　臣謹贊曰
霸府初建　英雄林林　謀畫雜進
率繫忠忱　上意有卜　三箭叶心
昌求龜筮　赫然有臨

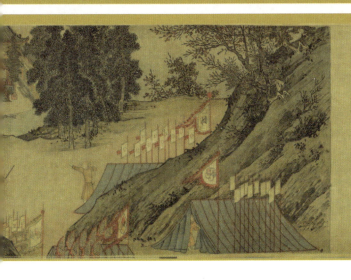

上受命為大元帥方治兵選將應援京
城忽夢　欽宗如尋常在禁中脫袍以
衣　上上恐懼辭避之際遂窘　臣謹贊
曰
靖康之初　上為愛弟　連將使指
虜畏英睿　解袍見夢　授受莫避
天命有德　中興萬世

一

太宗的典籍收藏，秉持了什么样的理念？这是收藏史中很少被人关注的一个问题。在宋初的政治文化转型和宏大政治叙事中，人们很容易将此忽略。但这恰恰是考察北宋早期皇家政治统御术的一个别样视角，是宋初右文政策体系的重要构成。

在太平兴国六年（981）十二月的这次求遗书中，太宗下诏专门搜访钟繇墨迹，要求开封府及诸道转运深入管内各州县，"听于所在进纳，优给缗贯偿之。并下御史台告谕文武臣僚，如有收者亦令进纳"[1]。诏令涉及开封府、诸道和朝廷内的文武臣僚，目的就是为了"广而告之"，向天下昭示搜求遗书的意志，这是一种政治上"崇文"立场的鲜明表达。而且，搜求时要给予优厚报酬，体现了一种颇为开明的理念，也是帝王怀柔术的运用。

1　《宋会要辑稿·崇儒》，苗书梅等点校，王云海审订，河南大学出版社 2001 年，第 233 页。

至道元年（995）六月，太宗派裴愈到江南、两浙诸州的搜访，更能体现这一点，《宋会要辑稿》称："愿送官者优给其直，不愿者就所在差能书吏缮写，以旧本还之。仍赍御书石本所在分赐之。"[1]《麟台故事》对这次搜访亦有详细记录，而且在裴愈搜访之前，朝廷的优厚政策早已开始施行，"先是，遣使于诸道，访募古书、奇画及先贤墨迹，小则偿以金帛，大则授之以官"，正是在朝廷优厚的政策激励下，"数年之间，献图书于阙下者不可胜记，诸道又募得者数倍"[2]。给予激励的同时，太宗的搜访并不是强迫的，对于不愿进献的藏家，即便是就地抄书后归还，也不会动用权力造成"豪夺"的印象。

至道元年（995）五月，就在太宗派裴愈搜访遗书的前一个月，同州冯翊县的县民李元真来到开封城，献上了《养蚕经》一卷。有司认为此书非前代名贤所撰，不敢上报。皇帝知道后，肯定了县民"不忘本业"，把书留于禁中，并赐钱一万。在典籍的质量和献书的态度之间，太宗很明显地倾向后者。这种理念和方式，都昭示着一种优渥士人、鼓励读书的强烈意愿，对宋代后世皇帝影响极大。而且，在农业为本的古代社会，皇帝普遍重视耕织，太宗把《养蚕经》留下，也是在接续先贤传统，表达对耕织的重视。南宋高宗时期，於潜县令楼璹向皇家进献《耕织图》，高宗借此大加宣扬，更是将这种政治意义发挥到了极致。当时，南渡的朝廷百废待兴，高宗为鼓励民间耕织，向地方官员发布"务农之诏"。这幅画的出现，颇合当时的政治语境，令高宗十分高兴。"皇帝三推、皇后亲蚕"，高宗吴皇后为此亲自在画师摹绘的作品上题注，称《蚕织图》。

1　《宋会要辑稿·崇儒》，苗书梅等点校，王云海审订，河南大学出版社 2001 年，第 235—236 页。

2　（宋）程俱《麟台故事》卷一，见《麟台故事校证》，张富祥校证，中华书局 2000 年，第 40 页。

楼璹《耕织图》原作今已不传，吴皇后题注的《蚕织图》现藏黑龙江省博物馆，是现存最早用绘画记录蚕织生产的珍贵史料。南宋后，以《耕织图》为范本的"再创作"屡见不鲜。

《图画见闻志》记载了一则民间进献的故事，可与前文互读。宋初，王文献、王贻正父子收藏极其繁富，是当时首屈一指的收藏家族。王贻正向太宗进献了十五卷藏品，"所进墨迹并古画，复遍看览，俱是妙笔"[1]。太宗留下墨迹五卷、古画三卷，然后将王羲之墨迹、晋朝名臣墨迹、王徽之书、唐阎立本《老子西升经图》、薛稷画鹤等七卷退还王贻正。王羲之等人的作品，传至宋代已极其珍贵，太宗为什么没有留下？我们不妨认为，这是一种颇为得体和带有恩宠意味的行为。皇帝对进献并非持有单一的、不可变更的标准，通过有选择性地接纳或退还，可以展示一个有节制、大度且儒雅的天子形象。

当然，我们也可以从历史中找到太宗"开明"策略的反例，但这些反例也都指向了他的喜好和政治主张。《宣和画谱》载，商人刘元嗣高价购买了南唐画家王齐翰所绘的《罗汉图》十六卷，并质押在寺庙里，后来刘元嗣拿钱想从寺庙赎回画作，"而僧以过期拒之"，刘元嗣"讼于官府"。当时太宗为开封府尹，见到画作后大为欣赏，"遂留画厚赐而释之"[2]，将画作据为己有了。十六天后，太宗即位，认为这幅作品给自己带来了祥瑞之兆，于是将其更名为《应运罗汉》，后被著录于徽宗朝的《宣和画谱》。在喜好文艺的太宗眼里，《罗汉图》确实不可多得，自然会借助权力，千方百计将其占有。此事还反映了一个现象：宋人会

---

1 （宋）郭若虚《图画见闻志》，中国书店 2018 年，第 216 页。

2 （宋）佚名《宣和画谱》卷第四"道释四"，俞剑华点校注释，人民美术出版社 2017 年，第 82 页。

把艺术品作为商品进行质押。

另一个更为典型的例证，就是太宗对天文历法类图书的严控。此类图书，包含了天文图谶、术数和卜相等。在科学尚不发达的古代，图谶作为一种民间隐语，往往包含了政治猜测和传说，尤其是乱世之时，民间所谓天人感应、阴阳灾异的传说大行其道，会被附会为改朝易代的神奇预言，王莽就利用了图谶篡位代汉。此类图书对于皇家而言，是一种威胁统治的"不稳定因素"，故唐代开始设"私习天文"之禁并在法律中做了相应要求。[1] 太祖登基后，继承了唐代的做法，禁止民间私藏玄象器物、天文、图谶、七曜历、太一雷公、六壬遁甲等。他还伪造《推背图》以混淆真赝，从而起到禁绝此类书籍的目的。《桯史》载：

> 唐李淳风作《推背图》。五季之乱，王侯崛起，人有幸心，故其学益炽。开口张弓之谶，吴越至以遍名其子，而不知兆昭武基命之烈也。宋兴受命之符，尤为著明。艺祖即位，始诏禁谶书，惧其惑民志以繁刑辟。然图传已数百年，民间多有藏本，不复可收拾，有司患之。一日，赵韩王以开封具狱奏，因言："犯者至众，不可胜诛。"上曰："不必多禁，正当混之耳。"乃命取旧本，自已验之外，皆紊其次而杂书之，凡为百本，使与存者并行。于是传者懵其先后，莫知其孰讹。间有存者，不复验，亦弃弗藏矣。[2]

1　按，《宋刑统》也规定："诸玄象器物、天文、图书、谶书、兵书、七曜历、《太一》《雷公式》私家不得有，违者徒二年。私习天文者，亦同。"详见《宋刑统校证》，窦仪等详定，岳纯之校证，北京大学出版社 2015 年，第 136 页。

2　（宋）岳珂《桯史》卷第一"艺祖禁谶书"条，见《桯史　默记》，黄益元、孔一校点，上海古籍出版社 2012 年，第 11—12 页。

李淳风的《推背图》在宋代颇为盛行。太祖"惧其惑民志以繁刑辟"，但民间多有藏本，有司很难完全杜绝。赵普拿着案卷发愁，称"犯者至众，不可胜诛"。太祖便使出一个"损招"，伪造一百本书"与存者并行"。这就造成了"传者惧其先后，莫知其孰讹"，许多人也就不再私藏了。鲁迅写过一篇文章《推背图》，援引了这段故事，后收录于《伪自由书》中。

太宗即位后，对此更是不遗余力，何况他还是所谓的"兄终弟及"，与皇位继承的传统和伦理相悖，于是多次下诏禁止民间私藏天文卜相类图书。开宝九年（976）十一月，太宗"命诸州大索知天文术数人送阙下，匿者论死"[1]。下此诏的时间节点颇可玩味。此时，他刚刚当上皇帝。十月登基以来，除了任命官僚、巡幸寺院等常规性政务活动，太宗最为突兀的举动，就是将通晓天文术数的人罗至东京，而且"匿者论死"，显得颇为严酷。这肯定与他登上皇位有关，是在防止民间借天文谶纬而行蛊惑之言。第二年，也就是太平兴国二年（977）十月，他再次"诏禁天文卜相等书，私习者斩"[2]。十二月，太宗又"试诸州所送天文术士，隶司天台，无取者黥配海岛"[3]。诸州送来的术士被他亲自考核定验，有幸留下来的送到司天台就职，没有留下来的则被刺字流放。在北宋早期，这是民间术士的一次劫难。

对于这些禁书，太宗也刻意留存，连同他珍爱的书画艺术品，在秘阁建好后，被悉数存放于此："复诏史馆尽取天文、占候、谶纬、方术

1　（元）脱脱等《宋史》卷四本纪第四，中华书局 2000 年，第 38 页。

2　（元）脱脱等《宋史》卷四本纪第四，中华书局 2000 年，第 39 页。

3　（元）脱脱等《宋史》卷四本纪第四，中华书局 2000 年，第 39 页。

等书五千一十二卷，并内出古画、墨迹百一十四轴，悉令藏于秘阁。"[1]

太宗一方面广为搜访遗书，一方面又对天文历法类书籍严令禁止，这与他的右文之策并不矛盾，无非是为了维护统治，只是在话术选择上有所不同而已，更可见他政治手腕运用得灵活。当然，朝廷对此类典籍的禁止，并未取得什么实质性效果。神宗朝轰动一时的宗室赵世居"谋反案"中，主犯之一的李逢招供，在表弟范纯仁（范仲淹次子）家中曾看到过《推背图》，才萌生反意。当时王安石查办此案，恼于范纯仁反对新法，想据此治其罪，但神宗没有同意，认为这本书许多人都有，不足为据。可见皇帝也知晓《推背图》在民间的盛行，采取了一种放任的态度。不过，神宗也确实没有严禁的动力，所谓此一时彼一时而已。

1　（宋）程俱《麟台故事》卷一，见《麟台故事校证》，张富祥校证，中华书局 2000 年，第 40 页。

三

　　太宗对典籍政治功用的理解和认识，比宋代其他帝王都要深刻。在传统文化的范畴中，典籍一直都是存续先王之道和历史经验的重要载体。《墨子》称："古之圣王欲传其道于后世，是故书之竹帛、镂之金石，传遗后世子孙，欲后世子孙法之也。"《尚书》也有"惟殷先人，有册有典"的记载。太宗深谙此理，在太平兴国九年（984）正月所下的诏书中，系统阐释了搜访典籍的原因，不啻为一次施政理念的充分展示：

　　国家勤求古道，启迪化源，国典朝章，咸从振举，遗编坠简，宜在询求。致治之先，无以加此。宜令三馆所有书籍，以《开元四部书目》比校，据见阙者特行搜访，仍具录所少书，于待漏院榜示中外。若臣僚之家有三馆阙书，许上之。及三百卷以上者，其进书人送学士院引验人才书判，试问公理，如堪任职官者，与一子出身。或不亲儒墨者，即与安排。如不及三百卷者，据卷帙多少优给金帛。

如不愿纳官者，借本缮写毕，却以付之。[1]

太宗这番话，体现了他对典籍政治功用的深刻理解。在他眼里，"国典朝章"是勤求古道、启迪化源的载体，是"致治之先"，即治理国家的先导。下此诏之前，他还曾对侍臣说："夫教化之本，治乱之原，苟非书籍，何以取法？今三馆贮书数虽不少，比之开元则遗逸尚多，宜广求访。"[2] 这句话就更为直白了，他把典籍看成了汲取治理经验、教化天下臣民的重要手段，而且用"苟非书籍，何以取法"的反问来强化观点，其重视程度可以想见。

基于上述认识，太宗将搜访典籍的重心放在了"国典朝章"上。这些记录前代帝王事略、名臣行状、典章制度的史籍，自然是治理国家时重要的政治参考文本。因此，当淳化五年（994）四月，苏易简上奏请求寻访赵邻几所藏唐代以来"奏御"等典籍时，太宗非常爽快地答应了。《宋会要辑稿》载：

> 参知政事苏易简言："故知制诰赵邻几留心史学，以《新唐书》纪传及近朝史书多有漏略，遂寻访自唐以及近代将相名贤事迹及家状、行状甚多，虽美志不就而遗稿尚在。望遣直史馆钱熙暂往宋州询问邻几家人，寻检奏御。"从之。熙还，得邻几所撰补会昌已后《日历》二十六卷，文集三十四卷。所著《鲲子》一卷，《六帝年略》一卷，《史氏懋官志》五卷，及它书又五十余卷来上。皆邻几涂窜笔削之迹也。[3]

1　《宋会要辑稿·崇儒》，苗书梅等点校，王云海审订，河南大学出版社 2001 年，第 234 页。

2　《宋会要辑稿·崇儒》，苗书梅等点校，王云海审订，河南大学出版社 2001 年，第 234 页。

3　《宋会要辑稿·崇儒》，苗书梅等点校，王云海审订，河南大学出版社 2001 年，第 235 页。

经过多年孜孜以求，太宗求访典籍的努力，伴随着他主导的秘阁新建筑落成，终于见到了显著成效。淳化三年（992）九月，太宗到新建的秘阁观书。我们可以把这次"视察活动"看作太宗借由典籍收藏而对外宣示"偃武兴文"政策的一个重要历史节点。

这一天，当他看到秘阁"群书齐整"后，喜形于色，高兴地对侍臣说："丧乱以来，经籍散失，周孔之教，将坠于地。朕即位之后，多方收拾，抄写购募，今方及数万卷，千古治乱之道，并在其中矣。"观书时，太宗非常兴奋，他在秘阁命侍臣备酒设宴，召三馆学士预坐，君臣对饮，颇为畅意。晚上回到宫中，太宗依然不尽兴，又把王继恩召来，"尔可召傅潜、戴兴，令至阁下，恣观书籍，给御酒，与诸将饮宴"。傅潜等人都是典禁兵，属于标准的武人，太宗此意非常明显，"帝欲其知文儒之盛故也"。此后，太宗又针对武人读书的话题，对侍臣讲了一番话："迩来武人子孙，颇有习儒学者，盖由人所好耳。"吕蒙正则对太宗说："国家褒待文士，爵禄非轻，故人人自劝，乃圣化所及。"[1] 这句话包含了些许逢迎，但吕蒙正也没有说错，正是在太宗的倡导下，宋初才逐渐"由武入文"。随着政治策略的变化，褒待文士之风愈发炽烈。

宋承五代，太宗从兄长那里继承皇位，自然懂得大宋江山来之不易，更是对五代频繁的政治更迭和礼崩乐坏、大道不彰的情形有所触动，故发出了"周孔之教，将坠于地"的感慨。而经过太祖和他的努力，如今数万卷存续"千古治乱之道"的典籍归入皇家，在他的倡导下，连武夫都喜欢上了读书，"文儒之盛"已现，确实值得自豪。

此时，距太宗在太平兴国二年（977）十月首次下诏求访遗书，已经

1　（宋）程俱《麟台故事》卷一，见《麟台故事校证》，张富祥校证，中华书局 2000 年，第 38 页。

过去了漫长的15年。太宗并未因此停下搜求典籍的步伐,史料可见的他最后一次典籍收藏活动,为至道元年(995)六月派裴愈赴江南、两浙购募图籍。此后不到两年时间,他便离开人世[1]。这种持续的用力,很好地解释了《宋史》对其"沈谋英断"的评价。

当然,太宗的上述努力并非毫无渊源。早在建隆三年(962)二月,太祖就曾问侍臣:"朕欲武臣尽读书以通治道,何如?"[2]在当时的情况下,让武臣读书的念头或许只是太祖脑海中的灵光乍现,显得过于突兀,因此他说出此言后,"左右不知所对"[3]。30年后,这种尴尬已经转换为吕蒙正口中"人人自劝"的情形。恰恰是在太宗时期,发端于太祖的理念成为可见的现实,并为两宋文治的确立奠定了坚实基础。

还有一个问题应引起关注。虽然我们看到了太宗在文治领域的策略,但并不能据此回溯,笃定地认为宋初的政治方向已经完全转型为文官政治。彼时,政治主题毫无疑问仍然是战争,这个主题一直延续到真宗朝的"澶渊之盟",战争才以一种被后人看来有些屈辱的方式终结。但是,太宗在军事上显然无法与他的哥哥并论。他即位后,许多重要的"武功"均以失败而告终。太平兴国四年(979)五月,他在第一次"北伐"时中箭受伤,宋军仓皇南撤。转年,宋军攻打交趾(越南)的行动也成为泡影。雍熙三年(986)起兵再行"北伐",宋军在军事上也没占到任何便宜。我们有理由相信,这些军事上的挫败,为他"扬文抑武"观念的形成起到了推波助澜的作用。当然,这里面并不存在必然的因果和时间逻辑,因为在首次"北伐"之前,他就开始下诏搜访民间的遗书。或许是,他

---

1 按,至道三年三月二十九日即997年5月8日,太宗驾崩于万岁殿。

2 (元)脱脱等《宋史》卷一本纪第一,中华书局2000年,第7页。

3 (元)脱脱等《宋史》卷一本纪第一,中华书局2000年,第7页。

从兄长毕生征讨、功业卓著的阴影中走了出来，在接连的军事失利之后，已经开始接受眼前的现实，最终彻底放弃"武功"的念头，并力图扭转武人当政的局面，从而笃定地选择了文官政治。这就不难理解，他为什么专门让武人到新建成的秘阁来体味"文儒之盛"的氛围了。我们很难从史料中窥视他的内心世界，这些隐衷，想必太宗不会轻易对外言说。

总之，任何一项政治策略的产生和推行，都是多重因素共同作用的结果，亦是帝王性情与外部环境交错互生的产物，正所谓"时势使然"。龙沛的分析，或许可以帮助我们理解太宗面临这一系列问题时的隐衷和取舍：

> 兄长的征服遗愿尚未完成，宋太宗仍然需要向军事精英们——宋太祖确立的皇室与宿将联姻政策下的产物——证明自己。太宗的问题在于，作为军事统帅，他力不从心。顺利征服北汉的荣耀一过，紧接着就是在试图攻夺燕云十六州时遭遇的惨败和奇耻大辱。此后他的军事履历也都乏善可陈。对他而言，切断或至少削弱政治与战争之间的联系变得十分必要。皇室自身与军事间的纽带，以及对辽战争期间军队所凸显的重要性，都使宋太宗无法完全抛弃军事。他很可能感到疑虑，自己为此采取任何明显的举措都会威胁到皇位。他只能逐渐地将政府的中心转移到没有实权的文官上来。[1]

那么，太宗所言的"存续治乱之道"是否如他所愿，哪些典籍为其治理国家提供了直接的参考？这是一个很难简单量化的问题。雍熙二年

1　龙沛《重归一统》第一章导言，康海源译，九州出版社 2021 年，第 3 页。

（985）闰九月，太宗下诏，针对岭南诸州的土风、饮食、男女之仪，婚姻丧葬之制"不循教义、有亏礼法"，命令本地长吏"多方化导"。太宗在诏书中称，他知道此事是因为"尝览传记"，也就是来自对典籍的阅读和认知，这部书就是《邕管记》。姜鹏在《宋初文治与经筵缘起》一文中认为："这部与治理特殊区域当代经验有密切关系的书，被太宗用来作了指导政治实践的依据。"[1]此类可以直接佐证的案例，在史料中并不多见，依常理，皇帝也不需要翻着书本来制定国策，但典籍的辅政作用，谁也不能小觑。绍兴九年（1139）八月二十三日，起居舍人王铢向高宗进言："窃见国朝会要备载祖宗以来良法美意。凡故事之损益，职官之因革，与夫礼乐之文，赏罚之章，宪物容典，纤细毕具，粲然一王之法，永贻万世之传。今朝廷讨论故事，未尝不遵用此书。"王铢建议："比经兵火之余，公私所藏类皆散佚。深虑岁月既久，寝成湮坠。望诏秘书省，令访求善本，精加雠校。"[2]《国朝会要》是记录祖宗良法的典籍，对于南渡后朝廷承传祖制、中兴祖业，都具有重要意义，"今朝廷讨论故事，未尝不遵用此书"。而且此类典籍在靖康之乱的兵火中散亡无数，因此，王铢才向高宗建议"令访求善本，精加雠校"。这则进言，也足见典籍对朝廷的重要性。

1　详见姜鹏《宋初文治导向与经筵缘起》，《传统中国研究集刊》（第七辑），2009 年。
2　《宋会要辑稿·崇儒》，苗书梅等点校，王云海审订，河南大学出版社 2001 年，第 249—250 页。

四

太宗典籍收藏的政治意图，可谓不言自明。搜访典籍只是他右文之策的一部分，大兴科举的同时[1]，他借由典籍搜集施行了一系列政策，建设馆阁、揽储人才、开设经筵、亲倡读书，等等。这些政策环环相扣，颇有一种"体系架构"的味道。

在皇家储藏机构的设置和建设方面，宋朝建立伊始，沿袭唐代旧制，设立昭文馆、史馆、集贤院储藏典籍，并负责修史校勘。但草创的三馆颇为寒酸，且藏品越来越多，难以满足储藏、校勘和著录的需求。即位不久，太宗来到三馆视察，随即便下诏新建馆址。新馆从太平兴国二年（977）九月开始兴建，转年二月建成，太宗赐名为崇文院。新建的崇文院，东廊为昭文院书库，南廊为集贤院书库，西廊为史馆书库。与唐代崇文

1　按，太宗在即位的次年，即太平兴国二年（977）举行的第一次科举中，录取进士 109 人、诸科 207 人。他还觉得录取的人数太少，亲自调阅考生试卷和档案，增加录取特奏名进士和诸科 184 人，这一科共计录取 500 人，比宋太祖一朝录取的人还多。

院相比，太宗所建的崇文院更为集中，便于阅览和管理。

端拱元年（988）五月，太宗还对崇文院进行了一番改革，在崇文院中堂建秘阁，选择三馆的万余卷真本书籍及皇家的书画艺术品，储藏于秘阁。这其中就包含了天文、占候、谶讳、方术等秘不示人的"禁书"。

此时的秘阁，设在崇文院的中堂。秘阁的主要功能，类似于"特藏库"，既分担了崇文院三馆典籍收藏的压力，又开始大量收储皇家收藏的书画珍品，并最终成为两宋宫廷储藏书画的主要机构。但秘阁成立之初，地位略低于崇文院三馆。淳化元年（990）八月，太宗听从秘书监李至等的建议，将秘阁与崇文院三馆并列，称"馆阁"，后人也称"三馆一阁""三馆秘阁"，或者干脆就叫"四阁"。淳化三年（992）五月，太宗还下诏对秘阁进行增修，八月，秘阁新建筑落成，正式从崇文院的中堂独立了出来。九月，太宗亲自视察秘阁并飞白书额，在此发表政治感言，发出了"千古治乱之道，并在其中矣"的感慨。

秘阁到底是何景象？沈括《梦溪笔谈》载："内诸司舍屋，唯秘阁最宏壮，阁下穹隆高敞，相传谓之木天。"[1]"木天"，有木制天棚之意，南朝梁元帝《金楼子·杂记》中有"斋前悉施木天，以蔽光景"。到了宋代，人们将其指称为高大宏伟的木结构建筑，在沈括这里则成为秘阁别称，并延续了下来。比如，南宋陆游《恩除秘书监》诗称："扶上木天君莫笑，衰残不似壮游时。"至明代，"木天"则是翰林院的别称，唐寅《贫士吟》诗中有"宫袍着处君恩渥，遥上青云到木天"句。可以想见，秘阁作为大宋开国之初的大型文化设施，且由皇帝亲自倡导修建，必须彰显高敞的皇家气派，确实是当时的"文化地标"。

1　（宋）沈括《梦溪笔谈》卷二十四"杂志一"，金良年点校，中华书局2017年，第182页。

馆阁是古代官方的重要文化机构，虽然在某种程度上带有"国家图书馆"的性质，但与我们今日所言的公共文化服务设施，还存在本质区别。一言以蔽之，"蓬山藏室、育才之府"的馆阁，是皇帝的治国之器，最重要的职能，在于存续文献、储揽人才，发挥参政咨事的功用。

在典籍的校勘整理和著录方面，太宗用力尤勤，在位期间编著完成了北宋"四大类书"的三部，即《太平御览》《太平广记》《文苑英华》。《太平御览》初名《太平总类》，这部书成于太平兴国八年（983）十一月，太宗下诏，命令有司每日进书三卷，计划从当年十二月一日起开始读，用一年左右时间读完，并将《太平总类》改名为《太平御览》，意为皇帝亲览之书。他每日处理完朝政后便开始读书，盛暑时读到天已经亮了，仍然没有就寝。因为此事，还留下了"太宗观书、苍鹤来朝"的故事。这是对皇帝勤于读书的一种诗化和渲染，不过也足见太宗读书的勤勉与自律。宰相宋琪还曾专门提醒他注意身体，并评价他"退朝惟观古史，究历代兴亡善恶之事"[1]。太宗此举有身体力行的因素，但也并非简单的自我标榜。他还任命了宋代历史上首位翰林侍读吕文仲，在太祖召人于崇政殿讲书的基础上，大行经筵，宋代皇家的讲习之风遂成传统。

太宗对馆阁官员的厚爱甚至偏爱，也颇引人关注，《麟台故事》称："太宗皇帝待遇三馆特厚。"[2] 他经常赏赐三馆学士，甚至还带点"偏心"：

> 淳化二年，诏翰林学士苏易简以上三体书石本遗吏部侍郎兼秘书监李至、左谏议大夫杨徽之及三馆学士，凡二十五人，皆上表谢。

1　（宋）江少虞《宋朝事实类苑》卷二，上海古籍出版社 1980 年，第 18 页。
2　（宋）程俱《麟台故事》卷五，见《麟台故事校证》，张富祥校证，中华书局 2000 年，第 185 页。

明年，以新印儒行篇赐中书、枢密院、两制、三馆、御史中丞、尚书丞郎、给谏等，人各一轴。又尝内出御制"独飞大鹅""大海求明珠"二棋势示三馆学士，皆不晓，上召中使裴愈授以指要，修撰范杲等相率上表称谢。自是奎文宸翰必以宣示，新异之物必以燕赏，制作必令歌颂，常与宰执、侍从等，而其从容文藻则又过之。[1]

太宗的赏赐五花八门。三馆学士不明白他展示的"独飞大鹅"和"大海求明珠"棋局的含义，太宗专门派裴愈"授以指要"。频繁的赏赐和互动，已经到了"奎文宸翰必以宣示，新异之物必以燕赏，制作必令歌颂"的程度。

这种厚爱也延续了下来，馆阁因此包容了一大批狷狂文士。他们作为近臣，禄丰身闲，行事清旷，自有一种读书人的优越。《梦溪笔谈》记载了一条石曼卿为集贤校理时，"微行倡馆"与人闹纠纷的故事。事发后，醉醺醺的石曼卿对"街司"的主事人说："只乞就本厢科决，欲诘旦归馆供职。"石曼卿如此透露自己馆阁官员的身份，无非是为了借名头给予"敲打"。但是，"厢帅不喻其谑"，认为这种做派"此必三馆吏人也"，于是"杖而遣之"[2]。石曼卿性格狂纵，酷爱饮酒，"仁宗爱其才，尝对辅臣言欲其戒酒"。可惜戒酒后的石曼卿"成疾而卒"[3]。"涵养士类"，也逐渐成为宋代皇帝执政的一个传统，发展至北宋中期时，礼乐交举、儒术化成，崇尚斯文之风大兴，遂成就了一个士人与帝王"共治天下"的格局。在北宋即将灭亡之际，钦宗也曾感慨，"祖宗涵养士类

1　（宋）程俱《麟台故事》卷五，见《麟台故事校证》，张富祥校证，中华书局 2000 年，第 185 页。
2　（宋）沈括《梦溪笔谈》卷二十三"讥谑"，金良年点校，中华书局 2017 年，第 173 页。
3　（宋）沈括《梦溪笔谈》卷九"人事一"，金良年点校，中华书局 2017 年，第 78 页。

垂二百年，教以礼乐，风以诗书，班爵以贵之，制禄以富之，于士无负"[1]。不过，哲宗、徽宗朝对士人的打压，却怎么也称不上"于士无负"，士风于时代变革的大潮中渐渐颓唐，以至于高宗在建炎元年（1127）的诏书中无奈感叹，"靖康变故，仕于中都者曾无仗节死难之士，而偷生取容何其众也"[2]。

在书画摹刻方面，太宗于淳化三年（992）命翰林侍书王著把内府所藏历代墨迹四百余件分为十卷，让工匠临摹刻成石碑放置于淳化阁中，并制成拓本，分赐宗室、大臣收藏，这就是最早且影响最大的法书丛帖《淳化阁帖》，被后世誉为中国法帖之冠和"法帖始祖"。淳化三年也由此成为书法史上的一个重要年份。《淳化阁帖》刊刻精良，最大限度保留了宋之前书法的风貌，并确立了王羲之"书圣"的历史地位，以其官刻丛帖之端，掀起了宋代官私刻帖之风，影响直至当代。太宗还著有《名画断》，今已不传。该书是宋代帝王组织宫廷书画著录活动的滥觞。

关于太宗的藏书、读书、修书、刻帖以及与馆阁学士的交往，后人多有解读，有的认为是点缀升平的伎俩，有的则认为是借此来安抚太祖朝的旧臣。其实，将此解读为基于现实考量的政治策略，似乎更加贴合他的性情和北宋初期的政治氛围。

在宋初政治文化转型的历史叙事中，太宗借由典籍收藏而施行的一系列治国之策，鲜明地导向右文的政治取向，这是古代皇家收藏中拥有明确收藏主张和系统政治策略的典型，对宋代后世皇帝乃至宋之后的历代王朝，都产生了重要影响。太宗之后，两宋帝王很好地继承了他的政

1　（宋）李纲《梁溪集》卷三十四"戒励士风诏"。
2　（宋）徐梦莘《三朝北盟会编》卷一百八。

治主张，屡屡下诏在民间求访遗书，皇家的典籍收藏也不断扩充。靖康之乱时，北宋皇家收藏遭遇浩劫，典籍随战火散亡，高宗南渡后几乎是另起炉灶，不遗余力地在民间搜访遗书，频次和规模几乎为两宋历代帝王之最。《宋会要辑稿》载，从建炎四年（1130）开始，到绍兴二十九年（1159），在近三十年的时间内，与高宗"求遗书"和"藏书"相关的记录多达五十余次，高宗恢复"文儒之盛"的意图异常强烈。南北宋三百余年间，得益于帝王的大力倡导，朝堂上下的"书卷气象"巍巍然终成主流，为绚烂至极的宋型文化注入浓墨重彩。而皇帝们借此展示出的热情与策略，以及个中的曲折与反复，确乎是一个耐人寻味的话题。

五

最后，谈谈太宗留下的一项政治遗产。

从某种程度上说，太宗是大宋政治文化传统的真正奠基者，在收藏领域也是如此。上文所述他于淳化三年（992）九月到秘阁观书的活动，就奠定了宋代后世皇帝观书的传统，后来三馆秘阁的曝书会，更像是皇家收藏的"博览会"，令那些对艺术和收藏充满了热情的臣子们大开眼界。观书期间，君臣观瞻皇家收藏的典籍、艺术品和前朝皇帝的御书图画等，并举办宴饮、赋诗等活动，不啻为沟通情感、追思功业、确认历史的政治仪式。这是宋代皇家收藏活动中，具有丰富政治内涵的操作，虽然后来逐渐淡化，但也是太宗留下的一项重要遗产。

其实，三馆秘阁观书的活动，应远远早于太宗第一次登临秘阁的淳化三年（992）九月。淳化元年（990）八月一日，秘书监李至召右仆射李昉、吏部尚书宋琪、左散骑常侍徐铉及翰林学士、诸曹侍郎、给事、谏议、舍人等，"诣阁观御书图籍"。就在本月，李至曾上书太宗，建议提升秘阁的地位，将其与三馆并列。太宗得知他们到秘阁观书后，颇为喜悦，随即召内品裴愈"就赐御筵，出书籍令纵观，尽醉而罢"。第二天，他又召权御史中丞王化基及三馆学士到秘阁纵观，"赐宴如前"[1]。此时，秘阁新建筑尚未开建，仍处于崇文院中堂，虽然具有皇家"特藏书库"的属性，但也非秘不示人。正是李至等人的这次观书，为后来的观书会埋下伏笔，也为太宗选择秘阁新建筑落成后前往观书，在此发表政治宣言提供了启发。至淳化三年（992）秘阁增建，太宗登临御览后，皇家向臣子们公开藏品的观书会，正式成为制度。从淳化三年（992）开始，到神宗朝元丰五年（1082）官制改革，崇文院由秘书省接管职能，这八十年间，举办了约六十次观书会。

观书会举办的地点，当然不止于三馆秘阁，还包括供奉先帝的神御殿（类似于先帝的纪念馆，比如龙图阁等，这里存放了先帝的御书等文物，又称御书阁）和收储皇家藏品的偏殿，比如太清楼等。观书会不是一般的观览，其带有浓重的教化意味，这从臣子们留下的大量"观书应制诗"就可以清晰地看出来。皇家的收藏品，借由这项活动，也便带有了政治宣教的功能，皇帝们将此作为教化臣子的重要媒介，发挥了收藏品鲜活生动的"教化"作用。寇准所作的《应制太清楼观书》诗中有"从游观奥秘，何以报宸恩"句，充满了对皇恩的感念之情。杨亿的《宣召赴龙图阁观太宗御书应制》诗句更为直白："曾是先朝受恩者，因探禹穴涕涟如。"龙图阁是真宗为纪念太宗而建，藏有太宗御书、各种典籍、图画、宝瑞等。杨亿曾受太宗恩宠，用夏禹所葬之地"禹穴"来代称龙图阁，崇敬之情溢于言表。这次观瞻先帝遗物，令杨亿百感交集，涕泗横流。

1　（宋）程俱《麟台故事》卷五，见《麟台故事校证》，张富祥校证，中华书局 2000 年，第 191 页。

在这种庄重的观瞻活动中，臣子们借由应制诗而进行的宣泄，实际上是与皇帝在情感特别是君臣关系上的积极互动。

观书会在北宋前期的皇家极为盛行，后来逐渐倾向于更富开放意味和仪式感的活动——曝书会。

曝书是古代典籍保存的一种方式，意在防止图书受潮遭蠹。此举非宋代首创，也非皇家"专利"，但宋代皇家的曝书，无论从规模、时间还是仪式感上，几乎是空前的。《图画见闻志》载："秘阁每岁因暑伏曝熭，近侍暨馆阁诸公张筵纵观，图典之盛，无替天禄、石渠、妙楷、宝迹矣。"[1] 由此可见，当时三馆秘阁进行的曝书活动，是一项延续较长时间的例行之事，其"图典之盛"，蔚为大观。曝书期间，有一项重头戏，就是大臣们前去赴宴观书，得以一览珍贵的皇家收藏。这类似今日博览会的"现场巡馆"，相当隆重，被称为曝书会或曝书宴。此举为宋代倡文治、优士夫的绝好例证，堪为一道风雅的文化景观，为"高冷"的皇家收藏增添了些许开放和轻松的味道。

曝书会的兴起，与观书会的式微有密切关系。稽考史料可知，曝书会在北宋正式定型，最迟至仁宗嘉祐三年（1058），神宗元丰时已成为一项制度。但这并不意味着，发端于太宗时期的观书会就完全被曝书会取代，皇帝依然会在曝书会之外，举办各类有皇亲大臣参加的观书活动。邵博《邵氏闻见后录》中称："仁皇帝以嘉祐七年十二月丙申，幸天章阁，召两府、两制、台谏等观三朝御书。置酒赋诗于群玉殿。庚子，再幸天章阁，召两府以下观瑞物十三种。"就是这一次观书，仁宗还在群玉殿单独召见宰相韩琦，"酌鹿胎酒一大杯，琦一举而尽"。转年，仁宗驾崩，

1　（宋）郭若虚《图画见闻志》，中国书店 2018 年，第 9 页。

韩琦在哀册文中回忆当初与先帝饮鹿胎酒的情形，动情地说："因惊前会之非常，似与群臣而叙别"[1]。到了北宋晚期，喜爱收藏的徽宗也巡幸三馆秘阁，但与北宋早期特别是太宗时期存在明显的区别，早前浓重的政治意味已经淡化，观览对象也多为皇帝宝爱的书画和古器。

曝书活动被众多文人记录了下来，使我们今天能够更为形象地了解当时的盛况。梅尧臣在《二十四日江邻几邀观三馆书画录其所见》中记录：

五月秘府始暴书，一日江君来约予，

世间难有古画笔，可往共观临石渠。

我时跨马冒热去，开厨发匣鸣钥鱼。

羲献墨迹十一卷，水玉作轴光疏疏，

最奇小楷乐毅论，永和题尾付官奴。

又看四本绝品画，戴嵩吴牛望青芜，

李成寒林树半枯，黄荃工妙白兔图。

不知名姓貌人物，二公对弈旁观俱，

黄金错镂为投壶，粉障复画一病夫。

后有女子执巾裾，床前红毯平围炉，

床上二姝展氍毹，绕床屏风山有无。

画中见画三重铺，此幅巧甚意思殊，

孰真孰假丹青模，世事若此还可吁。[2]

1　（宋）邵博《邵氏闻见后录》卷第一，中华书局1983年，第5页。

2　见《梅尧臣集编年校注》卷二十三，朱东润编年校注，上海古籍出版社2006年，第676—677页。

得观秘府珍藏的士人，可谓大开眼界。苏轼《次韵米芾二王书跋尾二首》（其一）也写道："三馆曝书防蠹毁，得见来禽与青李。秋蛇春蚓久相杂，野鹜家鸡定谁美。玉函金钥天上来，紫衣敕使亲临启。纷纶过眼未易识，磊落挂壁空云委。"《来禽帖》是王羲之"十七帖"中的名帖，又称《青李帖》，宋人习惯将两个名字并称，《宣和书谱》称《青李来禽帖》。在曝书期间得见此帖，给苏轼留下深刻印象。他在《玉堂栽花周正孺有诗次韵》一诗中，亦有"只有来禽青李帖，他年留与学书人"句。

南渡后，高宗力图恢复北宋传统，于绍兴十三年（1143）七月下诏，"秘书省依麟台故事，每岁暴（曝）书会令临安府排办"[1]。南宋的曝书会，较北宋时期规模更大，也更为热闹，像是一场联欢。《南宋馆阁录》记录了从绍兴十六年（1146）到开禧元年（1205）的二十多次曝书会。举办前，秘书省要详细列出参会人员名单，并按官职提前排好座次。当天设有负责主持活动的"主席人"，皇家的典籍等珍藏也摆在相应位置上，以便观览。朝廷还为宾客准备三餐和礼物。绍兴二十九年（1159）闰六月的曝书会如下：

> 是日，秘阁下设方桌，列御书、图画。东壁第一行古器，第二、第三行图画，第四行名贤墨迹；西壁亦如之。东南壁设祖宗御书；西南壁亦如之。御屏后设古器、琴、砚，道山堂并后轩、著庭皆设图画。开经史子集库、续搜访库，分吏人守视。早食五品，午会茶果，晚食七品。分送书籍《太平广记》《春秋左氏传》各一部，《秘阁》《石

---

1 （宋）陈骙《南宋馆阁录》卷六"故实"，见《南宋馆阁录 续录》，张富祥点校，中华书局1998年，第68页。

渠碑》二本，不至者亦送。[1]

太宗时期曝书会所蕴含的政治意味，此时已逐渐被君臣悠游文事的热情稀释，这似乎正是他当年登临秘阁的初衷所在——自他之后，优渥士夫、大倡文治已经成为王朝的主流，也不可避免地埋下了"文盛武衰"的种子。当南渡后偏安一隅的大臣们在秘阁纵览皇家珍藏，推杯换盏之余，可能不会想起这些前朝旧事。但时光的流转，更加赋予了淳化三年这次观书别样的意味，我们甚至可以将其看作宋代"文官政治"和"书卷气象"形成的重要标志。只不过很少有人留意，恰恰是那些隐匿于历史深邃处的典籍，在帝王手中成就了一个说不尽、道不完的时代。

---

1 （宋）陈骙《南宋馆阁录》卷六"故实"，见《南宋馆阁录·续录》，张富祥点校，中华书局1998年，第68—69页。

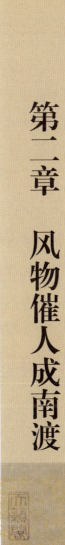

第二章 风物催人成南渡

本章重点讨论宋徽宗的收藏行为。徽宗在位 26 年，处于北宋盛极而衰的历史节点，为实现理想中的至治，以绍述父兄为目标，以文化复兴为手段，精心绘制"丰亨豫大"的盛世图景。与收藏相关的政治活动，亦是其政治理念和个人性情的重要体现。因此，考察他的艺术与收藏，离不开彼时的政治社会环境。

徽宗在历代帝王中最重视艺术和收藏，对后世的影响也最大，徽宗朝则是宋代收藏文化的巅峰，但帝王收藏常因朝代赓续而发生剧变，徽宗因此被后人赋予了亡国之君的悲剧色彩。实际上，徽宗在收藏领域的事功，与后人通常的想象并不完全一致。他利用古器物推行的礼乐改革，与朝廷"六艺"之学的复兴，彼此融合互生，反映了绍述新政、自我作古的抱负。

这期间，收藏是徽宗追崇熙宁（崇宁年号取此意）、复行新政，以"大观"之道治理天下的手段之一。收藏行为已经成为政治行为，文化趣味已经融合于政治理念。至宣和时期，带有总结性质的宣和系列博古图、书谱、画谱均定型成书，但徽宗的盛世之梦开始破灭，北宋王朝也渐渐走向了历史终结。可以说，收藏文化是北宋鼎盛时期的显化特征，也是走向衰亡的见证。

徽宗的艺术和收藏行为具有多元化的特征，有许多与北宋政治事件相关联。在此简略梳理出一个脉络，作为本章正文的导读。

第一阶段：崇宁时期（包括之前的元符、建中靖国两个短暂的时期）。从元符三年（1100）登基到崇宁五年（1106）期间，徽宗的主要精力在书画艺术领域。蔡絛称，"及即大位，于是酷意访求天下法书图画"[1]。他派童贯赴杭州搜罗书画奇巧，于崇宁初年命宋乔年掌御前书画所，后米芾接替负责书画鉴定；崇宁三年（1104）置书、画学，利用应天府出土古钟实施乐制改革，崇宁四年（1105）赐新乐"大晟"。此外，崇宁元年（1102）设"元祐党人碑"并禁元祐学术，崇宁二年（1103）下诏禁"三苏"及黄庭坚等文集，苏轼等人的著录和艺术品被大量禁毁。该阶段，伴随着向太后的去世，徽宗亲政并重用蔡京，开始绍述熙宁，通过兴办"崇宁四学"而复兴"六艺"，尤其属意书画艺术和收藏，但对元祐学术的禁毁，不啻为一场严重的文化灾难。

第二阶段：大观至政和时期。从大观元年（1107）到政和八年（1118），这十余年间，徽宗的主要兴趣和精力侧重于金石古器收藏和利用古器推行礼制改革。大观元年复置议礼局着手编纂《政和五礼新仪》。大观二年（1108）下诏在民间征集古器并编纂内府古器物图录，此举引发了民间猖獗的盗墓。政和三年（1113）《政和五礼新仪》编纂完成后，撤罢议礼局并设礼制局，此时黄伯思等完成《宣和殿博古图》[2]，参照《宣和殿博古图》由礼制局造作新礼器。伴随着诏求古器带来的藏品数量激增问题，于政和三年启建保和殿并将其作为新的藏品储纳地，十月，徽宗阅新乐器于崇政殿，出古器以示百官，意在展示古器收藏和礼乐改革的

1　（宋）蔡絛《铁围山丛谈》卷第四，冯惠民、沈锡麟点校，中华书局1983年，第78页。
2　按，《宣和殿博古图》或称《宣和殿古器图》。董逌《广川书跋》卷一"蜼敦"条云："政和三年，内降《宣和殿古器图》。凡百卷，考论形制甚备，于是馆下以藏古器，别为书谱上。"蔡絛《铁围山丛谈》卷四有"及大观初，乃效公麟之《考古》，作《宣和殿博古图》"。另，陈振孙《直斋书录解题》卷八记有黄伯思所撰《博古图说》。董逌载《宣和殿古器图》与蔡絛所称《宣和殿博古图》应为同一版本，黄伯思为主要编纂者。张富祥认为，《博古图说》是《宣和殿博古图》图说文字的部分初稿内容，后单独成书。详见张富祥《〈宣和博古图〉编纂与流传考》，《淮阴师范学院学报》（哲学社会科学版）2017第3期。

成效。可知政和三年是这一时期具有重要象征意义的年份。该阶段，徽宗留意礼制改革并施行了一系列政治措施。"三代"古器物所特有的象征性意义（代表皇权和统治），以及在礼制改革中的参考价值，是徽宗留心古器收藏的重要动力。

第三阶段：宣和时期。从宣和元年（1119）至宣和七年（1125），这是徽宗使用的最后一个年号。该阶段，皇家收藏已蔚为大观，宣和系列书谱、画谱、博古图等均告完成。在初修《宣和殿博古图》的基础上，继续修纂并增添内容，至宣和二年（1120）定型，即《宣和重修博古图录》，元代时修版印行并流传至今，就是目前我们能够看到的署为王黼的《宣和博古图》。[1]

徽宗在艺术、收藏领域的种种政治操作，非常缜密而成系统。《宣和画谱》《宣和书谱》亦成书于宣和二年。《宣和画谱》成书之前，先有《宣和睿览集》。宣和二年乃这一时期的重要年份，徽宗将书画、古器等系统性著录成谱且都冠以"宣和"的名字，体现了彰"文物之盛"并传之后世的意图。此后的宣和四年（1122），代表徽宗赏石收藏之大成的艮岳竣工。至此，徽宗眼中的盛世图景似乎已经绘就，或许他认为自我作古的政治理想也已经实现。

徽宗留心文雅，兴趣广博，书画、古器、笔研、赏石等收藏几乎伴随终身，比如在大观中期，就曾"命广东漕臣督采端溪石砚上焉"[2]。所以，上述分期并不能涵盖其所有收藏活动。

徽宗的收藏具有丰富的解读价值。本章所述，还涉及他的艺术以及对北宋绘画发展的影响。

1　按，《宣和博古图》于宣和二年成书是极其仓促的，与王黼突罢修书 58 所有关。详见张富祥《〈宣和博古图〉编纂与流传考》，《淮阴师范学院学报》（哲学社会科学版）2017 第 3 期。

2　（宋）蔡絛《铁围山丛谈》卷第五，冯惠民、沈锡麟点校，中华书局 1983 年，第 96 页。

宋徽宗赵佶（1082—1135），号宣和主人，宋朝第八位皇帝（1100—1126年在位），神宗第十一子、哲宗之弟，先后被封为遂宁王、端王。哲宗无子，于元符三年（1100）正月病逝后，太后向氏于同月欲立赵佶为帝，宰相章惇公开表示反对，"谓其轻佻不可以君天下"[1]，不过最终"为之默然"[2]，徽宗成功上位，成为继太宗后宋代第二个"兄终弟及"的皇帝。徽宗即位后启用新法，重用蔡京等权臣。他对道教相当信奉，痴迷祥瑞，大兴宫观，并与道士结好，自称"教主道君皇帝"，修建园林"艮岳"，行"花石纲"之役，闹得民怨沸腾，民间先后爆发梁山起义和方腊起义，北宋统治逐步走向衰亡。靖康元年（1126），金军兵临开封城下，徽宗将皇位禅让给太子赵桓，转年三月与赵桓等被金人掳走，北宋灭亡，是为"靖康之变"。当年，徽宗九子赵构于南京应天府（今河南省商丘市）即位，建南宋王朝，并最终定都杭州，偏安江南一隅。金天会十三年即南宋绍兴五年（1135），徽宗客死五国城（今黑龙江省依兰县），时年54岁。

徽宗是一个独特的存在，近千年来争议不断，这源于他身份的多元性和后世对其"各取所需"的认知——皇帝是徽宗的"本业"，但参照帝王事功，他并不那么称职，最终沦为"乱世囚徒"并客死他乡；徽宗继承了赵氏家族的艺术基因，艺术修养深厚，审美品位超迈，正如其画押所谓的"天下一人"[3]，具有睥睨凡俗的自信和气度，推动北宋艺术与收藏进入一个全盛之世。徽宗的多元性，导致后人经常将北宋亡国归因于他的玩物丧志；而人们对艺术史和收藏史的书写，也很少关注他的政

1　（元）脱脱等《宋史》卷二十二本纪第二十二，中华书局 2000 年，第 278 页。
2　（元）脱脱等《宋史》卷十九本纪第十九，中华书局 2000 年，第 239 页。
3　画押，即古人在艺术品上的个性化标记。徽宗画押在艺术史上颇为知名，学者普遍认为，所写是"天下一人"，有的则认为是"天水"二字。

治活动。在这些书写中，我们看不到徽宗艺术和收藏行为的基本逻辑，以及北宋末年处于大变革临界点的独特语境。凡此种种，都加剧了人们对徽宗认知的分裂，不得不促使我们认真思考这个独特的帝王样本：所谓失德与失位、江山与艺术，本应统一于他的思想和行为。择其一面，都难见全貌。

———

徽宗朝的皇家收藏，有两个重要基础。一是延续了赵氏家族的传统。太祖之后，皇帝们很好地继承和发展了文治的策略，历朝均有藏品搜集和呈献活动，帝王政事之余，濡染翰墨，雅好艺文，不间断地推动皇家收藏的发展。比如，太宗对典籍收藏尤为重视，将其纳入"文治"的范畴。真宗对道教痴迷不已，东封泰山、西封汾阳，尤其喜欢那些稀奇古怪的"祥瑞之物"。许多人投其所好，进献大量灵芝、天书等"宝物"。仁宗朝的金石古物进献屡有发生，皇帝也喜欢将金石拓本赏赐臣下，金石收藏和金石学逐渐兴起。徽宗时期皇家的收藏，恰恰是在前朝皇帝的基础上发展而来的。百余年间的积累，至徽宗朝已达鼎盛之势。二是烙印着鲜明的个人色彩。徽宗天赋异禀，对书法、绘画、音乐、建筑、园林、茶艺等兴味盎然，同样痴迷道教。在个人趣味、宗教信仰等因素的共同作用下，他的收藏呈现出兴趣广博、集前朝之大成的显著特点，在藏品著录、整理等方面建树卓著，影响深远。

基于这两个基础，徽宗朝的皇家收藏，可以用三句话来概括：丰亨豫大的帝国气象、崇信祥瑞的迷信色彩、基于嗜好的以艺为政。这三个特点，并非完全孤立，而是互相渗透和影响。

"丰亨豫大"，援引自《周易》。传统的观点认为，这是蔡京为徽宗大行挥霍之能事、放任奢靡享乐而提供的"理论支撑"，蛊惑徽宗在承平之际心安理得地坐享财富，用以体现帝国的富有。《宋史》称："时承平既久，帑庾盈溢，京倡为丰、亨、豫、大之说，视官爵财物如粪土，累朝所储扫地矣。"[1] 徽宗对这种奢靡，在即位之初尚抱有警惕，大宴群臣时，曾出玉盏、玉卮示辅臣，认为用这些东西，恐怕会召来奢华的议论。蔡京则直言不讳："陛下当享天下之奉，区区玉器，何足计哉！"[2] 徽宗后来的一系列政治举措，显然深受蔡京影响。表面看，他和蔡京眼中俨然一个百余年来积累的盛世，君臣需要做的只是为帝国的"极盛"做好阐释和渲染，"于是蔡京以猥薄巧佞之资，济其骄奢淫佚之志。溺信虚无，崇饰游观，困竭民力。君臣逸豫，相为诞谩，怠弃国政，日行无稽"[3]。

在历朝历代，收藏都是权力和财富的象征，也是地位和品味的代名词，具有一种"表达卓越"的功能。徽宗朝的收藏，就有表面看来"丰亨豫大"的盛世气象，也暗含了极盛后的衰败，"自古人君玩物而丧志，纵欲而败度，鲜不亡者，徽宗甚焉"[4]，《宋史》给了徽宗"玩物丧志、纵欲败度"而亡国的定论。这个定论，也导致后人对他的认识过于"扁平化"而缺少深度。

1　（元）脱脱等《宋史》卷四百七十二列传第二百三十一，中华书局 2000 年，第 10621 页。

2　（元）脱脱等《宋史》卷四百七十二列传第二百三十一，中华书局 2000 年，第 10621 页。

3　（元）脱脱等《宋史》卷二十二本纪第二十二，中华书局 2000 年，第 278—279 页。

4　（元）脱脱等《宋史》卷二十二本纪第二十二，中华书局 2000 年，第 279 页。

当然，人们并不满足于这种"因果论"式的讨论。依常识，徽宗不可能昏庸到明目张胆地大行挥霍，所谓"丰亨豫大"，也就难以成为皇帝奢靡的借口。方诚峰认为，唐宋时期对《周易》"丰亨"的解读，确实是讲"极盛"，但不仅仅是富足，更是指圣人之君德大，并且行礼乐教化，于天下无所不及。关于"豫大"，唐宋尤其是北宋对《豫》卦并未以君主悦豫为解，而主要表达了一种圣人在上、大臣在下，最终至于天下之人和悦安乐的思想统治模式和统治成就。这种解释，正是徽宗朝"豫大"的语境。[1] 方诚峰的观点，实则道出了徽宗政治理念和行为方式之间的深层逻辑，对我们认识他的艺术和收藏也大有裨益。这些行为，可以看作他在"丰亨豫大"的政治口号下，宣扬帝国"极盛"的王朝政治的表现，而非徽宗言行的一个简单"借口"。方诚峰的观点与传统的认识并不相悖，即便是徽宗的理想很"丰满"，但"骨感"的现实留给后人一个开放的讨论空间。北宋晚期王朝政治的话术构建，与其结局之间存在着明显差距，自然会引发不同的解读。

今天，我们很难确知徽宗朝皇家收藏的具体数量，史料所载，往往并不一致。不过谁也不能否认，宋代皇家收藏至徽宗时达到极盛，秘阁藏品中典籍、书画、古器、珍宝等几乎一应俱全，其富有程度，确实是"丰亨豫大"，巍巍然呈空前之壮观。

就书法而言，蔡絛《铁围山丛谈》载：

迨至末年，上方所藏率举千计，实熙朝之盛事也。吾以宣和岁

1　详见方诚峰《北宋晚期的政治体制与政治文化》第五章第一节之"'丰亨豫大'与'惟王不会'"，北京大学出版社 2015 年，第 204—211 页。

癸卯，尝得见其目，若唐人用硬黄临二王帖至三千八百余幅，颜鲁公墨迹至八百余幅，大凡欧、虞、褚、薛及唐名臣李太白、白乐天等书字，不可胜会，独两晋人则有数矣。至二王《破羌》《洛神》诸帖，真奇殆绝，盖亦为多焉。[1]

这批藏品，不仅数量众多，而且质量精绝，仅唐人临王羲之、王献之父子的书帖就有三千八百多幅。

在绘画领域，《铁围山丛谈》又有如下记载：

又御府所秘古来丹青，其最高远者，以曹不兴《元女授黄帝兵符图》为第一，曹髦《卞庄子刺虎图》第二，谢雉《烈女贞节图》第三，自余始数顾、陆、僧繇而下……又如顾长康则《古贤图》，戴逵《破琴图》《黄龙负舟图》，皆神绝不可一二纪。次则郑法士、展子虔，有《北齐后主幸晋阳宫图文》，书法从图之属，大率奇特甚至。唐人图牒已不足数，然唐则《度人经》者，乃褚河南书字，而阎博陵绘其相。类多有此。[2]

蔡絛没有记述绘画作品的具体数目，只是点出了过目的精品，其中曹不兴、曹髦、谢雉的作品为"最高远者"，其后才是东晋顾恺之、南朝陆探微和张僧繇等人，"皆神绝不可一二纪"。接下来是隋代郑法士、展子虔等。唐人图牒"已不足数"，可见秘府所藏作品之高古精善。

1　（宋）蔡絛《铁围山丛谈》卷第四，冯惠民、沈锡麟点校，中华书局1983年，第78页。按，"盖亦为多焉"中的"为"字另有版本作"伪"，笔者从"为"。
2　（宋）蔡絛《铁围山丛谈》卷第四，冯惠民、沈锡麟点校，中华书局1983年，第78—79页。

邓椿《画继》对徽宗朝的绘画收藏亦有记载：

> 故秘府之藏，充牣填溢，百倍先朝。又取古今名人所画，上自曹弗兴，下至黄居寀，集为一百帙，列十四门，总一千五百件，名之曰《宣和睿览集》。盖前世图籍，未有如是之盛者也。[1]

《宣和睿览集》集中了徽宗朝藏画的精品，是《宣和画谱》的基本来源。上述蔡絛《铁围山丛谈》所录藏品，也应在《宣和睿览集》之内。

金石古器，也是徽宗收藏的重要门类，且丝毫不逊色于法书名画。《铁围山丛谈》称：

> 及大观初，乃效公麟之《考古》，作《宣和殿博古图》。凡所藏者，为大小礼器，则已五百有几……独政和间为最盛，尚方所贮至六千余数，百器遂尽……及宣和后，则咸蒙贮录，且累数至万余。若岐阳宣王之石鼓，西蜀文翁礼殿之绘像，凡所知名，罔间巨细远近，悉索入九禁。[2]

蔡絛对徽宗朝金石器物收藏的记录，在现有史料中最为翔实，特别是理出了从大观至政和，再到宣和年间皇家藏品数量的递增演变脉络，颇为可信。可见政和之后，徽宗朝皇家金石藏品数量激增，宣和后则至万余，确实是一个惊人的数目，这与徽宗诏求古器、革新礼乐密不可分，

1　（宋）邓椿《画继》卷一"圣艺"之"徽宗皇帝"，见《画继　画继补遗》，"中国美术论著丛刊"，人民美术出版社2003年，第1页。
2　（宋）蔡絛《铁围山丛谈》卷第四，冯惠民、沈锡麟点校，中华书局1983年，第79—80页。

不过也引来学者的质疑。王国维在《宋代之金石学》中认为，政和六千余器、宣和万余器之说"殆不足信"，可能是蔡絛将皇家所藏的古玉、印玺、石刻等一并计算在内，但他也承认，"然第如《博古图》之所录，已为古今大观矣"[1]。

现行徽宗朝编纂的《宣和画谱》《宣和书谱》和《宣和博古图》，分别收录了6396件绘画作品、1344件书法作品和839件古器物。这些藏品，肯定也不是徽宗朝皇家收藏的全部，能够纳入著录的，都经过了严格筛选。

此外，在典籍收藏领域，徽宗继承了太宗的传统，多次在民间搜集，以扩充三馆秘阁之藏。当时，秘府藏书多有脱简断编、亡散阙逸。针对这种情况，秘书监何志同、秘书少监赵存诚分别于大观四年（1110）五月、政和二年（1112）七月上书，请求朝廷搜访遗书，以补秘府之阙，徽宗均听从了建议。但是，这个问题似乎并没有得到根本解决，宣和四年（1122）四月，徽宗下诏，再次提到了藏书散佚损坏的问题，并下令礼部遍牒郡县，谕旨访求。诏书称："朕惟太宗皇帝底定区宇，作新斯文，屡下诏书访求亡逸，册府四部之藏，庶几乎古。历岁浸久，有司玩习，多致散缺。私室所闭，世或不传。可令郡县谕旨访求，许士民以家藏书所在自陈，不以卷帙多寡，先具篇目申提举秘书省以闻，听旨递进。可备收录，当优与支赐。或有所秘未见之书，有足观采，即命以官，议以崇奖。其书录毕给还。若率先奉行，访求最多州县，亦具名闻。庶称朕表章阐绎之意。令礼部疾速遍牒施行。"[2]这种做法显然承袭于太宗，对献书者给予

1　王国维《宋代之金石学》，见《王国维文存》，清华大学国学研究院主编、方麟选编，江苏人民出版社2014年，第749页。

2　《宋会要辑稿·崇儒》，苗书梅等点校，王云海审订，河南大学出版社2001年，第240—241页。

了相当的礼遇。北宋时期，秘府藏书的管理比较规范，但这些藏书可提供对外借阅服务，故如徽宗所言，常常存在"有司玩习，多致散缺"的情况，无形中流布到了民间。沈括在《梦溪笔谈》中记录了"雅贼"的行径："今三馆、秘阁凡四处藏书，然同在崇文院，其间官书多为人盗窃，士大夫家往往得之。嘉祐中置编校官八员，杂雠四馆书，给吏百人，悉以黄纸为大册写之，自此私家不敢辄藏。样雠累年，仅能终昭文一馆之书而罢。"[1] 这段记载很有意思，偷书者往往是"士大夫家"。为防偷书，"以黄纸为大册写之"，一旦带有皇家标志，民间就不敢私藏了。

上述对"丰亨豫大"的讨论，其实只涉及了徽宗朝收藏的规模问题。我们很容易追问，他是如何利用藏品来表达这种"极盛"的帝国气象的？这就涉及对藏品功用的认知和发掘，比如整理著录、借以推行礼乐，等等。我们后面会谈到这些问题。

徽宗收藏的另一个重要显化特征，就是带有"崇信祥瑞的迷信色彩"。

关于宋代皇帝与道教和祥瑞的关系，今人多有探讨，共同的看法是，道教和祥瑞深刻影响了皇帝的思维方式和行为方式。对徽宗而言，道教不仅左右了他的施政之策，而且对其艺术观念和收藏观念的形成也有渗透作用。兴建艮岳，就是听从道士建议，将宫墙外的东北部增高，据说可以有多子之福。艮岳是徽宗构建"帝国神话"的标志，是其赏石收藏的集大成者，不过最终成了王朝陨落的象征。而祥瑞，实则是皇帝渲染神性和构建神话的工具，与其说徽宗对此笃信痴迷，倒不如说可以借此强化权威。

徽宗对那些祥瑞之物的利用，在收藏领域颇为引人注目，他（或许

1　（宋）沈括《梦溪笔谈》卷一"故事一"条，金良年点校，中华书局 2017 年，第 5 页。

是代笔）和画院画师绘制了大量此类题材的艺术品。在他眼里，这些瑞应之物或许能护佑江山永固，至少可以看作盛世的象征。《画继》载：

> 其后以太平日久，诸福之物，可致之祥，凑无虚日，史不绝书。动物则赤乌、白鹊、天鹿、文禽之属，扰于禁御；植物则桧芝、珠莲、金柑、骈竹、瓜花、来禽之类，连理并蒂，不可胜纪。乃取其尤异者，凡十五种，写之丹青，亦目曰《宣和睿览册》。[1]

"诸福之物，可致之祥，凑无虚日，史不绝书"，徽宗不亚于对祥瑞痴迷到走火入魔的真宗，甚至有过之而无不及。而且，祥瑞历来就有"不可预见性"，但徽宗却有意识地将祥瑞"日常化"并纳入艺术生活，以一种艺术化的方式进行阐释，并试图通过《宣和睿览册》将其永远地"传之后世"。收藏，在这里承担了传播的角色，传播的正是"可致之祥"。需要说明的是，此《宣和睿览册》与前述的《宣和睿览集》有所不同。《宣和睿览册》是各类祥瑞题材的绘画集，"写之丹青"而成册；《宣和睿览集》则是徽宗收藏的绘画精品的集册。《宣和画谱》与两者也有区别，是典型的文字谱录而非作品集册。

徽宗的迷信，在金石收藏上也有所表现，并影响了宋瓷高古内敛风格的形成。高木森《宋人丘壑——宋代绘画思想史》中称："由于相信命中带火，他的日常行事、用具也要尽量避免火、木之属——他喜阴不喜阳，喜金不喜火，盖五月五日为阳火，阴可补阳，金生水，水克火而

1　（宋）邓椿《画继》卷一"圣艺"之"徽宗皇帝"，见《画继　画继补遗》，人民美术出版社"中国美术论著丛刊"人民美术出版社 2003 年，第 3 页。

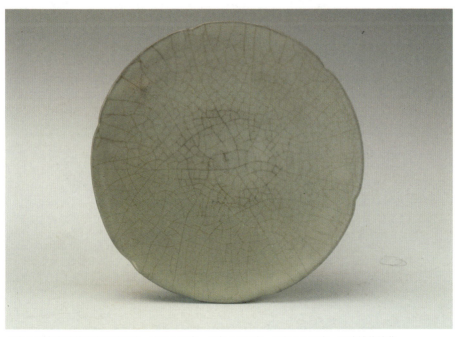

（宋）哥窑青釉乾隆御题诗文盘，高 2.7 厘米，口径 16 厘米，足径 5.8 厘米，天津博物馆藏

（宋）定窑白釉弦纹三足樽，高11.4厘米，口径17.3厘米，天津博物馆藏

（宋）钧窑玫瑰紫釉葵式三足洗，高 6.5 厘米，口径 22.2 厘米，底径 13.5 厘米，天津博物馆藏

（宋）官窑青釉暗龙纹洗，高 5.6 厘米，口径 19.5 厘米，足径 12.3 厘米，天津博物馆藏

（宋）汝窑天青釉盘，高 2.8 厘米，口径 17.2 厘米，底径 9.2 厘米，天津博物馆藏

化土。土也象征他的国家。他大量收集古铜器，主要是因为铜属金，而且春秋战国的人称之为'吉金'，所以他认为古铜器代表一种瑞应。他也嫌定窑瓷器有芒，命宦官找工匠在河南临汝县烧制一种无芒的青瓷专供他享用。"[1] 此说出自南宋人的相关笔记，陆游《老学庵笔记》称："故都时定器不入禁中，惟用汝器，以定器有芒也。"[2] 顾文荐《负暄杂录》、叶寘《坦斋笔衡》、周辉《清波杂志》也有类似记录，都认为徽宗嫌定瓷有芒，但并未与他的生日以及信仰联系起来。

关于徽宗生日，周密《癸辛杂识》中有生于壬戌年五月五日即端午节的记载，端午节在民间是个不吉利的日子，因此徽宗将生日改作了十月十日。[3] 此说流传甚广，故许多人怀疑《宋史》中徽宗"元丰五年十月丁巳，生于宫中"[4] 的记载有误。高木森也倾向于徽宗生于端午节这一天，据此分析了他性格养成、收藏偏好与生日的关系。其实，在没有更为确凿的证据之前，与其相信民间的笔记，倒不如确认正史的记载。那么，如果徽宗的生日是正史所载的十月十日，高木森所言的他对古铜器收藏和瓷器的认知，是否也就不成立了？问题也不能这么简单地看。

徽宗的性格中，有一种艺术家的偏执气质，其知识结构也不像前朝皇帝那样完善，恰恰如此，这种偏执未经后天的人为修正。北宋亡后，被囚于五国城的徽宗才第一次知道《春秋》到底是何书。他对诸王读《春

1　高木森《宋人丘壑——宋代绘画思想史》第四章"北宋晚期（1100—1126）——道教之极峰"第一节"道教与徽宗的生活——神霄帝君，道术治国"，浙江人民美术出版社 2019 年，第 141 页。

2　（宋）陆游《老学庵笔记》卷第二，见《萍州可谈 老学庵笔记》，李伟国、高克勤校点，上海古籍出版社 2012 年，第 83 页。

3　详见南宋周密《癸辛杂识》"五月五日生"条："徽宗亦以五月五日生，以俗忌改作十月十日为天宁节。"吴企明点校，中华书局 1988 年，第 105 页。

4　（元）脱脱等《宋史》卷十九本纪第十九，中华书局 2000 年，第 239 页。

秋》甚为不满，直到蔡條进言该书是礼仪之大宗，对治国有重要辅助作用，才试着读下去，"恨见此书之晚"[1]。徽宗年轻时"玩好不凡"，做皇帝后，天赋和性格也没有受到更多约束。他更像是一个任性的艺术家，享受于笔研、丹青、射御等事务。在审美取向上，道教的理念与其性情天然地合拍。他喜欢自然冲和、含蓄古朴的器物，追求一种高古幽玄、简洁内敛的趣味，这恰恰是道教所提倡的。再加上对瑞应的痴迷，自然会影响他的审美趣味和对藏品的选择。这在徽宗对建筑的审美上，亦有所体现，他并不喜欢金碧辉煌、藻饰五彩的建设风格，反倒具有文人式的审美趣味，青睐松竹庭榭的园林景致和素雅古朴的建筑内饰。

此外，对金石古器的兴致以及复古思潮，是那个时代的显著特征，作为帝王的徽宗，也不会脱离时代趣味，且具有显著的引领和倡导作用。这一点，在北宋皇家利用古器物特别是那些具有瑞应之兆的器物追溯"三代"礼制上，表现得尤为突出。北宋两次著名的乐制改革——仁宗朝和徽宗朝的乐制改革中，古器物都扮演了重要角色。天赋才华、审美取向、性格养成，辅以道教信仰等，诸多因素支配了徽宗在收藏领域的偏好和行为。

1　（宋）蔡條《北狩行录》，详见王云五主编"丛书集成初编"之《北狩见闻录及其他三种》，商务印
　　书馆 1939 年，正文第 3—4 页。

一

　　本节，我们专门谈谈徽宗收藏的另一个特点：基于嗜好的以艺为政。
上文谈到，他的收藏是王朝政治的一部分，但我们也不能忽视他作为艺
术家的身份，这是艺术史和收藏史讨论的重点，不过以往的讨论经常抽
离了那个时代的整体语境，显得过于孤立。

　　笔者在《大宋收藏》一书中，用所谓"治文"来概括徽宗在艺术领
域的建树。"治文"与"文治"相比，更加凸显了徽宗对待艺术的态度，
他已经把艺术视为帝王功业的重要组成部分，通过强力推动，亲自规划
并管理艺术发展，这与宋代皇帝普遍秉持的"文治"理念既有相似之处，
也有所不同，是一种带有个人偏好的"以艺为政"。他的先辈，比如太
宗对典籍的收藏，是出于"存续治乱之道"，"文治"是服务赵氏统治
的重要政治手段，是一种治理策略的选择和鲜明的政治导向；而徽宗在
文化上的建树，则带有浓重的个人色彩。可以说，徽宗是宋代赵氏家族
强大艺术基因的发扬光大者，也是艺术天赋最为出众的一位。《画继》称：
"徽宗皇帝天纵将圣，艺极于神。即位未几，因公宰奉清闲之宴，顾谓之曰：

'朕万几余暇，别无他好，惟好画耳。'"[1]他未做皇帝时，就显示了对艺术的浓厚兴趣，与驸马王诜、宗室赵令穰等往来密切，尤其是姑父王诜，对其影响更大。徽宗的"瘦金体"书法劲瘦清迈，有"断金割玉"之力，花鸟画也出神入化。流传至今的徽宗画作，虽然有代笔的嫌疑，但不可小觑。即位后，他对翰林图画局、翰林书艺局这两个官方的书画机构（俗称画院与书院）尤为重视，空前提升了入职艺术家的政治地位和经济待遇。徽宗特许这些从事艺术的匠师佩鱼，以彰显官员身份。他们的薪酬称为"俸直"，其他工匠的则称"食钱"。但实际上，宫廷艺术家在官阶中的地位仍然很低，时人对其认知没有脱离"匠"的范畴，我们不必将徽宗的举动无限美化。

徽宗在艺术领域的最大事功，是设置了两所皇家艺术教育机构——画学、书学。这是徽宗崇宁兴学的组成部分，他为绍述父兄而掀起了宋代历史上第三次兴学运动，于崇宁元年（1102）设置讲义司并命蔡京为提举，大力推进教育改革，并在文化艺术、礼乐改革等领域大肆铺陈帝国的"盛世气象"。

书学非徽宗独创，唐代宫廷中就曾设立，宋初被废，徽宗是重拾传统。而画学则是徽宗首设，在古代皇家中为徽宗一朝所独有，也是世界历史上最早的高等绘画教育学校，可谓空前绝后，为朝廷输送了不少人才，王希孟就曾在画学就读。蔡京在王希孟绘制的《千里江山图》上有段题跋，给我们留下了徽宗亲自指导这位年轻画师创作的记录，可见徽宗对这些艺术家的关心。

1　（宋）邓椿《画继》卷一"圣艺"之"徽宗皇帝"，见《画继　画继补遗》，"中国美术论著丛刊"人民美术出版社2003年，第1页。按，《画继》的记载，正式确立了徽宗在艺术史中的地位。

（宋）苏汉臣《婴戏图》，绢本设色，纵
18.2厘米，横22.8厘米，天津博物馆藏
苏汉臣为北宋末年宫廷画家，南渡后复入
宫廷，善画人物，用笔工细，设色鲜润。

关于画学设置的另一个因素，《画继》有载：

始建五岳观，大集天下名手。应诏者数百人，咸使图之，多不称旨。自此之后，益兴画学，教育众工。如进士科，下题取士，复立博士，考其艺能。[1]

由此可见，画学设置是在徽宗绍述的政治背景下崇宁兴学的产物，直接目的就是"教育众工"，培养名手。此举也引发了一次大规模的民间献宝热潮，"方民间竞以前代笔记来上，萃于秘府"[2]。米芾就是这次献宝热潮的受益者。他先后向徽宗献上了自己所书的小楷《千字文》和收藏的法书名画，被召为书学博士，后成为书画学博士，是当时最知名的"导师"。

画学与书学的兴办，因受时局影响而多有波折，大概可以梳理出一个简单的脉络：崇宁三年（1104）六月，"置书、画、算学"[3]。崇宁五年（1106）正月，可能是受"星变"影响，徽宗先是"罢书、画、算、医四学"，后又于本月"复书、画、算学"[4]。大观四年（1110）三月，朝廷进行改革，"医学生并入太医局，算入太史局，书入翰林书艺局，画入翰林图画局，

1　（宋）邓椿《画继》卷一"圣艺"之"徽宗皇帝"，见《画继 画继补遗》，"中国美术论著丛刊"人民美术出版社 2003 年，第 4 页。按，今人对《画继》所载有异议，张自然认为，所谓"五岳观"，实乃"景灵西宫"之误，详见张自然《北宋国子监画学机构设立原因考》，《艺术世界》2017 年第 1 期。

2　（宋）蔡肇《米元章墓志铭》，见《米芾集》附录二"传记"，浙江人民美术出版社 2019 年，第 254 页。按，蔡肇所记徽宗下诏时间，有崇宁三年、五年之说。笔者所引版本为崇宁三年。崇宁五年实为误，盖崇宁三年徽宗始兴书画学。此问题也牵扯米芾生平特别是他担任书学博士和书画学博士的时间，学界亦有不同看法，因不涉正文，姑且搁置。

3　（元）脱脱等《宋史》卷十九本纪第十九，中华书局 2000 年，第 247 页。按，"崇宁四学"中的医学于崇宁二年先设。

4　（元）脱脱等《宋史》卷二十本纪第二十，中华书局 2000 年，第 251 页。

学官等并罢"[1]。至此，画学正式并入翰林图画局，职能被后者取代，再无单独恢复。这宛若昙花一现的六年时间，却成为历史长河中耀眼的存在。而书学后又经历兴废，直至宣和六年（1124）正月，被翰林书艺局中别置的书艺所取代。[2]

关于画学和书学的招生、分科、课程以及徽宗亲自出题对学生进行考核的记录，今人已多详述，在此不赘。需要稍费笔墨的是，徽宗对画学、书学进行了强势推动，虽然因政治、经济等因素兴废无常，但其个人嗜好和审美品位，深刻影响了他亲自倡导并设立的这两所艺术学校。学者对徽宗的贡献多有探讨，我们在肯定他的开创之举且以自身艺术实践丰富艺术史的同时，也不应忽略作为权力极端的帝王，对艺术多元发展产生的"挤压"。

北宋文人画经苏轼等士人提出并实践之后，作为具有文人画显著特征的写意画风，虽在士人阶层中兴起，但实非画坛主流，这与徽宗兴画院、办画学而倡导的院体画画风大行其道是有密切关系的。当然，笔者并不排斥和否认徽宗对文人画发展所起的作用，比如在绘画上题诗，影响了后世文人画诗书画印"合一"风格的形成[3]，但他的权力和干预促进了院体画的空前繁荣，亦是不争事实，会在客观上"抢占"本属于文人画的发展空间。在那个时代，包括徽宗和苏轼等艺术家，对绘画艺术的理解和认识已经非常深入，他们的审美观也多有契合之处，但在创作实践上，

1　（元）脱脱等《宋史》卷二十本纪第二十，中华书局 2000 年，第 256 页。

2　按，今人在探讨宋代画院、书院与画学、书学的关系时，对四者的沿革、职能多有混淆。实际上，画院与书院的艺术家相对成熟，重在为宫廷服务；画学与书学侧重培养人才，乃典型的教育机构。但双方也存在相似处，否则大观四年不会将画学、书学并入翰林图画局与翰林书艺局。

3　按，关于徽宗对文人画发展的贡献，可参阅张其凤《宋徽宗对文人画的影响》，南京艺术学院博士论文，2007 年。

却出现了巨大差别。院体画的工细之风占据了绝对主流，反观文人画，虽然理论铺垫已经基本成型，但处于院体画发展的历史顶峰期，很难在艺术语言、表现形式上与理论相匹配，进而取得实质性的突破。经过南宋的发展，直到元代，文人画才呈大兴之势，与文人画相表里的写意画风才真正兴起。相反，北宋士人在书法上的革新要彻底很多，不蹈前人法度、追求个性释放的行草成为主流。书法和绘画在整体面貌上出现的"分化"，确实耐人寻味。其中一个重要原因，就是书法是士人需要具备的基本素养，他们拥有更多的自主性和话语权；而绘画有画院画师、民间画师和士人画家的区别，在前两者的工细画风占据主流的情况下，士人要通过理论构建和身份"区隔"来为"士人画"争取话语权。即便是这种画风在士人群体中已经流行，也面临着主流画风的"挤压"和社会的接纳，甚至是传统的"成教化、助人伦"的绘画观念的挑战，而书法却不存在这个问题，特别是"趋时贵书"风行，连徽宗这样的皇帝都在书法上锐意革新，形成自家面目，书法自由表达和社会接纳的空间，远比绘画要大。

我们可以从宋代书画艺术品交易的价格中窥见一二，作为这种现象的辅证。程民生《宋代物价研究》认为："宋代书法作品整体上贵于绘画作品；绘画作品中，前代名家之作贵于宋代；书法作品中，宋人之作贵于前代名家之作。"[1] 这个概括无疑是客观的，真实反映了当时收藏市场对宋人书画作品的接纳和喜爱程度，也完全符合宋代书画艺术发展的

---

1 程民生《宋代物价研究》第八章"印刷品与文字、书画"，江西人民出版社 2021 年，第 302 页。按，秦开凤在《宋代文化消费》一书中对程民生的观点提出异议，认为宋代书法作品整体上贵于绘画作品的看法可能不太妥当，并通过统计数据进行了分析，录此备考。详见该书第五章"宋代艺术品消费"，商务印书馆 2019 年，第 203 页。

实际。我们在史料中较少见到苏轼的绘画作品被高价售卖的记载，反倒是他的书法颇受市场青睐。徽宗时期，他的作品被禁毁，书法却愈禁愈贵，可谓"一纸万钱"。宋代士人群体的书法，与他们创作的绘画相比，显然更受追捧，也更受市场肯定。如此，很难得出北宋"士人画"已经占据画坛主流并被社会普遍接纳的结论。我们的一些认识，可能有点理想化，没有考虑北宋收藏市场业已形成且市场的价格因素能够直观反映艺术发展实际的情况。不过，北宋文人画理顺端绪、植基开拓特别是观念铺陈之功，也绝对不容忽视。仅此一项，便可在画史中大书特书。

徽宗在其中，是一个不可回避的存在，他对艺术史的影响，也需要辩证地看待，而不是简单地肯定或否定。有三点值得关注：一是在政治态度上，徽宗并不认可苏轼、黄庭坚等人，他们的艺术是受到打压的。二是皇帝的审美具有多元性。按前述，徽宗的许多艺术主张与文人画观念相近，但这些观念具有普遍性和互通性，并不代表他在实践中就接纳文人画。他把扬无咎"自负清瘦"的墨梅讥讽为"村梅"，就体现了对此种风格的排斥。余辉分析认为："宋代皇帝对绘画的审美标准是双重的，他们大多以文人画的审美意趣要求宗室画家，又以有实效功用、状物写实、画风精美的艺术要求约束宫廷职业画家。"[1] 三是南宋宫廷内没有出现像徽宗这样深度介入艺术的赞助者、推动者和实践者，高宗更偏向于研习书法，追捧苏轼、黄庭坚特别是米芾，也没有像徽宗这般投入精力兴画院、办画学，此时宫廷绘画出现了粗放与精细并存的现象，这与权力对艺术的松绑有关。

1　余辉《画里江山犹胜——百年艺术家族之赵宋家族》第五章"北宋末徽宗朝的艺术活动"之"徽宗与翰林图画院"，中国美术学院出版社 2018 年，第 117—118 页。

总之，上述探讨的一个动因，就是希望对古代艺术发展的考察，能够从风格描述、图像识别的角度，拓展到更加广阔的社会空间，特别是时代的政治因素、文化风尚、社会心态、消费需求等构成的整体环境，需要格外留意。比如，从收藏史的角度反观艺术史，就可以更加清晰地看到哪类艺术和谁的作品在当时更受欢迎，据此可以了解艺术发展的状况。当然，这个问题还关涉对文人画的定义，到底什么样的画法和画风才称得上文人画？学界很难有一个广泛的共识，甚至是基于不同的定义，会得出对立的结论来。严格讲，这并不属于收藏史研究的核心，但又与收藏史无法分割，故写出一点感受，权作抛砖之论。

徽宗在收藏领域其实还有一个团队，或者说班底，主要职能是帮助皇帝对文物艺术品进行赏鉴和把关，充当皇帝的高参，这就是御前书画所。今人对此探讨不多，常引蔡絛《铁围山丛谈》所载，崇宁（1102—1106）初年，徽宗命宋乔年掌御前书画所，后由米芾接替。[1] 宋代特别是北宋时期，几乎每一位皇帝身边，都有收藏领域的高参，但他们往往有正式官职，只是"兼职"帮皇帝鉴识藏品。徽宗的这两位高参，米芾几乎世人皆知，而宋乔年则是蔡京的儿女亲家，其女嫁蔡京子蔡攸，因与蔡京沾亲，也颇得徽宗的宠信，虽然艺术造诣史无可考，不过作为徽宗近臣，掌管皇帝的贴身事务也属正常，故蔡絛（与蔡攸同为蔡京之子）所录当为信史。问题是，御前书画所到底是一个什么样的存在？这个问题似乎被许多人忽略了。今人对此的解读，亦多有偏颇失当之处。有的认为，御前书画所是徽宗开创的具有私人博物馆性质的机构，是收纳藏品的所在；有的经常将此与北宋末期的翰林图画局、翰林书艺局以及画学、书学混

1　详见蔡絛《铁围山丛谈》卷第四，冯惠民、沈锡麟点校，中华书局 1983 年，第 78 页。

淆，特别是米芾身兼书画学博士之职，如今又多出御前书画所的"职务"，更令人不解。实际上，御前书画所在收藏史上具有开创之功，特别是在皇家收藏领域，推动了皇家收藏活动的规范化、专业化和常态化。此乃协助徽宗在收藏领域处理赏鉴等事务的"工作班底"，迎合了他的兴趣和爱好。但这并不意味着御前书画所是一个具有固定馆舍、具体职务和编制的常设机构，更非徽宗的私人博物馆。宋代皇家收藏品的储纳之地，除了官办的三馆秘阁[1]，还包括宫廷内皇帝憩燕的偏殿，比如宣和殿，就是徽宗储放心仪藏品的重要场所。宣和殿可以算作徽宗在宫廷设置的"私人博物馆"，后因犯宣和的年号，改称保和殿。蔡攸就曾任宣和殿学士和大学士，后改称保和殿大学士。此外，当朝皇帝为前朝皇帝所设的神御殿（类似前朝皇帝的纪念堂）也存放了大量藏品。目前，我们还看不到徽宗在御前书画所储放藏品的记载。借用彭慧萍所著《虚拟的殿堂：南宋画院之省舍职制与后世想象》中的观点，笔者认为，御前书画所是徽宗组建的宫廷内具有临时办事性质的组织，多少带有彭慧萍所言的"抽象集合"[2]的味道。宋乔年与米芾以"御前"名义在侧，为皇帝效力。正因此，徽宗身边也就有了这个临时性设置，以便宋乔年与米芾名正言顺地履行职能。

那么，他们赏鉴、整理徽宗的私人藏品，总要有一个场所吧？考虑到宣和殿作为燕殿的重要功能，"中贵人官高者皆直宣和殿"，"盖宣和职亲地近"[3]，办公的主要地点可能就在此，《宋史》载米芾"又入宣和

1　按：三馆秘阁所藏，主要为典籍和法书名画。宋代诸如奉宸库这样的官署也收储金银珍宝等，以供宫廷须索。

2　详见彭惠萍《虚拟的殿堂：南宋画院之省舍职制与后世想象》，北京大学出版社 2018 年。

3　（宋）朱彧《萍洲可谈》卷一"宣和殿"条，见《萍洲可谈 老学庵笔记》，李伟国、高克勤校点，上海古籍出版社 2012 年，第 12 页。

殿观禁内所藏，人以为宠"[1]，而且蔡攸也有宣和殿学士和大学士的贴职，由此可见，负责鉴定、整理藏品事宜的，是一个以权臣蔡京为纽带的工作班底，即位之初的徽宗，显然不想让这种颇为私密的御前事务假手外人。而米芾在这个班底中应该充当"专家"和"掌眼"的角色，也并非完全的"中立"，蔡京对其赏识有加并屡屡提携。

徽宗朝"所"的设置异常随意和杂乱，除上文所称的宣和六年（1124）正月书学被书艺所取代外，尚有御前生活所、营缮所、御前人船所，等等，在官办的政府机构之外，负责管理御前事务。彼时朝廷奢靡之风大兴，此类办事机构"其名杂出，大率争以奇侈为功"[2]。靖康元年（1126）正月，北宋气数将尽之时，"罢内外官司、局、所一百五处，止留后苑，以奉龙德宫"[3]。朝廷只留下了一个御前生活所，负责为已经是太上皇的徽宗服务，其他官司、局、所等一并撤罢。但御前书画所并没有在靖康元年撤罢，可能更早的时候就结束了使命。如果米芾是最后一位"掌事者"，可知御前书画所最晚于大观元年（1107）米芾离开汴京任淮阳军知州时，

1　（元）脱脱等《宋史》卷四百四十四列传第二百三，中华书局 2000 年，第 10212 页。

2　（元）脱脱等《宋史》卷一百七十九志第一百三十二，中华书局 2000 年，第 2924 页。

3　（元）脱脱等《宋史》卷二十三本纪第二十三，中华书局 2000 年，第 282 页。

就不再有人打理了。[1]

为皇帝赏鉴藏品的其实并不限于御前书画所和宋乔年、米芾这两个人，徽宗身边已经形成了一个负责赏鉴品评的"参谋团队"，其中就包括那些甚为皇帝宠溺的太监。《宋史》中立传的太监达 53 人，为历朝正史之最，其中有 47 人活跃于北宋时期。《铁围山丛谈》称："本朝宦者之盛，莫盛于宣和间。"[2] 而《宣和书谱》和《宣和画谱》中，也收录了大量内臣作品。徽宗朝最有名的太监是童贯、梁师成，二人被纳入"北宋六贼"，名声虽然非常不好，但协助徽宗在收藏领域办了不少事。

徽宗即位之初，就曾派童贯和蔡京到杭州搜寻名画。《宋史》载：

> 童贯以供奉官诣三吴访书画奇巧，留杭累月，京与游，不舍昼夜。凡所画屏幛、扇带之属，贯日以达禁中，且附语言论奏至帝所，由是帝属意京。[3]

蔡京能够获得徽宗赏识，离不开童贯的功劳。《铁围山丛谈》中称

1　按，米芾掌御前书画所应与《宣和画谱》《宣和书谱》的编纂有关，虽然并不能据此得出二谱乃米芾编纂的结论，但至少在御前书画所时期，为二谱编纂提供了基础。或许是，徽宗让蔡京领衔，于崇宁初年成立御前书画所的临时组织，先由宋乔年主持，辅以蔡攸等人，后米芾入京，开始以米芾为核心梳理内府书画藏品特别是鉴别真伪，为谱录编纂做前期准备。米芾担任书画学博士时，应该仍然继续着这项工作。御前书画所之所以没有成为一个正式机构，在于书画鉴定整理多有真伪之辨，实属私密，且此时还没有进入谱录编纂的案头阶段，并无设置的必要。这也导致史料稀见，后人难知详情。大观元年，米芾改迁礼部员外郎后旋即出知淮阳军，此时"掌眼"任务或许完成，但谱录编纂的相关工作并未停止。学界认为的画谱与书谱本为一集的说法确有可信之处，至少刚开始在鉴定整理方面是无法分开的。此后，徽宗将主要精力放在了礼乐改革和古器收藏上，并于大观二年启动内府古器图录的编纂，三部著录同时于宣和二年成书。书谱与画谱的编纂，应区分准备期、著录期以及主事人、参与者、执笔者的区别，不能一概而论。学界历来对书谱与画谱的成书问题众说纷纭，对米芾在其中的作用也有探讨。上述浅见，聊备一说。

2　（宋）蔡絛《铁围山丛谈》卷第六，冯惠民、沈锡麟点校，中华书局 1983 年，第 109 页。

3　（元）脱脱等《宋史》卷四百七十二列传第二百三十一，中华书局 2000 年，第 10620 页。

童贯"彪形燕颔，亦略有髭，瞻视炯炯，不类宦人，项下一片皮，骨如铁"[1]。看来童贯还是个美男子，其势虽去，胡须尚存。《宣和画谱》收录四幅童贯作品，并评价他"性简重寡言，而御下宽厚有度量能容，喜愠不行于色"[2]。但民间对童贯的评价并不高。《宋史》称："时人称蔡京为公相，因称贯为媪相。"[3]陆游《老学庵笔记》则称："蔡京为太师，赐印文曰公相之印，因自称公相。童贯亦官至太师，都下人谓之媪相。"[4]

另一位太监梁师成也深受徽宗宠信，赐进士出身，因此有"内臣及第，始于梁师成"的说法。他聪慧狡黠，临仿徽宗的瘦金体几可乱真。《宋史》载：

> 时中外泰宁，徽宗留意礼文符瑞之事，师成善逢迎，希恩宠。帝本以隶人畜之，命入处殿中，凡御书号令皆出其手，多择善书吏习仿帝书，杂诏旨以出，外廷莫能辨。师成实不能文，而高自标榜，自言苏轼出子。是时，天下禁诵轼文，其尺牍在人间者皆毁去，师成诉于帝曰："先臣何罪？"自是，轼之文乃稍出。以翰墨为己任，四方俊秀名士必招致门下，往往遭点污。多置书画卷轴于外舍，邀宾客纵观，得其题识合意者，辄密加汲引，执政、侍从可阶而升。王黼父事之，虽蔡京父子亦谄附焉，都人目为"隐相"，所领职局至数十百。[5]

1 （宋）蔡絛《铁围山丛谈》卷第三，冯惠民、沈锡麟点校，中华书局1983年，第56页。
2 （宋）佚名《宣和画谱》卷第十二"山水三"，俞剑华点校注释，人民美术出版社2017年，第205页。
3 （元）脱脱等《宋史》卷四百六十八列传第二百二十七，中华书局2000年，第10575页。
4 （宋）陆游《老学庵笔记》卷第四，见《萍州可谈 老学庵笔记》，李伟国、高克勤校点，上海古籍出版社2012年，第99页。
5 （元）脱脱等《宋史》卷四百六十八列传第二百二十七，中华书局2000年，第10578页。

梁师成本来以"隶人"身份畜养在徽宗身边，负责替徽宗书写诏书，临仿徽宗笔迹"外廷莫能辨"。他标榜自己是苏轼的"遗腹子"，在"天下禁诵轼文，其尺牍在人间者皆毁去"时，竟然敢诉于皇帝，而且徽宗还听从了建议，可见受到宠溺之深。王黼认梁师成为父，称其"恩府先生"，连蔡京父子也要攀附，故被视为"隐相"。梁师成也喜爱收藏并以此笼络门客。

从官办的画院、书院到设置画学、书学，再到设置御前书画所，徽宗身边形成了一个完善的运作体系和以宠臣、内臣为重点的执行团队，再加上米芾这样在书画鉴藏方面造诣精深、地位清显的大艺术家，辅以刘昺、黄伯思等人在金石器物领域的"参谋"，涵盖了艺术创作、人才培养、藏品赏鉴等领域，为徽宗"以艺为政"的事功提供了坚实基础。这个以徽宗为轴心的运作体系，客观上推动了宋代艺术与收藏的发展。

当然，徽宗的以艺为政并非完全出自性情和喜好，甚至可以说，他以喜好为依托，将其转化为政治，找到了一个颇能自洽的执政逻辑："丰亨豫大"实乃理想化的政治图景；"以艺为政"则是构建盛世图景的措施。而宗教，能够直指内心，不仅影响他的趣味，而且成为他施政之策的重要辅助。在北宋晚期，这些都与徽宗绍述熙宁新政有千丝万缕的联系，我们下节详述。

三

　　徽宗主导了古代历史上最为系统的藏品著录工程，包括两部大型绘画作品集《宣和睿览集》和《宣和睿览册》，两部具有谱录性质的《宣和画谱》和《宣和书谱》，以及图文并茂的《宣和博古图》，且均以"宣和"冠名[1]，被誉为宋代历史上"文治"巅峰，亦被称为宋代的"宣和文化"。《宣和睿览集》和《宣和睿览册》收录的作品今存者寥寥。《宣和画谱》《宣和书谱》以及《宣和博古图》则流传至今。学者们对"宣和"这个冠名看法不一，有的认为取自年号；有的认为取自徽宗的"私人博物馆"——宣和殿。笔者认为三者不能笼统言之。《宣和画谱》与《宣和书谱》应取自宣和的年号。《宣和博古图》有初版与重修之别，最早取自宣和殿的殿名，后来则取年号，且三部书都成书于徽宗朝的宣和二年（1120），

1　按，稽考史料和《中国画学著作考录》等，可知徽宗还曾敕编《宣和印谱》《翰林画录》《秘阁书画器物目》《宣和御览》等，这些著录均不见版本流传。《宣和印谱》于宋人史料中不见，明之后徽宗编纂印谱之说兴起，韩天衡认为印谱并不存在。《翰林画录》传为徽宗登基后命宋乔年编著，参见谢巍《中国画学著作考录》相关讨论。《秘阁书画器物目》见尤袤（宋）《遂初堂书目》所载。《宣和御览》见蔡肇《米元章墓志铭》所载。

故最终以年号定名。[1]

《宣和画谱》收录魏晋至北宋时期画家 231 人、作品 6396 件，按画科分为道释、人物、宫室、番族、龙鱼、山水、畜兽、花鸟、墨竹、蔬果十门。每门画科前，都附有一篇文章，简述该画科的起源、发展以及代表人物等，并按时代列出画家的小传和作品。

《宣和书谱》首列帝王书一卷，以下为篆书隶书一卷、正书四卷、行书六卷、草书七卷、分书一卷，并附诏制诰命于后，共著录徽宗朝之前的历代书家 197 人、1344 件书法作品。每种书体前都有叙论，叙述渊源发展情况，然后是书法家小传，记载生平轶事，评论书法特点、优劣等；最后列出御府所藏的作品目录。

《宣和博古图》由宋徽宗敕撰，传为王黼主持编著。王黼有口才，善巧言献媚，为徽宗宠溺，乃"北宋六贼"之一。蔡絛《铁围山丛谈》中称其有异容："美风姿，极便辟，面如傅粉，然须发与目中精色尽金黄，张口能自纳其拳。大抵皆人妖也。"[2]此"人妖"，当然不是彼"人妖"。《宣和博古图》共 30 卷，与《宣和画谱》和《宣和书谱》不同的是，乃图文并茂，共著录了宋代皇家收藏的青铜器 839 件。书中将青铜器分鼎、尊、彝、舟、卣、瓶、壶、爵、觯、敦、簋、杂器等二十类。器物均按时代编排，每类器物有总说，每件器物有摹绘图、铭文拓本及释文，并记有器物尺寸、重量与容量等。有些器物还附有出土地点、颜色和藏家姓名，

1　按，前引张富祥认为《宣和博古图》于宣和二年成书，与该年王黼突罢修书 58 所有关，续修截止于宣和二年六月至八月间。画谱与书谱作为徽宗朝收藏领域的同类著作，也应与此事有关，这三部著录应该在同一个时间段收尾。考《宣和画谱》御制序所署"宣和庚子岁夏至日"，可知宣和二年六月应该是三部著录成书的具体时间。关于始修时间，画谱与书谱的编纂应可追溯至崇宁初年御前书画所设置时。博古图的编纂则应起始于大观二年。

2　（宋）蔡絛《铁围山丛谈》卷第三，冯惠民、沈锡麟点校，中华书局 1983 年，第 56 页。

且有较为深入的考证。书中对古器物的称谓如鼎、尊、爵等，一直沿用至今。

上述三部著录，离不开徽宗的指导和推动。我们很难将其看作一种单纯的"文化工程"，反倒是蕴含其中的皇家话术和政治因素，折射了那个时代的光影。

除了藏品著录，徽宗还对皇家藏品建立了一套较为完整的保护机制，涉及文物艺术品的复制、装裱保管、题签标识等方面，特别是在书画领域，事实上已经形成完善的文物保护手段。朝廷实施了大规模的临摹工程，一批宋之前的名画得以保存了原先的面目。在当时的历史条件下，这一方式非常科学，但也造成后人在鉴定方面的困扰。徽宗对书画艺术品装裱亲力亲为，为后人留下了著名的"宣和装"，这是宣和年间由徽宗钦定的装裱形式，他亲自为装裱过的作品题签，并加盖皇家书画收藏印。现藏于北京故宫博物院的梁师闵《芦汀密雪图》，就是典型的"宣和装"，较唐代更为完整、更具艺术性，是装裱艺术的典范。

徽宗关于艺术、收藏的专论，今不多见，其中以《宣和画谱》的御制叙为代表。叙中有"今天子廊庙无事"语，文后则署为"宣和殿御制"，显然是自相矛盾的，故学者们通常认为，这是徽宗授意下的代笔之作，但应该是经过他认可的。这种以天子语气所拟的文章，充满了陈词滥调，俨然官样文章的郑重与刻板，不过，其中的观点也颇可玩味。此叙先由"河出图，洛出书"讲起，叙说书画的起源，乃至到《宣和画谱》编纂的因由"见善以戒恶，见恶以思贤"，都离不开两个字——教化：

> 河出图，洛出书，而龟龙之画始著见于时，后世乃有虫鸟之作，而龟龙之大体，犹未凿也。逮至有虞，彰施五色而作绘宗彝，以是

制象因之而渐分；至周官教国子以六书，而其三曰"象形"，则书画之所谓同体者，尚或有存焉。于是将以识魑魅、知神奸，则刻之于钟鼎；将以明礼乐、著法度，则揭之于旆常，而绘事之所尚，其由始也。是则画虽艺也，前圣未尝忽焉。自三代而下，其所以夸大勋劳，纪叙名实，谓竹帛不足以形容盛德之举，则云台麟阁之所由作，而后之览观者，亦足以想见其人。是则画之作也，善足以观时，恶足以戒其后，岂徒为是五色之章，以取玩于世也哉！[1]

这段话，基本上没有脱离"圣教"的范畴，认为绘画虽然属于艺事，但"前圣未尝忽焉"，其根源就在于，"善足以观时，恶足以戒其后"，因此绘画并非"五色之章"，单纯的玩好。这其实也是古人"拔高"艺术的普遍看法，并无创新之处。尤其是皇帝主导编录画谱，更要将这种政治功用抑或社会教化的价值进行放大。那么，编录画谱的政治背景又是什么呢？我们再看：

今天子廊庙无事，承累圣之基绪，重熙浃洽，玉关沉柝，边燧不烟，故得玩心图书，庶几见善以戒恶，见恶以思贤，以至多识虫鱼草木之名，与夫传记之所不能书，形容之所不能及者，因得以周览焉。且谱录之外，不无其人，其气格凡陋，有不足为今日道者，因以黜之，盖将有激于来者云耳。[2]

1　（宋）佚名《宣和画谱》，俞剑华点校注释，人民美术出版社 2017 年，第 3 页。
2　（宋）佚名《宣和画谱》，俞剑华点校注释，人民美术出版社 2017 年，第 3 页。

如此天下太平的盛世之景，"玉关沉柝，边燧不烟"，皇帝才能够"玩心图书"。编著《宣和画谱》，就是为了能够让世人"见善以戒恶，见恶以思贤"，同时还能够多识"虫鱼草木之名"，得以周览"传记之所不能书，形容之所不能及者"。此外，那些没有纳入画谱的，多因"气格凡陋，有不足为今日道者"，所以编著此书也是为了激励来者，更加留心于艺术而有所精进。这段话，不得不说有些牵强了。即便是徽宗如此喜爱艺术和收藏，他在文章中也没有恣意展示这种喜好，最稳妥的办法，就是把想法隐含在规范的"政治术语"之中。

上述观点并非独创，甚至有"抄作业"之嫌。比照唐代张彦远《历代名画记》中《叙画之源流》，就会发现其中的某些表述，与徽宗的御制叙简直一模一样。据此，我们可以确定徽宗的这篇叙文确实不是他的亲笔，而且代笔者亦无画理上的修为和创建，只是凑成一篇能够承续传统、四平八稳的文章交差而已。比如，《叙画之源流》中讲到绘画的起源时称，"是故知书画异名而同体也"。至于绘画的功用，则称"故鼎钟刻，则识魑魅而知神奸；旌章明，则昭轨度而备国制。清庙肃而鬻彝陈，广轮度而疆理辨。以忠以孝，尽在于云台；有烈有勋，皆登于麟阁。见善足以戒恶，见恶足以思贤。留乎形容，式昭盛德之事；具其成败，以传既往之踪。记传所以叙其事，不能载其形，赋颂所以咏其美，不能备其象，图画之制，所以兼之也"。所以，《叙画之源流》起首开宗明义，留下一段名言："夫画者，成教化，助人伦，穷神变，测幽微，与六籍同功，四时并运，发于天然，非由述作。"[1]仔细辨读就会发现，徽宗的叙文与

1　本段所引诸条，见唐张彦远《历代名画记》卷一"叙画之源流"，朱和平注译，中州古籍出版社2016年，第2—3页。

之高度相像，只是择其要领，稍加改写而已。

《历代名画记》为现存最早的一部绘画通史类著作，在艺术史特别是艺术理论上的贡献，至今都不能忽视。该书曾被辑入北宋皇家主导编纂的《太平御览》，可见北宋时颇受重视。徽宗的这篇御制叙，虽然内容与观点乏善可陈，但代表了皇家的正统观念，特别是直接借用了《历代名画记》中关于绘画教化功能的表述，也从一个侧面反映了该书在宋代的接受史以及对皇家艺术和收藏的影响。

宋代集艺成谱之风大兴，上至帝王，下至士人，对那些美好之物抱有极其浓厚的兴趣，涌现出一大批谱录。喜爱饮茶的徽宗还御制《大观茶论》。这本书的序言，与《宣和画谱》中的观点出奇地相似：

> 延及于今，百废俱举，海内晏然，垂拱密勿，俱致无为。荐绅之士，韦布之流，沐浴膏泽，熏托德化，咸以雅尚相推从事茗饮……且物之兴废，固自有然，亦系乎时之污隆。时或遑遽，人怀劳悴，则向所谓常须而日用，犹且汲汲营求，惟恐不获，饮茶何暇议哉。世既累洽，人恬物熙，则常须而日用者，因而厌饫狼籍。而天下之士，历志清白，竞为闲暇修索之玩……可谓盛世之情尚也。呜呼！至治之世，岂惟人得以尽其材，而草木之灵者，亦得以尽其用矣。偶因暇日，研究精微，所得之妙，人有不自知为利害者，叙本末列于二十篇，号曰《茶论》。[1]

徽宗说，无论是缙绅之士，还是韦布之流，之所以如此喜爱茗饮茶

1　（宋）赵佶《大观茶论》（外二种），沈冬梅、李涓编著，中华书局 2013 年，第 7—11 页。

（宋）张择端《金明池争标图页》，绢本设色，纵 28.5 厘米，横 28.6 厘米，天津博物馆藏

张择端约活动于北宋末期，此图绘制了北宋东京汴梁（今河南开封）金明池水上争标的场景，人物细小如蚁，描摹生动形象，具有极高史料价值和艺术价值。

事，是因为有了"百废俱举，海内晏然"的太平之世作保障，因此，"物之兴废，固自有然，亦系乎时之污隆"，事物的兴废虽然有其自身规律，但也关乎世道风俗的盛衰或政治的兴替。接下来，徽宗又从"时或遑遽"和"世既累洽"两个方面阐释自己的观点，认为"人恬物熙"的盛世之下，人们才能够"竞为闲暇修索之玩"。而且，在他眼中的"至治之世"，不仅人能够尽其材，就连草木也能够尽其用，所以他才在政余暇日写就此书。这段话也是为徽宗眼中"丰亨豫大"的盛世"描金"，勾画了一个徽宗推崇的"至治"蓝图，不过客观道出了艺术乃至收藏与经济社会发展的关系。大凡"人恬物熙"的时代，收藏也多兴盛，所谓"盛世收藏、乱世黄金"。

徽宗虽然天赋异禀，但仅就《宣和画谱》御制叙中透露的观念而言，似乎缺乏开拓性。反观南渡后高宗撰写的《翰墨志》以及在书法理论上的观念，确实比其父高明许多。而且奇怪的是，如此一位天才艺术家且身居皇位，为什么没有写出《翰墨志》这样的专论，倒是撰写了《大观茶论》？很显然，徽宗除了自身投入绘画艺术这种较为个性化的创作行为外，在办学、收藏、编谱等领域更喜欢将其作为带有政治性、工程性、仪式感的工作，所以他留下的关于艺术和收藏的言论并不多，为我们探讨他的精神世界带来了困难，不过这恰恰是徽宗的独特之处，至少，那个存在于"层累的历史"中的徽宗，与存在于猎奇者想象中的徽宗，是有些不同的。我们甚至有理由怀疑，他的艺术天赋和在文化领域的努力，因与政治联系得过于紧密，存在某种"形象塑造"的可能，借此，徽宗意在缔造属于自己的历史。

我们观察徽宗的上述观点，免不了产生一种自我鼓吹的牵强之感，为什么皇帝要把著录画谱和撰写茶经这样的"政余暇事"上升到"明礼乐、著法度"的高度，且不厌其烦地描绘"玉关沉柝，边燧不烟"和"百废俱举，海内晏然"的所谓盛世图景？这是历代帝王通过绘画行鉴戒之功用的传统，且不说汉唐时期，北宋仁宗朝于庆历元年（1041）绘制的《观文鉴古图》，就是典型的劝谕规谏的训鉴图画。徽宗在《宣和画谱》御制叙中透露的观点，与之一脉相承，但也是一种政治语境下的话术选择，是调和政治传统、个人兴趣以及施政理念的结果。他所谓的鉴戒，恰恰只体现在了画谱的御制叙中，画谱以及《宣和睿览册》《宣和睿览集》实际上并不具备传统的鉴戒意义，这些作品更侧重于艺术而非说教，这显然是徽宗的兴趣所在，也是北宋后期艺术由注重教化向注重审美转化的具体体现，特别是到了徽宗这里，对艺术的热衷使以往的"鉴戒"功能开始逐渐弱化，人们更加注重欣赏的趣味和审美的愉悦。但作为帝王，他又不可能由着性子来。他应该清楚自己喜爱和收藏的绘画，没有《观文鉴古图》这样直观的教化意义，所以力图用叙文来弥补这个缺陷，作为"规范书写"承袭政治传统，但着实有些牵强和敷衍。更为重要的是，教化的政治导向在徽宗这里发生了微妙的、策略性的变化，他不再像先人那样满足于充满说教意味的功能性绘画，而是通过对藏品的著录和集册，特别是对祥瑞题材绘画的集录，来铺陈自己心目中"丰亨豫大"的盛世图景，为"玉关沉柝，边燧不烟"和"百废俱举，海内晏然"的盛世进行涂色和晕染。这种做法，当然要服务于他的政治理念，可以算作一种意识形态的特殊表达。"帝王和最高统治集团所确立和提倡的治国理想，使得绘画题材具有难以移异的历史规定性"[1]，邓乔彬此言，放之徽宗的艺术和收藏行为，亦完全适用。

1　邓乔彬《宋代绘画研究》之"绪论"，河南大学出版社 2006 年，第 4 页。

　　还有一点，也不容忽视。在传统的理念中，雅好文事总体上脱离不了"游于艺"的范畴，皇帝在表面上不愿背负耽于享乐的恶名，即便是徽宗，也不可能大肆申张这种容易留下话柄的观点。皇帝如此，那些喜爱收藏的士人也如此，欧阳修将收藏纳入"正经补史"的范畴加以阐释，以便为这种本属于雅好私享的行为争取到正当性与话语权。苏轼也一再强调不能"留意于物"，耽于低级的享乐。倒是米芾石破天惊地提出了"功名不如翰墨"的观点，但在北宋士人中显得颇为另类。反观宋代皇家和士人对典籍收藏的态度，更能看出其间的微妙。典籍收藏事实上已经成为宋代皇家的一项文治传统，在"志于道，据于德，依于仁，游于艺"的传统儒家理念中，位居正统地位，关乎"存续治乱之道"，无怪乎皇帝们屡屡下诏在民间搜访遗书。这就导致了藏书被当作帝王功业，名正言顺地留下许多记录，而他们那些关于艺术和收藏的言论，反倒显得颇为谨慎。"道术治国"的徽宗尽管杂糅儒道，也不会脱离儒家对"六艺"的基本认知，只不过选择的政治话术有些特殊而已。

　　《宣和书谱》与《宣和博古图》中没有留下徽宗的只言片语，但背后却隐含着徽宗的政治意图和北宋愈演愈烈的党争内耗。我们在《宣和书谱》中，找不到苏轼、黄庭坚等当时已获盛名的书法家。不难理解，苏、黄这样的"元祐党人"在某些人眼里，政治上是不"过关"的，因此就被排除在外了。余绍宋《书画书录解题》分析："而元祐诸贤之书则不为著录，以政见不同之故，至并其艺事而亦屏弃之。可见当时新党忮刻之深。而徽宗之不明，亦殊可讶矣。"¹此说允为公论，但是当时秘府应该藏有苏、黄等人的作品。《铁围山丛谈》载：

1　余绍宋《书画书录解题》卷六"宣和书谱撰人辩证"，北京图书馆出版社 2003 年，第 386 页。

国朝诸王弟多嗜富贵，独祐陵在藩时玩好不凡，所事者惟笔研、丹青、图史、射御而已。当绍圣、元符间，年始十六七，于是盛名圣誉布在人间，识者已疑其当璧矣。初与王晋卿诜、宗室大年令穰往来。二人者，皆喜作文词，妙图画，而大年又善黄庭坚。故祐陵作庭坚书体，后自成一法也。时亦就端邸内知客吴元瑜弄丹青。元瑜者，画学崔白，书学薛稷，而青出于蓝者也。后人不知，往往谓祐陵画本崔白，书学薛稷，凡斯失其源派矣。[1]

蔡絛所论，揭示了徽宗书画艺术的渊源，可见徽宗书法初学黄，后参以己意，成就了名垂千古的"瘦金体"，其字体开张舒展，颇得黄之神韵。即便如此，《宣和书谱》亦不见黄庭坚及其老师苏轼的名字。那么，我们可以推测，徽宗可能知晓《宣和书谱》对苏、黄等人不作著录的情况，只是默许了这种做法而已。反倒是以推崇熙宁新法来打击"元祐党人"的蔡京及其堂兄蔡襄、弟弟蔡卞均在书谱。当然，蔡氏兄弟的书法确实深得时人推崇，纳入书谱并不过分，但书谱所录蔡京的传记为全书之冠，且不吝溢美之词，这就有点欲盖弥彰了。可见，《宣和书谱》的著录与蔡京有着千丝万缕的联系。

这件事，应该从哲宗说起。元丰八年（1085）神宗去世后，九岁的哲宗继位，司马光任宰相，废除了王安石在神宗朝施行的变法。这段时间，朝堂党派对峙，支持变法的被称为"元丰党人"，反对变法的则被称为"元祐党人"。元祐八年（1093）哲宗亲政后，启用宰相章惇，恢

1 （宋）蔡絛《铁围山丛谈》卷第一，冯惠民、沈锡麟点校，中华书局1983年，第5—6页。

复变法新政，同时打击反对变法的"元祐党人"，苏轼、苏辙、黄庭坚等皆遭流贬。元符三年（1100）哲宗去世后，即位的徽宗先是施行建中调和之政，后随着蔡京的入相，政策导向发生根本性变化，徽宗明确提出绍述新政，继承父兄的政治主张，并采取了一系列政治措施，"元祐党人"再次受到严重打压。崇宁元年（1102）九月，"籍元祐及元符末宰相文彦博等、侍从苏轼等、余官秦观等、内臣张士良等、武臣王献可等凡百有二十人，御书刻石端礼门"[1]。崇宁三年（1104）六月，徽宗下诏，"重定元祐、元符党人及上书邪等者合为一籍，通三百九人，刻石朝堂，馀并出籍，自今毋得复弹奏"[2]。崇宁五年（1106）正月，天象异常，徽宗因"星变"避殿损膳，毁掉了"元祐党人碑"，后"除党人一切之禁"[3]。

崇宁元年（1102）徽宗立"元祐党人碑"时，苏轼已经去世[4]，但他的厄运并没有结束。崇宁二年（1103）四月，徽宗下诏"毁刊行唐鉴并三苏、秦、黄等文集"[5]，民间所藏的诸公文集开始遭遇浩劫，损毁无数。之后的宣和六年（1124）十月，徽宗再次下诏，"有收藏习用苏、黄之文者，并令焚毁，犯者以大不恭论"[6]。徽宗朝长达十余年的禁毁，令苏轼的诗文书画大量散亡，"其尺牍在人间者皆毁去"[7]，不过由于苏轼文名隆盛，私人多有宝爱，至今仍然留下了一笔可观的遗产。《梁溪漫志》记载了一则充满温情的故事：

1　（元）脱脱等《宋史》卷十九本纪第十九，中华书局 2000 年，第 244 页。
2　（元）脱脱等《宋史》卷十九本纪第十九，中华书局 2000 年，第 247 页。
3　（元）脱脱等《宋史》卷二十本纪第二十，中华书局 2000 年，第 251 页。
4　按，苏轼于建中靖国元年即 1101 年在常州逝世。
5　（元）脱脱等《宋史》卷十九本纪第十九，中华书局 2000 年，第 245 页。
6　（元）脱脱等《宋史》卷二十二本纪第二十二，中华书局 2000 年，第 276 页。
7　（元）脱脱等《宋史》卷四百六十八列传第二百二十七，中华书局 2000 年，第 10578 页。

宣和间，申禁东坡文字甚严。有士人窃携坡集出城，为阍者所获，执送有司，见集后有一诗云："文星落处天地泣，此老已亡吾道穷。才力漫超生仲达，功名犹忌死姚崇。人间便觉无清气，海内何曾识古风。平日万篇谁爱惜，六丁收拾上瑶宫。"京尹义其人，且畏累己，因阴纵之。[1]

徽宗对旧党的严厉打击，已经背离了太祖、太宗以来皇家"涵养士类"的传统，北宋中期才学满朝、文治彬郁、议论煌煌的士人气象，在哲宗、徽宗对士人的持续压迫下早已不复，奸佞当政、士风颓唐、苟且攀附已成为北宋晚期时局的真实写照，这也加剧了徽宗的绍述之政最终以家国沦丧而收场。

"不少美术史的议题，在其延长线上自然地与政治史议题交会。"[2]此事在当时的影响可谓巨大，美术史中也留下了蛛丝马迹。余辉在解读张择端《清明上河图》时认为："画中两处出现残酷的渎文悲剧，车夫把被废黜的旧党人书写的大字屏风当作苫布，包裹着旧党人的其他书籍文字装上串车，奉主人之命推到郊外销毁……张择端生动地捕捉到这个细节，反映了当时政治斗争的残酷和对文化艺术的破坏程度，也从侧面可以探知画家对此类事态的内心是不太平静的，至少表达了对受迫害者的同情。"[3]也有人更为大胆地猜测，张择端画的可能就是苏轼作品被拉

---

1 （宋）费衮《梁溪漫志》卷七"禁东坡文"条，见《墨庄漫录（外十种）》，上海古籍出版社 1992 年，第 742 页。

2 邓小南《书画材料与宋代政治史研究》，《美术研究》2012 年第 3 期。

3 按，余辉的观点详见其《隐忧与曲谏：清明上河图解码录》第七章"探考《清》卷反映社会危机的主题性细节"之"（六）严酷的党争事件"，北京大学出版社 2015 年，第 154 页。

去销毁的场景。可见,《宣和书谱》中不收司马光、苏轼、黄庭坚等人的作品,自有复杂的政治因素。在天下皆闻,甚至画师都要以"画谏"的隐喻来表达对此事的态度时,假定徽宗亲自审定过该书,也不会放任苏轼等人的作品纳入书谱,否则肯定会引来朝堂争议。直到建炎南渡之后,酷爱书法的高宗以黄庭坚、米芾为宗,并直追"二王"书风,在宋人"学权贵书"的影响下,"元祐党人"才算正式"翻身",反倒是蔡京以及学蔡者的书法因政治因素不再受时人追捧。高宗更是在命人装裱前朝遗留的书画时,刻意裁掉了包括徽宗在内的众多题识,以此来表达对徽宗朝奸佞之臣的厌恶态度,剥离徽宗与这些奸佞的关系,维护父亲的形象,客观上对文物艺术品带来了不可挽回的损伤。历史的长河中,文物艺术品往往因裹挟于政治而命运多舛。我们今天能够看到的苏轼诗文以及屈指可数的书画作品,该是躲过了多少劫难!

打击元祐旧党之余,徽宗开始绍述新政。他下令置学养士,发动了北宋历史上第三次声势浩大的兴学运动,从崇宁二年(1103)开始兴办"崇宁四学",这是他以三代至治为目标,为绍述熙丰变法而实施的一场野心勃勃的政治文化改革。[1]这些政治行为的内在驱动是他的喜好,但皇权强势介入后,则被赋予了浓重的政治内涵,成为徽宗政治理想和为此付诸实践的重要内容,更是其描绘帝国盛世的"形象工程"。他的行为显然经过了系统筹划,崇宁三年(1104)六月下诏重定元祐、元符党人时,于本月设书、画、算三学;而崇宁五年(1106)毁"元祐党人碑"和"先罢后复"诸学,也都在该年正月。到了宣和时期,艮岳的竣工将这场政

1　按,前两次兴学运动,第一次为仁宗庆历年间,范仲淹力推"庆历新政",其中就包括复古劝学,但庆历兴学因激烈的党争内斗迅速告终。第二次则是神宗熙宁、元丰年间王安石熙丰变法的重要内容,随着神宗去世高太后专权而废止。

治运动推向高潮，帝国盛世的蓝图似乎已经绘就，但朝堂上下的奢靡之风连同对民间的搜刮也到了无以复加的程度，内忧外患中的帝国已奄奄一息，徽宗的一系列政治举措在"异化"中注定了以破产而告终。

至此，就不难理解徽宗关于艺术和收藏的行为了。他将个人喜好转化为政治行动，通过对文化的推崇行教化、饰太平，打造理想中"人恬物熙"的盛世。而"文物之盛"，显然是盛世表征。他广为搜罗，集天下珍玩于皇家，在《宣和画谱》中又不厌其烦地鼓吹太平、教化天下，刻意压制个人喜好以避免玩物丧志的非议，同时不遗余力地打击旧党并禁元祐学术，将"元祐党人"排斥在《宣和书谱》之外，造成了一场文化的劫难。

四

徽宗对待他那些足以象征帝国"丰亨豫大"的藏品，秉持了一种不吝展示于人且乐于分享的理念。这种理念，既有收藏家"独乐不如众乐"的心理因素，还与帝王教化臣民的治理方式，以及北宋皇家的政治传统密切相关。

宣和四年（1122）三月辛酉，徽宗驾幸秘书省。《宋史》对此几乎是一笔带过："幸秘书省，遂幸太学，赐秘书少监翁彦深、王时雍、国子祭酒韦寿隆、司业权邦彦章服，馆职、学官、诸生恩锡有差。"[1]

《画继》对此事的记载相对翔实，但侧重于徽宗将"御笔"赏赐臣下的经过：

> 宣和四年三月辛酉，驾幸秘书省。讫事，御提举厅事，再宣三公、宰执、亲王、使相、从官观御府图画。既至，上起就书案，徙倚观之。

1　（元）脱脱等《宋史》卷二十二本纪第二十二，中华书局 2000 年，第 273 页。

左右发箧，出御书画。公宰、亲王、使相、执政，人各赐书画两轴。于是上顾蔡攸分赐从官以下，各得御画兼行书、草书一纸。又出祖宗御书，及宸笔所摸（摹）名画，如展子虔作北齐文宣幸晋阳等图。灵台郎奏辰正，宰执以下，逡巡而退。是时既恩许分赐，群臣皆断佩折巾以争先，帝为之笑，此君臣庆会，又非特币帛筐篚之厚也。[1]

这次观览，徽宗想必是非常开心的，他不仅向臣子们展示"御府图画"，而且不吝分赐"御书画"，"群臣皆断佩折巾以争先"。我们很容易产生疑问，《画继》所称的"御府图画"与"御书画"是一回事吗？实际上，前者是皇家收藏品，后者是徽宗自己创作的作品。对此，《麟台故事》给了我们更为确切的答案，书中关于此次巡幸的记录，较《宋史》和《画继》更为翔实：

> 前一日，宰相至省阅视，提举秘书省、提举三馆秘阁官皆诣省阅视，供张文籍、书画、古器等排比储俟，在省职事官皆省宿……驾兴，诣秘阁，宣群臣观累朝御书御制、书画、古器等，皆列置秘阁下……上再御提举厅事，须臾，宣召宰执、从官及特宣召等官观御府书画……上离御榻，就大书案出祖宗御书及古书画，皆聚观；余官不敢前者，诏别设书案于前，命提举官或保和殿学士持以示之，皆得纵观。宰执赐御书画各二轴，十体书一册，三公、宰臣、使相有别被赐者不在此数；从官以下人赐御书二纸、御画一纸，出墨箧

1　（宋）邓椿《画继》卷一"圣艺"之"徽宗皇帝"，见《画继 画继补遗》，"中国美术论著丛刊"人民美术出版社 2003 年，第 4 页。

分赐。¹

按《麟台故事》所载，徽宗这次驾幸，与臣下共同观览了秘府所藏的前朝皇帝御书、古书画、古器等。我们之所以认为《麟台故事》的记录更为可靠，一是《画继》成书晚于《麟台故事》，二是《麟台故事》用"御书画"和"祖宗御书及古书画"，对徽宗自己创作的作品和皇家收藏的祖宗御书、古书画、古器等进行了区分，从而使我们确信，观览皇家书画、古器等藏品，是这次君臣庆会的主要内容，而且在徽宗亲临"视察"前，宰相等还要提前做好准备，"供张"文籍、书画、古器等，可见对这次活动的重视。那些珍贵的皇家藏品显然并没有赏赐出去。徽宗自己创作的"御书画"（也有可能是画院画师的代笔，特别是绘画作品），却被当作赏赐品分赐给了臣下。今人援引上述史料时，经常将两者混淆，认为徽宗赏赐的"御书画"，就是秘府所藏的祖宗宸翰和古书画，实乃张冠李戴。

宋代皇帝赏赐文物艺术品，并不像后人想象的那样随便，这是一种带有显著恩宠意味和政治内涵的操作，与赏赐对象的身份、功业，赏赐的因由、场合以及彼时的情境等，都有密切关系。综合起来，赏赐品大致可分三类：

一是严格意义上的皇家收藏品。《图画见闻志》载：

江表用师之际，故枢密使楚公适典维扬，于时调发军饷，供济

---

¹ （宋）程俱《麟台故事》卷五，见《麟台故事校证》，张富祥校证，中华书局 2000 年，第 207—208 页。按，此事亦见《铁围山丛谈》卷一和《宋会要辑稿》"礼""职官""崇儒"等类，内容各有侧重。

甚广。上录其功，将议进拜，公自陈愿寝爵赏，闻李煜内库所藏书画甚富，辄祈恩赐。上嘉其志，遂以名笔仅百卷赐之，往往有李主图篆暨唐贤跋尾。[1]

楚昭辅为北宋开国功臣，以才干著称，嗜好收藏，直接向太祖索求原李煜内府所藏的书画，"上嘉其志"，就将近百卷"战利品"赐予他。两宋时期，这种奖渥功臣的赏赐比比皆是，目的性也最强，像是一种与"升官加爵"类似的政治奖励，用以表彰功臣的卓越贡献。到了高宗时，他的赏赐更带有权术意味，用某些带有特殊指向的作品来传达自己的政治意图。

二是藏品的摹拓复制品。翟耆年《籀史》记载了两则故事：

> 皇祐初，仁宗皇帝召宰执观书太清楼，因阅郡国所上三代旧器，命模款以赐近臣。

> 皇祐三年，诏出秘阁及太常所藏三代钟鼎器，付修太乐所，参较齐量，又诏墨款以赐宰执。[2]

仁宗喜好金石器物，上述赏赐行为也比较普遍，让内府珍贵的古器物摹拓品得以在民间流传，一定程度上促进了宋代金石学的发展。

第三类情况，就是前述徽宗赏赐的皇帝御笔。此类赏赐最能体现皇帝的艺术修为和对臣下的恩宠。但在皇帝巡幸这种盛大的场合，而且赏

1　（宋）郭若虚《图画见闻志》卷六"枢密楚公"条，中国书店 2018 年，第 214—215 页。
2　（宋）翟耆年《籀史》，中华书局 1985 年，第 10—11 页。

赐范围如此之广，一般不会将珍贵的内府藏品流散出去。

徽宗宣和四年（1122）三月的这次巡幸，是自太宗之后形成的政治传统，一来彰显文治的政策取向，从而起到昭示天下、教化臣民的作用；二来可以笼络人心，黏合君臣的感情。北宋晚期虽然保留了这项传统，却难以体现"涵养士类"的初衷。徽宗的赏赐令"群臣皆断佩折巾以争先"，确实是罕见的热闹，甚至显得有些滑稽，皇帝虽然口头上认为不雅，其实很乐意看到这种追捧的场景。

皇帝的赏赐在收藏史中亦具有特殊意义，为文物艺术品流通拓宽了渠道。收藏史就是文物艺术品在时间和空间两个维度流转的历史。抛开战争等不可预见且不可控的因素，那些藏于秘府的珍宝很难在民间出现，而赏赐为藏品的流转提供了更多可能。这些流散出来的文物艺术品，在民间很受重视，甚至有的还将皇帝赏赐的御书摹刻售卖。至和二年（1055），仁宗就专门下诏，要求开封府严惩这种行为。

实际上，皇家收藏的文物艺术品能够公示于人，除了上述君臣纵览以及诸如观书会、曝书会这样的场合，还会出现在另一个更富雅致的情境中，这就是皇帝举办的宴会。这些宴会经常设在宣和殿等偏殿。那些琳琅满目的皇家珍藏，在君臣觥筹交错中，非但不是陪衬，反而扮演了重要角色。蔡京作为徽宗宠臣，留存至今的三篇文章《太清楼特燕记》《保和殿曲燕记》《延福宫曲燕记》[1]，就为我们了解宋代皇家收藏提供了想象空间。

1　按，本书所引蔡京三记，取自《挥麈录》本。《中国野史集成续编》（巴蜀书社 2000 年）亦收录三记，影自《说郛》本，题目分别为《太清楼侍宴记》《保和殿曲宴记》《延福宫曲宴记》，其中，《延福宫曲宴记》作者写为李邦彦，李邦彦当时也参加了延福宫宴会，尹沛霞在《宋徽宗》一书中认为，该文作者"更有可能是李邦彦"，详见该书第 524 页（注释第 40 条）。在此问题上，笔者认为《挥麈录》所载更加可信。

政和二年（1112）三月，徽宗在太清楼设宴，庆祝蔡京回京。蔡京在《太清楼特燕记》中记述了徽宗的"私人博物馆"——宣和殿的内外陈设和景致，这里看上去并无金碧辉煌的所谓皇家气象，倒是一派玩芳缀华、好古博雅的趣味。徽宗特意对蔡京说："此跬步至宣和，即昔言者所谓金柱玉户者也，厚诬宫禁。"¹蔡京详细记录宣和殿内景，这里陈列着徽宗的图书、笔砚、古鼎等收藏品，徽宗邀请大家上前仔细观赏，赴宴者得以一饱眼福。

宣和元年（1119）九月十二日，徽宗在保和殿举办宴会，蔡京在《保和殿曲燕记》中写道：

> 始至保和殿，三楹，楹七十架，两挟阁，无彩绘饰侈，落成于八月，而高竹崇桧，已森然蓊郁。中楹置御榻，东西二间列宝玩与古鼎彝器。王左挟阁曰妙有，设古今儒书、子史楮墨；右曰日宣，道家金柜玉笈之书，与神霄诸天隐文。上步前行，稽古阁有宣王石鼓。历邃古、尚古、鉴古、作古、传古、博古、秘古诸阁，藏祖宗训谟，与夏、商、周尊彝鼎鬲爵斝卣敦盘盂，汉、晋、隋、唐书画，多不知识骇见，上亲指示，为言其概。²

相比政和二年的那次宴会，蔡京这次对琳琅满目的皇家收藏兴趣更甚、记录更详。这些藏品足以令他震惊，"多不知识而骇见"。徽宗的兴致显然很高，"上亲指示，为言其概"，还临时充当了"讲解员"。在

---

1 （宋）蔡京《太清楼特燕记》，见王明清《挥麈录》余话卷之一，上海书店出版社 2001 年，第 214 页。
2 （宋）蔡京《保和殿曲燕记》，见王明清《挥麈录》余话卷之一，上海书店出版社 2001 年，第 216 页。

这些藏品中，有一组非常特殊，就是藏于稽古阁的"宣王石鼓"，仁宗朝由向传师凑齐后，一直藏于北宋皇家，后在战争中屡遭劫难，如今安放于北京故宫博物院。这十面石鼓是难得的瑰宝，被康有为称作"中华第一古物"，上面铭刻的文字，是汉字演变史中关键的一环：石鼓文。

按前述，宣和殿在宣和改元后，因避讳宣和的年号而改称为保和殿。《宋史》中称，宣和元年二月，"易宣和殿为保和殿"[1]。那么，蔡京此文所述的保和殿，是否就是原来的宣和殿呢？其实，这是徽宗朝新建的另一处收纳皇家收藏品的场所。另考《宋史》，徽宗政和三年（1113）"夏四月戊子，作保和殿"[2]，可知在宣和殿更名之前，皇宫内就已经启建保和殿，故此保和殿与宣和殿非一处建筑。蔡京记述的这次宴会，《宋史》中虽然只有寥寥几个字，但透露了十分重要的信息，"燕蔡京于保和新殿"[3]。故此次宴请，是在政和三年启建的新建筑内举行的，而非更名后的宣和殿，为进行区分就被称为了"保和新殿"。《铁围山丛谈》载："而宣和殿后，又创立保和殿者，左右有稽古、博古、尚古等诸阁，咸以贮古玉印玺，诸鼎彝礼器，法书图画尽在。"[4]《铁围山丛谈》与《保和殿曲燕记》互读，可知此保和殿的功能，也是为了储纳。可能是宣和殿的功能已经难以满足徽宗的需求，故需另辟新址建设，它们共同构成了徽宗在皇宫内的"私人博物馆"。还有可能，从时人的描述看，不排除徽宗把储纳藏品的重心有意向保和新殿转移，至少这座新建筑可以提供更

1　（元）脱脱等《宋史》卷二十二本纪第二十二，中华书局 2000 年，第 269 页。
2　（元）脱脱等《宋史》卷二十一本纪第二十一，中华书局 2000 年，第 260 页。
3　（元）脱脱等《宋史》卷二十二本纪第二十二，中华书局 2000 年，第 270 页。
4　（宋）蔡絛《铁围山丛谈》卷第四，高惠民、沈锡麟点校，中华书局 1983 年，第 80 页。

好的储纳条件。[1]徽宗于宣和四年（1122）四月"录三馆书置宣和殿及太清楼、秘阁"[2]，太清楼是当时重要的藏书楼，宣和殿能与太清楼并列储纳典籍目录，显然此时宣和殿的储纳重点发生了转变。图书分设的原因，在于留存多个备份，防止火灾等不可控因素造成"灭顶之灾"。可见徽宗在这两处建筑内，已经考虑到了藏品分类储放的问题，文物艺术品保管的场地和条件也不断提升。

当然，更名后的宣和殿并非从此就失去了"宣和"的大名，前引徽宗于宣和四年（1122）"录三馆书置宣和殿及太清楼、秘阁"的记载即是一例。此外，徽宗朝《宣和画谱》成书于宣和年间，画谱叙言署为"宣和殿御制"，但此时宣和殿已更名，可见"宣和殿御制"是徽宗笔翰的常用款署，至宣和殿更名后仍然沿用，而且流传至今的一些徽宗书画，也有署"宣和殿御制"或"宣和殿制"。依常理分析，宣和殿更名是出于皇家礼制的需要，但作为皇帝的燕息之处，并不意味着这个名字就此消失在了宫廷生活和历史记载中。徽宗对此，还是颇有几分偏爱的，而且后人也多习惯沿用旧称，但也造成了一些历史记载的混乱。[3]

宣和二年（1120）十二月，徽宗又举办了一次盛大的宴会，这次是在延福宫，蔡京得以窥见延福宫的收藏。《延福宫曲燕记》载：

1　按，新建保和殿时，正处于徽宗推行礼制改革的关键时期，也是其搜求古器的高峰阶段，这些因素都应该与建设保和殿有关，下节对此详述。

2　（元）脱脱等《宋史》卷二十二本纪第二十二，中华书局 2000 年，第 273 页。

3　按，宣和殿与保和殿的关系，史料多有抵牾，今人讨论不多，意见也不统一。笔者认同陈建魁的观点（《北宋东京的宣和殿及其所藏文物》，《中原文化研究》，2019 年第 5 期），见正文所述。另，藤本猛《北宋末期"御笔"撰写之所——宣和殿及学士蔡攸》中认为总称从宣和殿改为保和殿，方诚峰《北宋晚期的政治体制与政治文化》中认为藤本猛之说有误，但并未提及宣和元年二月"易宣和殿为保和殿"之事，认为保和殿乃政和三年落成而非启建，保和新殿乃宣和殿后殿（蔡京与蔡绦所记），详见该书第 200 页，北京大学出版社 2015 年。录此备考。

次诣穆清殿,后入崆峒洞天,过霓桥,至会宁殿,有八阁东西对列,曰琴、棋、书、画、茶、丹、经、香。臣等熟视之,自崆峒入,至入(疑为"八"之误)阁,所陈之物,左右上下皆琉璃也,映彻焜煌,心目俱夺。[1]

宴会上,徽宗还命侍从取来茶具,"亲手注汤",与大臣们一起喝茶。后人多引用蔡京的文字来佐证宋代盛极一时的茶文化,倒是忽略了徽宗的收藏品。会宁殿是延福宫的五大宫殿之一,主要以收纳琉璃制品为主,与宣和殿、保和新殿均有不同。作为徽宗游乐的重要场所,延福宫在北宋晚期的宫廷生活中扮演了重要角色,同时也储纳了徽宗非常珍爱的藏品,《铁围山丛谈》中称:"其后于延福宫又得见一赤刀,同禹所锡元圭,汉轵道所得传国玺,唐太宗之受命玺暨诸器列于殿中,为盛世之美瑞。"[2]可知延福宫存放着象征帝王权威的历代印玺,足见地位之高。北宋宫廷内的藏品陈设,应该已经形成了内容与主题的区分,虽然可能谈不上今人所谓的"展陈布局",但作为风雅渊薮的宫廷,早就萌生了科学的保存理念,这也与宫廷内诸建筑的性质、功用以及空间陈设美学息息相关。

蔡京的三篇文章,为我们考察宋代皇家收藏提供了丰富的历史信息。帝王的宴会自有其庄重的一面,但宴会毕竟是让人放松的方式,当收藏品成为与珍馐佳肴并列的宴会主角,也就意味着其深度嵌入了宫廷生活。

徽宗为什么乐此不疲地把展示收藏作为宴会的重要内容,而且还亲

1　(宋)蔡京《延福宫曲燕记》,见王明清《挥麈录》余话卷之一,上海书店出版社2001年,第218页。
2　(宋)蔡絛《铁围山丛谈》卷第一,高惠民、沈锡麟点校,中华书局1983年,第11页。

自扮演"讲解员"的角色?"普天之下莫非王土",他没有必要被虚荣心驱使,来炫耀自己的财富。但藏品却非常特殊,不仅代表了皇家的权势和财富,还彰显了皇帝的品位和情趣,皇帝不仅愿意与臣民分享,而且可以从中获得分享的快乐,通过这种途径与大臣们保持良好互动。伊佩霞认为:

> 我们应该如何理解徽宗以自己的这些嗜好来娱乐宰臣呢?皇帝与周围的人在身份上存在巨大差异,这意味着他们没有一种关系是简单的友谊。然而,皇帝也是人,有时也希望与别的男人建立友谊,一起做一些朋友之间经常做的事,如分享美酒佳肴、闲聊、互相拜访,炫耀炫耀最近的收藏品,等等,并不足为奇。[1]

徽宗的这种趣味,也与他作为帝王的身份息息相关。他不可能像普通人那样随时走出家门,邀请三五好友恣意玩乐。宫廷的高墙既构筑了皇权的制高点,又在一定程度上限制了他追求普通人乐趣的自由。在看似无限的权力与有限的自由之间,他需要用一些让自己快乐的事务来平衡矛盾,恰恰是钟爱的艺术和收藏,最能够满足需求。通过仁宗朝的一则野史来观察帝王"高处不胜寒"的孤独,或许有助于理解徽宗的上述行为。施德操《北窗炙輠录》载,仁宗某夜听到宫墙外的丝竹歌笑之声,问宫人何处作乐。宫人告诉皇帝"此民间酒楼作乐处",并抱怨外面如此快活,反倒衬托着宫中冷冷落落。仁宗则说:"汝知否?我因如此冷落,故得渠如此快活。我若为渠,渠便冷落矣。"[2]

---

1 伊佩霞著、韩华译《宋徽宗》第十章"宫廷之乐"之"宴会和游园会",广西师范大学出版社2019年,第258页。
2 (宋)施德操《北窗炙輠录》卷下,见《清波杂志》(外八种),上海古籍出版社1991年,第390页。

五

　　崇宁兴学之后，徽宗开始了野心勃勃的礼乐改革，这是他绍述之政的另一项选择，试图追溯三代，以本朝"一代之制"而"与天下共之"，实现化民成俗的"大同"。皇家的古器收藏，在其中发挥了重要作用。徽宗为此不遗余力地征求古器，几乎是一人独揽天下宝物。在他这里，古器绝非基于兴致的玩好，已经深度参与到皇家的礼乐改革中，被赋予了鲜明的意识形态属性。

　　那么，金石古器物在皇家的政治生活中，到底扮演了什么角色？这与宋代皇帝推崇复古理念和倡导礼制改革密不可分。礼作为儒家文化的核心，其本质就是一种符合道德规范的社会秩序。礼制则是维持统治秩序和社会秩序的基本手段。唐末五代军阀割据、政治动荡，随之带来的礼制崩坏和大道不彰，造成一系列深层次的社会危机，不得不引起宋代皇帝的重视。徽宗在《政和五礼新仪》御制序中说：

　　　　承五季礼废乐坏，大乱之后，先王之泽竭，士弊于俗，学人溺于末习，忘君臣之分，废父子之亲，失夫妇之道，绝兄弟之好，至以众暴寡，以智欺愚，以勇威怯，以强凌弱，庶人服侯服，墙壁被文绣，公卿与皂吏同制，倡优下贱，得为后饰，昏冠丧祭，宫室器用，家殊俗异，人自为制，无复纲纪，几年于兹，未之能革。[1]

宋承五代，皇帝们自然懂得礼制的极端重要性，把恢复礼制、重振纲常作为政治任务，并对唐代的礼制进行了沿袭和损益。两者最大的不同，就是宋人在继承的基础上，以"回向三代、超越汉唐"为抱负，更加注重复古。那么，在修明典章、制作礼乐的过程中，肯定要有所遵循，而皇家收藏的古器物就派上了用场，尤其是代表善治的"三代"礼器，更加受到皇帝重视。《铁围山丛谈》称："时所重者三代之器而已，若秦、汉闲物，非殊特盖亦不收。"[2] 这是宋代皇家收藏深度介入政治生活的一种现象，也是北宋金石收藏和金石学大兴的重要推手。

徽宗的礼乐改革，其实早有先导，我们以仁宗的"景祐议乐"为例，简述古器物在其中发挥的作用。景祐三年（1036），经范仲淹引荐，有"宋初三先生"之誉的胡瑗以布衣身份与阮逸同赴京师，接受仁宗召见，奉命参定声律、制作钟磬。宋祁在呈给仁宗的奏章中说：

景祐三年，诏令臣监领胡瑗铸造钟磬一架……相次于杂物库请铜铸之时，忽于杂铜内得古钟三枚，即不知甚年及是何州县纳到。臣与故翰林侍读学士冯元即时验认，其钟古质精妙……于钟上有

---

1 （宋）郑居中等《政和五礼新仪》。

2 （宋）蔡絛《铁围山丛谈》卷第四，高惠民、沈锡麟点校，中华书局1983年，第80页。按，青铜器中的礼器和乐器，是"三代"礼仪制度的实物见证，颇受宋代皇家推崇。

篆文两行……其文曰"越作朕皇祖文考宝和钟，越思万年，子子孙孙永宝用享"，凡二十二字。臣与冯元商量，此既古器，又合经典，遂画图子进呈，后一面勒令胡瑗悉依古钟形状造制新钟，成一十六枚。[1]

这次参定声律，杂物库中的古钟成为重要参考，"勒令胡瑗悉依古钟形状造制新钟"，但这些古钟"不知甚年及是何州县纳到"，而且依此形制所铸的新钟，也并不成功。欧阳修《归田录》载：

> 太常所用王朴乐，编钟皆不圆而侧垂。自李照、胡瑗之徒，皆以为非及。照作新乐，将铸编钟，给铜铸泻务，得古编钟一枚，工人不敢销毁，遂藏于太常……叩其声，与王朴夷则清声合，而其形不圆侧垂，正与朴钟同，然后知朴博古好学，不为无据也。其后胡瑗改铸编钟，遂圆其形而下垂，叩之掩郁而不扬，其铸钟又长甬而震掉，其声不和。著作佐郎刘义叟窃谓人曰："此与周景王无射钟无异，必有眩惑之疾。"未几，仁宗得疾，人以义叟之言验矣。其乐亦寻废。[2]

仁宗朝声势浩大的"景祐议乐"，朝堂上下争论之声不绝于耳，最终不了了之，亲政之初的仁宗试图以乐制改革来彰显自己的话语权，似乎并不那么顺利。在欧阳修眼里，胡瑗依据古器所铸之钟"其声不和"，刘义叟甚至将其与周景王无射钟联系在一起，认为是非常不吉利的。后来，

---

1 （宋）赵汝愚《宋名臣奏议》卷九十六。

2 （宋）欧阳修《归田录》卷一，见《渑水燕谈录 归田录》，李伟国点校，中华书局1981年，正文第17页。

仁宗果然得病，"其乐亦寻废"。

仁宗的努力，到了痴迷古器物收藏的徽宗那里，则进化为一项考虑周详、步骤谨严的系统性政治操作。此时，徽宗继承了王安石熙宁变法时的"一道德以同风俗"之论，致力于在礼乐层面完成他的绍述之梦。如果说兴学乃"有形之功业"，礼乐则属于"思想之大同"，徽宗在政治上"致君尧舜"，化民成俗的企图不可谓不大。

崇宁三年（1104），应天府崇福院出土了六枚春秋时期所铸的古钟。《宣和博古图》载：

> 是六钟既出于宋地，而铭文又有曰宋公成，则其于受命之邦出为太平之符者，正其时欤。由是作乐之初，特召大晟府取是为式，遂成有宋一代之乐焉。当知古今符命，莫不各有所感召云。[1]

这段记载，颇合徽宗崇信瑞应的性情，也非常精准地道出了古器物出土与徽宗朝大晟乐之间的关系，"特召大晟府取是为式，遂成有宋一代之乐焉"。一来，钟上所刻的文字是"宋公成之荟钟"，宋成公是"宋家"的人，春秋时期宋国第二十一任国君。二来，该钟发现于应天府，冥冥之中，就更加神奇了。后周显德六年（959）六月，赵匡胤时任殿前都点检、宋州归德军节度使。转年正月发生"陈桥兵变"，赵匡胤黄袍加身，因发迹于宋州，才将国号定为"宋"。四十多年后的景德三年（1006），真宗以帝业肇基之地，升宋州为应天府。对徽宗来说，在祖宗

---

1 （宋）王黼《宣和博古图》卷二十二，诸莉君整理校点，"宋元谱录丛编"上海书店出版社 2017 年，第 404—405 页。

（西周）太保鼎，通高 57.6 厘米，口长 35.8 厘米，宽 22.8 厘米，天津博物馆藏

此鼎铸造年代为西周早期，内壁有"大保铸"三字。大保即太保，为西周始置的官职名，是监护与辅弼国君的重臣。此鼎是享誉海内外的青铜重器，历史价值与艺术价值极高，堪称国之瑰宝。

（西周）太保鼎铭文拓片

的发家之地发现了刻有"宋公成"字样的古钟，确实是"吉上加吉"的瑞应之兆。特别是，此钟代表了"三代"善治的礼乐，"宋者，商之系二王之后，得用天子礼乐，则历代之乐章固当有之，盖此钟特其一代之名耳"[1]，这就为徽宗的"借用"提供了合理的政治依据，于是他命人参照古钟铸造新乐器，对朝廷的乐制进行改革。崇宁四年（1105）七月"铸帝鼐、八鼎成"[2]，八月"赐新乐名大晟，置府建宫"[3]。为了验证新乐，

1 （宋）王黼《宣和博古图》卷二十二，诸莉君整理校点，上海书店出版社"宋元谱录丛编"2017年，第404—405页。

2 （元）脱脱等《宋史》卷一百二十九志第八十二，中华书局2000年，第2025页。按，帝鼐、八鼎是重要的定音器，是制定礼乐的基础。

3 （元）脱脱等《宋史》卷二十本纪第二十，中华书局2000年，第250页。

徽宗颇显心机，命人先演奏三阙旧乐，听上去像是哭泣的声音，于是挥手制止，再命人演奏新乐，果然是"天颜和豫，百僚称颂"。九月，"以鼎乐成，帝御大庆殿受贺。是日，初用新乐，太尉率百僚奉觞称寿，有数鹤从东北来，飞度黄庭，回翔鸣唳"[1]。瑞鹤飞度黄庭，在北宋皇家崇信祥瑞的政治生活中，属于极好的征兆，颇有政和二年（1112）徽宗绘制的《瑞鹤图》的意蕴。[2]

在此情景下，徽宗下诏：

> 礼乐之兴，百年于此。然去圣愈远，遗声弗存。乃者，得隐逸之士于草茅之贱，获英茎之器于受命之邦。适时之宜，以身为度，铸鼎以起律，因律以制器，按协于庭，八音克谐。昔尧有大章，舜有大韶，三代之王亦各异名。今追千载而成一代之制，宜赐新乐之名曰大晟，朕将荐郊庙、享鬼神、和万邦，与天下共之。其旧乐勿用。[3]

徽宗的这段话，基本上把大晟乐制作的几个特点讲出来了。"获英茎之器于受命之邦"，即为应天府进御的刻有"宋公成"字样的古铜器，这是制作大晟乐的重要参照。"以身为度"，就是以徽宗的三指三节合为九寸，确定为黄钟律管的长度。这种方法虽然有典可循，但显然是在附会君王的权威，屡遭后世诟病。"今追千载而成一代之制"，则体现了徽宗在乐制改革上"回向三代"的政治抱负。时任大司乐的刘昺在大晟乐的推行中发挥了重要作用，是将徽宗理念付诸实践的操作者之一，"徽宗所储三代彝器，诏昺讨定，凡尊爵、俎豆、盘匜之属，悉改以从古，

1　（元）脱脱等《宋史》卷一百二十九志第八十二，中华书局 2000 年，第 2025 页。
2　按，《瑞鹤图》传为徽宗名画，现藏于辽宁省博物馆。
3　（元）脱脱等《宋史》卷一百二十九志第八十二，中华书局 2000 年，第 2025 页。

而载所制器于祀仪，令太学诸生习肄雅乐"[1]。自此，大晟府成为徽宗朝的最高音乐机关，"朝廷旧以礼乐掌于太常，至是专置大晟府……为制甚备，于是礼乐始分为二"[2]。大晟府存世时间不长，宣和七年（1125）十二月金兵入侵，北宋国势衰微，大晟府连同其他局所被撤罢。

大晟乐是徽宗朝礼乐改革的重要内容，在"礼乐始分为二"的情况下，既然乐制改革已有成效，那么，"礼"的改革自然也就提上了日程。"先乐后礼"，应该是徽宗采取的策略，在具体实施过程中，两者则有合流之势，而且礼的改革更加倚重皇家的古器收藏。

大观元年（1107）正月，离徽宗设大晟府还不到两年时间，他"复置议礼局于尚书省"[3]，开始着手编纂"一代之典"《政和五礼新仪》。政和三年（1113），伴随着编纂工作的结束，徽宗于四月庚戌"班五礼新仪"[4]，议礼局也完成历史使命，于当年被罢撤。

与大晟乐一样，《政和五礼新仪》的编纂同样离不开皇家的古器物收藏行为。《宋史》载："初，议礼局之置也，诏求天下古器，更制尊、爵、鼎、彝之属。其后，又置礼制局于编类御笔所。于是郊庙禋祀之器，多更其旧。"[5]礼制的改良必然要有所依凭，古器则是最为重要的参考，为此，徽宗在民间大肆征集古器物。据蔡絛《铁围山丛谈》关于徽宗金石收藏"独

---

1 （元）脱脱等《宋史》卷三百五十六列传第一百一十五，中华书局 2000 年，第 8912 页。

2 （元）脱脱等《宋史》卷一百二十九志第八十二，中华书局 2000 年，第 2025 页。

3 （元）脱脱等《宋史》卷二十本纪第二十，中华书局 2000 年，第 252 页。

4 （元）脱脱等《宋史》卷二十一本纪第二十一，中华书局 2000 年，第 260 页。

5 （元）脱脱等《宋史》卷九十八志第五十一，中华书局 2000 年，第 1628 页。按，礼制局的设置时间晚于议礼局，为议礼局撤罢的当年即政和三年。两者的功能不同，议礼局专司《政和五礼新仪》编纂，礼制局则作为皇家的修礼机构，讨论古今宫室、车服、器用、冠昏、丧祭沿革制度，下设制造所，具体负责礼器制作。徽宗先撤议礼局后设礼制局，标志着皇家礼制改革由前期的文典考订，转向了礼器再造的实际操作阶段，即所谓的"郊庙禋祀之器，多更其旧"。

政和间为最盛"的记载,可知这一时期徽宗朝秘府藏品规模的扩大,与"诏求天下古器"有关,且脱离不了《政和五礼新仪》的编纂和依古制新造礼器的需求。可以说,宋代皇家金石收藏活动的顶峰,就出现于政和年间,蔡絛所录允为信史。更进一步说明,政和三年应该是一个极具象征意义的年份。当年十月,徽宗"阅新乐器于崇政殿,出古器以示百官"[1],一方面视察新乐器,一方面又出古器让百官参观,徽宗的意图非常明显,有一种以实物来展示其"稽古维新"成效并接受百官称贺的用意。此事可以看作他古器收藏的重要节点。按前述,政和三年四月,皇宫内启建保和新殿,据此就更加能够确信新建这所建筑的原因确实与政和年间皇家陡然增多的藏品有关。当时的宣和殿不仅要承担皇帝燕息的功能,还要收储藏品,显然已经无法满足需求。保和新殿建成后,那些金石藏品也就挪到了这里,而宣和殿顺理成章地倾向于储纳典籍。

促动徽宗诏求古器的直接动因,是薛昂的一则奏议。大观二年(1108)十一月,兵部尚书、议礼局详议官薛昂上奏称,目前有司所用的礼器,与民间士大夫家收藏的古器不太一样,这些古器大都出自古墓,规制当然是有所依据而且非常真实的。如今朝廷订正礼文,可以参考这些民间收藏的古器。薛昂建议"宜博访而取资焉",派人到民间搜访,"图其形制,点校无差误,申送尚书省议礼局"[2]。徽宗听从了建议,于是"诏求天下古器"。

这场声势浩大的搜访,是徽宗一朝规模最大也最为集中的一次民间古器征集活动,目的非常明确。人们很容易据此认为,徽宗作为宋代收

1　(元)脱脱等《宋史》卷二十一本纪第二十一,中华书局 2000 年,第 261 页。
2　(宋)郑居中等《政和五礼新仪》卷首。

藏的集大成者，可能像他的先祖太宗那样，会屡屡下诏在民间搜求。事实并非这样，按前述，史料可知的徽宗关于书画和古器的集中性罗致行为，一是即位之初派童贯和蔡京到杭州搜寻名画；二是于崇宁三年（1104）置书、画学时引发的民间进献；三是为改订礼器而始于大观二年的古器搜访活动。抛开今人观念对历史建构"先入为主"的误导，我们可以肯定，经历了北宋诸帝的积累，徽宗并不需要像他的先祖那样在藏品的数量上寻求突破，他将更多精力放在了藏品政治功用的发掘和整理著录上，以体现帝国"丰亨豫大"的盛世气象，服务于他的政治理念。因此，在徽宗的收藏活动中，较少看到太宗时期那种孜孜以求的搜访，但这并不意味着民间的进献活动仅止于上述三次。《萍洲可谈》载："崇宁间，邓州南阳县村民发古冢，县尉王俨莅掩之。王为余言其详，云窆中有二瓦棺，已碎其左者，购得一铜印……时方竞访古器，即为中贵人取去。"[1] 可见，朝廷的古器搜访在崇宁年间就已经出现。大观二年诏求古器之后，进献活动也一直延续到政和年间并达到高潮。即便是宣和年间徽宗已经将主要精力放在藏品著录上，也不代表停止藏品收储，宣和元年（1119）三月，蔡京等人就向徽宗进献了安州所得"商六鼎"。我们可以推测，徽宗一朝的古器罗致特别是民间进献，更像是常态化的行为，从崇宁开始，跨越大观、政和、重和，一直持续到宣和时期。

那么，在大观二年的这次古器搜访活动中，到底是谁贡献了藏品？史料没有给出一个确切的答案，倒是提供了蛛丝马迹。《籀史》载：

1　（宋）朱彧《萍洲可谈》卷二"古器不必可宝"条，李伟国校点，见《萍洲可谈　老学庵笔记》，上海古籍出版社 2012 年，第 43 页。

帝文武生知，圣神天纵，酷好三代钟鼎书，集群臣家所蓄旧器，萃之天府。选通籀学之士，策名礼局，追迹古文，亲御翰墨，讨论训释，以成此书（《宣和博古图》）。[1]

由此可知，徽宗所藏的"三代钟鼎"，大都为"群臣家所蓄旧器"。这则记载，实际上解决了一个重要问题，即徽宗罗致古器的来源。他"诏求天下古器"，虽然已经波及民间，并引发了猖獗的盗墓，但民间其实很难有畅通管道直接将器物进献秘府，故"群臣"可能在中间充当了重要的"媒介"。他们是民间和皇家的桥梁，依情理，不仅会贡献自家所藏，也不排除从民间搜罗进而转呈皇家的可能。在此过程中，金石器物实现了"洗白"，朝廷也应该不会过多追问是否为"墟墓之物"[2]。叶梦得《避暑录话》也称，宣和年间内府尚古器，士大夫家所藏的三代秦汉古器，无人敢匿，都献给了内府。叶梦得所称的"士大夫"，与翟耆年笔下的"群臣"高度契合，甚至可以归类为一个群体。我们也可以从《宣和博古图》所录藏品中找到线索，其中某些藏品也收录于其他金石著作，比如吕大临的《考古图》。《考古图》中收录的开封刘氏所藏"乐司徒从卣"，《宣和博古图》中录为"周乐司徒卣"。显然，最晚至《宣和博古图》成书时，开封刘氏已把藏品献给了皇家。

上述薛昂关于征求古器的建议，有着深刻的背景，与北宋后期朝堂上下对古器物所持的空前热情和"细推物理"的思考，决然不可分。在此之前，欧阳修等人已经凭借对金石器物的考证，意识到了前朝礼制不

1　（宋）翟耆年《籀史》，中华书局 1985 年，第 1 页。

2　按，关于盗墓以及"墟墓之物"的问题，下节专论，在此不赘。

合古人仪轨且多有抵牾的情况，民间也出现了依据古器物损益《三礼图》的言论。为什么到了徽宗这里，才如此目标明确地依据金石藏品来系统地改良礼制？这个问题并不复杂。徽宗之前，北宋皇家的古器收藏已经展开，再加上他的积累，此时已颇为可观。正是有了雄厚的收藏作为基础，才有可能规模化、系统化地依据这些"目验材料"来"考古证今"。再加上徽宗绍述政治中改良礼制的雄心，以及他对古器物所持的兴趣，种种因素互动，也便水到渠成了。

作为北宋最大的金石收藏家，徽宗显然也认识到了上述问题。在大观元年（1107）设置议礼局着手编纂《政和五礼新仪》之后，他于转年命人编纂内府古器物图录，这部集合了内府重要藏品的著录，续修到宣和年间才最终成书，即为署名王黼的《宣和博古图》[1]。该书也有经世作用，为徽宗朝一系列礼制改革提供了实物参考，特别是为官方的礼器制作提供了标准范本。陈均《九朝编年备要》道出了这个内在逻辑：

1　按，徽宗大观元年设议礼局启动编纂《政和五礼新仪》，大观二年诏求古器并命人着手编纂内府古器物图录，这意味着他对礼制的一系列改革是经过了深思熟虑的。一方面从文典的考订入手，一方面从古器的搜集和著录开始，两者几乎是齐头并进又殊途同归。政和三年《政和五礼新仪》编纂完成且议礼局撤罢、礼制局成立后，礼制的改良工作由"行为规范"的制定进入依古器物再造新礼器的阶段，此时，秘书郎黄伯思等完成《宣和殿博古图》（或称《宣和殿古器图》）百卷，收录古器物五百余件。《宣和殿博古图》在政和三年成为徽宗改订礼器的重要参考，徽宗为此于当年七月下诏成立礼制局并"诏有司悉从改造"。后，该书继续修纂并增添内容，至宣和二年成书，即《宣和重修博古图录》，后又称《重修宣和博古图录》，就是署名王黼的《宣和博古图》。由此可知，《宣和博古图》中的"宣和"，早前是殿名，后来取年号。关于《宣和博古图》的流传情况，可参阅张富祥《〈宣和博古图〉编纂与流传考》，《淮阴师范学院学报》（哲学社会科学版），2017年第3期。简言之，徽宗在崇宁、大观、政和年间的礼乐改革，依古器物而造大晟乐，侧重于乐，为先导；后设议礼局专负考订文典，侧重于礼；文典考订完毕后，设礼制局并完成古器物图录，依图录新成礼器，该阶段侧重于再造礼器。其后，随着秘府藏品规模的扩大，图录续编而成《宣和博古图》。其间，伴随着诏求古器而带来的藏品数量激增问题，又于政和三年启建保和殿作为新的藏品储纳地。这一切政治活动的重要时间节点，就是政和三年。

大观初，诏置议礼局于尚书省。二年，诏访求古礼器，又诏讨论臣庶祭礼。又诏言礼当追述三代之意，《开元礼》不足法。今亲制冠礼沿革，付议礼局，五礼率视此编次，至是书成局罢。又置礼制局讨论古今宫室、车服、冠冕之度，冠昏、丧祭之节。中丞王黼亦乞颁《宣和殿博古图》，命儒臣考古以正今之失，乃诏改造礼器，自是鼎俎、豆笾之属精巧殆于古同。[1]

陈均所言的"中丞王黼亦乞颁《宣和殿博古图》"，应该是王黼在黄伯思等《宣和殿博古图》基础上的重修版，就是我们今天能够看到的《宣和博古图》的前身。这段话基本上把徽宗改革礼乐的整个过程勾勒了出来。从中可见，《宣和博古图》既是对徽宗金石藏品的系统性整理，也为其"考古以正今之失"和"改造礼器"提供了重要依据，是其礼乐改革中的一环，为实现礼器"殆于古同"提供了基本的目验参考。这场耗时多年的改革，在徽宗的谋划下，最终在形式上达成了"追述三代之意"的愿望。

徽宗的一系列举措环环相扣，以古器收藏和整理为重要基础，进而以礼乐改革为目的。至此，《宣和博古图》合流了宋代金石收藏和研究图录体系的两大支脉——以强化意识形态为出发点的官方礼图；以金石器物研究和著录为主的器物图录。前者保留了汉代以来图说礼仪的皇家传统，为皇家仿制礼器提供参考，北宋早期由太祖颁行的《三礼图》即为代表；后者则注重对出土器物的实证性研究，进而对前者提出损益。《宣和博古图》出现之前，这股风气已在民间形成，诞生了欧阳修、刘敞、李公麟、苏轼等一大批金石藏家和他们的经典著作。可以说，《宣和博古图》

1　（宋）陈均《九朝编年备要》卷二十八。

是合流两大支脉的象征，既是宋代金石图录的集大成者，也带有鲜明的官方意识形态特色，经世作用不容忽视。

徽宗的礼制改革，特别是《政和五礼新仪》的编纂，打破了历史上"礼不下庶人"的格局，改变了太祖以来礼制以《三礼图》为主要参考的局面，也暗含了他制定"一代之制"的政治愿景。吴羽认为："既从某种程度上宣示着宋代对唐五代礼仪的批判与继承告一段落，也昭示着宋代国家礼仪真正走向了成熟，同时也表明，以《大唐开元礼》《开宝通礼》《政和五礼新仪》为三大里程碑，汉宋国家礼仪之学的知识结构转型彻底完成。"[1] 那么，这些政治操作是否完全遵循了崇古与复古的"礼制法则"？答案就藏在徽宗为《政和五礼新仪》所作的序中，"循古之意而勿泥于古，适今之宜而勿牵于今"[2]。他在序文中对"道之不明""世染污俗"的情况深感担忧，阐述了礼的功能，并对先王用礼"成教化、移风俗"表达了追慕之意，希望仿照三代制定礼典，以达到调和天下的目的。显然，他并没有拘泥于所谓的"古今之别"，在崇古与复古的大原则下，采用了一种实用主义的策略，或者说，参照古器进行礼乐改革并非简单的复古，而是崇古理念下的创新手段，最终目的就是要"损益而用之"，以期实现"回向三代"，达到理想中的治理模式。这类似于道与器的关系，"回向三代"是其追求的"道"，是绍述政治的抱负；而手段上的复古和变通则是实现理想的"器"，从而打通了"将古代法则引入当代制度"的渠道，"有着贯古通今的立意和精神"[3]。

徽宗的理念，可以视作北宋政治领域崇古思潮的重要内容。北宋的

1　详见吴羽《〈政和五礼新仪〉编纂考论》，《学术研究》2013 年第 6 期。

2　（宋）郑居中等《政和五礼新仪》卷首。

3　徐飏《宋人对古代器物的研究》，《南京艺术学院学报》2006 年第 4 期。

"诗文革新运动"亦如此,士人崇尚古文,不在于复刻古人,意在革除当时的华靡文风,与皇家礼制改革对古典的损益高度契合,无非都是"稽古维新",赋予经世致用的现实意义。当然,徽宗的根本目的并非所谓"维新",他对礼乐的改革,指向了创立"一代之乐"和"一代之典",进而达成"一代之制"的抱负,是崇宁兴学之后绘制帝国蓝图的措施,以追望"化民成俗"的至治,又契合了所谓"丰亨豫大"的执政理念。

这种选择,也指涉了强化皇权的努力——只要关乎赵宋王朝的统治,所谓的器用之道都可以损益。下节将要讲到的哲宗因"传国玺"而改元的个案,与此有契合之处,如果我们将其放在北宋百余年的政治背景中考察,就会发现历史的吊诡之处自有内在的逻辑。这枚"传国玺"实际上是"秦玺",并非宋代皇帝普遍追求的"三代"之物,恰如蔡絛所言的"若秦、汉闲物,非殊特盖亦不收",但同样被奉若神明,催生出一个新的年号,就是为了强化皇权受命于天的正统地位。哲宗如此,他的弟弟徽宗也如此,只不过二人采取的手段和方式有些差别而已。

徽宗的理想过于"丰满"。《政和五礼新仪》实施得并不那么顺利,特别是"礼下庶人"给民间带来诸多不便,其脱离生活的繁文缛节自然不会受到庶人青睐。这注定是一个以失败告终的"烂尾工程"。但是,徽宗极大地调动了朝堂上下对古器物的浓厚兴趣,同时也为南宋皇家的礼制建设提供了依据和参考。反之,在那样的政治社会氛围中,金石收藏和研究的风习也为皇帝的崇古与复古提供了条件。我们考察南宋皇家的礼乐时,就会发现金石收藏和研究的热潮因为战争因素快速消退后,偏安江南的宋室在该领域的事功要大打折扣,藏品的散佚让他们缺少了徽宗"循古之意而勿泥于古,适今之宜而勿牵于今"的底气。

南渡后,宋室沿用了徽宗朝《宣和博古图》所载的古器样式,以及用大晟乐作为朝廷的祭器雅乐。赵彦卫的《云麓漫钞》称："今之太常所用祭器雅乐，悉绍兴十六年礼器局新造，祭器用《博古图》，雅乐用大晟府制度，大晟乐用徽宗君指三节为三寸，崇宁四年所铸景钟是也。"[1]《宋史》收录南宋词人姜夔的《大乐议》，也称"绍兴大乐，多用大晟所造，有编钟、镈钟、景钟，有特磬、玉磬、编磬，三钟三磬未必相应"[2]。靖康之乱时，徽宗朝的礼乐器物和古器物收藏品几乎散亡殆尽，南宋皇室在无法找到原物的窘境之下，充分利用了《宣和博古图》，并依旧制进行新造。金石著录在南宋皇家礼制复建中起到了非常重要的作用。皇家的收藏品遭遇战争浩劫，幸好还有这些著录可以参考。南宋皇室在礼制问题上不得不"随行就市"，理念上却并不愿脱离先人仪轨。这种选择，延续了北宋皇帝的崇古思想和"回向三代"的抱负，包含了浓重的"中兴"情节。而且，在文物凋零、半壁江山易主的情况之下，多少有点不得已而为之的尴尬和无奈。

1　（宋）赵彦卫《云麓漫钞》卷第三，张国星校点，辽宁教育出版社 1998 年，第 29 页。

2　（元）脱脱等《宋史》卷一百三十一志第八十四，中华书局 2000 年，第 2061 页。

六

从被发现到纳入皇家，再到阐释价值和依样仿制，那些原本深埋黄土的古器，因勾连着帝王的善治理想，在北宋末年受到前所未有的关注。北宋中期士人对古器的兴趣，此时已蔓延到整个社会层面，掀起了一场与"礼乐复古"并生的盗墓运动。

徽宗对古器物的留意，一方面自上而下升温了宋代金石收藏热（北宋金石收藏热实际上兴起于仁宗朝，至徽宗时达到高潮）；另一方面，他将天下宝器罗致秘府的举动，也明显地挤压了民间收藏的空间。这类似于一种独特的供给关系，民间的收藏热情与藏品需求会出现不对称现象，加之皇帝的倡导，种种因素便助燃了北宋末年猖獗的盗墓之风。时人对"墟墓之物"产生的兴致，被大量记录于笔记中。此种现象，仿佛在北宋末年突然间就形成了广受关注的热点，宋室南渡后又快速消隐。今人在探讨收藏史时，很少留意这些与主流收藏活动相伴生的"亚文化"。其实，从历史发展的脉络讲，任何一个社会现象的产生，都有其前期的酝酿、铺陈和复杂社会因素的交织互动。其中，皇帝因身份和地位的特殊性，其收藏行为所产生的影响，往往会波及整个社会层面，绝不可小觑。而恰恰是这些隐匿于宏大历史叙事中的"草蛇灰线"，成为我们研究那个时代社会风物和思想观念的别样视角。

北宋晚期，民间盗墓极为猖獗，甚至出现了官民同盗的现象。这与宋人的嗜古有关，皇帝更是起到了推波助澜的作用。宋人已经意识到这种现象，经常将盗墓之风的兴起与皇帝联系起来。《铁围山丛谈》载：

> 世既知其所以贵爱，故有得一器，其直为钱数十万，后动至百万不翅者。于是天下冢墓，破伐殆尽矣。独政和间为最盛，尚方所贮至六千余数，百器遂尽。[1]

叶梦得《避暑录话》也有相似解读：

> 宣和间，内府尚古器，士大夫家所藏三代秦汉遗物，无敢隐者，悉献于上。而好事者复争寻求，不较重价，一器有值千缗者。利之所趋，人竞搜剔山泽，发掘冢墓，无所不至。往往数千载藏，一旦皆见，不可胜数矣。[2]

蔡絛与叶梦得都没有否认，盗墓之风的兴起，乃"世既知其（徽宗）所以贵爱"和"内府尚古器"。在皇帝酷意搜藏，"无敢隐者，悉献于上"的情况下，徽宗几乎是一人尽享三代秦汉遗物，而"好事者复争寻求"，

---

[1] （宋）蔡絛《铁围山丛谈》卷第四，冯惠民、沈锡麟点校，中华书局1983年，第80页。

[2] （宋）叶梦得《避暑录话》卷下，（清）叶德辉校刊、涂谢权点校，山东人民出版社2018年，第124页。

就只能行盗墓之事了，于是出现了"人竞搜剔山泽，发掘冢墓"的现象，甚至有的地方官员命带罪的百姓上交古器以自赎。后人在讨论这个问题时，其实是有失偏颇的，我们既不能否认徽宗的所谓"贵爱"，也不能无视徽宗"尚古器"包含改造礼乐的政治目的，故不能把所有问题的症结归于皇帝的"耽于玩好"。

盗墓，是当时文物出土热的重要表征，但深埋黄土的文物得以重见天日，也不完全是因为盗墓。颇精史笔的宋人在记录此类事例时，刻意用"发冢""发地"来区分盗墓和偶然因素导致的文物出土现象。"发地"意味着有可能是被动发现地下埋藏，当然也不排除主动盗掘；而"发冢"基本上就是主动盗墓了。邵博在《邵氏闻见后录》记载："近年洛阳张氏发地得石十数，汉蔡伯喈隶《尚书》《礼记》《论语》，各已坏缺。《论语》多可辨，每语必他出，至十数语，则曰凡章若干。"邵博还依据上述出土物，对传世《论语》的文字进行了考证，并发问："按隋史既迁其石于长安，今尚有出于洛阳者，何哉？"[1] 他客居长安时，"蓝田水坏一墓，得退之自书薛助教志石"[2]。这段记载表明，墓葬被发现是因为发生了水灾。邵博也记录了盗墓的情形，他听张浮休讲，盗贼晚上盗掘"咸阳原上古墓"，"有火光出，用剑击之，铿然以坠，视之，白玉帘也"[3]。邵博用"盗"字来指称发掘咸阳古墓的人，这显然是违反律条的盗墓之举。

此类记载，沈括《梦溪笔谈》卷十九"器用"条也屡见不鲜。如：319 条"今世人发古冢得蒲璧"、323 条"郓州发地得一铜弩机"、326 条"济州金乡县发一古冢"、329 条"熙宁中尝发地得大钱三十馀千文"、331

1　（宋）邵博《邵氏闻见后录》卷第六，刘德权、李剑雄点校，中华书局 1983 年，第 47—48 页。

2　（宋）邵博《邵氏闻见后录》卷第十四，刘德权、李剑雄点校，中华书局 1983 年，第 112 页。

3　（宋）邵博《邵氏闻见后录》卷第二十七，刘德权、李剑雄点校，中华书局 1983 年，第 211 页。

条"予顷年在海州，人家穿地得一弩机"、336 条"今人地中得古印章"，等等。[1]

宋代文物出土的原因非常复杂。抛开盗墓这种人为因素，彼时文物出土的热潮，也与宋人的生活习惯和社会风俗息息相关。《癸辛杂识》记载了一条倪文节因有窖藏之好，致使子孙因窖藏财物分配不均而"以此兴讼，数年不已"[2]的故事。《癸辛杂识》作者周密生活于宋元之交，他笔下的"窖藏"，上溯至北宋时期，亦称"宿藏"，两者虽有不同，但指向都很明确。《梦溪笔谈》记载："洛中地内多宿藏。凡置第宅未经掘者，例出掘钱。"像洛阳这样的前朝旧都，地下埋藏势必丰富，如果是未经探掘的宅第，如果买下来，卖方就会要求补偿一笔"掘钱"。为此，沈括记录了一则左丞张文孝买下宅邸后发现窖藏，变卖窖藏"正如置第之直"的见闻。[3]可见，在那个收藏大热的时代，种种因素共同导致了大量文物出土。

在有些失去理智的"金石热"之下，皇家和民间是怎么看待盗墓及"墟墓之物"的？这个问题有些复杂。

宋代官方对盗墓的态度极为明确，严禁这种行为。《宋刑统》的"发冢"条明文规定："诸发冢者，加役流；已开棺椁者，绞；发而未彻者，徒三年。其冢先穿及未殡而盗尸柩者，徒二年半；盗衣服者，减一等；器物、砖、版者，以凡盗论。诸盗园陵内草木者，徒二年半。若盗他人墓茔内树者，杖一百。"[4]律条之外，皇帝也屡下诏令，严禁民间盗掘墓葬，并给予严

1 （宋）沈括《梦溪笔谈》卷十九"器用"，金良年点校，中华书局 2017 年，第 143—148 页。
2 （宋）周密《癸辛杂识》"别集上"之"倪氏窖藏"条，吴启明点校，中华书局 1988 年，第 260—261 页。
3 （宋）沈括《梦溪笔谈》卷二十一"异事"，金良年点校，中华书局 2017 年，第 166 页。
4 详见《宋刑统校证》"重详定刑统卷第十九 贼盗律"之"发冢"条，（宋）窦仪等详定，岳纯之校证，北京大学出版社 2015 年，第 257—258 页。

惩。而且，当时亦有不成文规定或约定俗成的规范，即"墟墓之物"不能上贡，只能"籍收官库"。我们有理由怀疑，仁宗朝胡瑗在乐律改革中所参考的古钟，被尘封于官方的杂物库内，就很有可能是"墟墓之物"。哲宗年间，宗室仲忽将得到的周文王鼎献给了朝廷，《宣和博古图》称："是鼎也，仲忽于元祐间进之，奇古可爱，足以冠周器。腐儒挟持异端，辄称墟墓之物，以请罪焉。"腐儒构陷仲忽的理由，就是此鼎乃"墟墓之物"。那么，这尊宝鼎又是如何进入皇家且被著录于《宣和博古图》的？"方当绍述先烈，作新大政，故用塈遏朋邪以彰宝器，俾一时纯正不沮于朝。异代神奇复显于世，岂不快哉！"[1]官方将其与祥瑞联系起来，给了一个"冠冕堂皇"的理由，纳入皇家也就理所应当了。此事还有另外一种说法，陆游《家世旧闻》录其父陆宰的话："绍圣初，宗室仲忽得古铜器，有铭曰：鲁公作文王尊彝以献。诏送秘阁，而馆中劾奏，仲忽所献，实非古物，请正欺诞之罪。于是仲忽坐罚俸一月。盖是时犹恶其以怪奇惑人主也。至崇宁后，古器毕集于御府，至不可胜计。一器之值，或数千缗，多因以求恩泽。"[2]从绍圣到崇宁，皇帝的喜好和世风的转移，影响了古器和收藏者的命运。邵博《邵氏闻见后录》也记录了一则其先人于绍圣初年得到白玉夌并进献朝廷的故事，"府上于朝，批其状云：墟墓之物，不可进御，当籍收官库，尚遵祖宗典制也"[3]。籍收官府的理由是为了遵守祖宗典制。

　　哲宗朝绍圣三年（1096）因民间献宝而催生皇帝改元的故事，亦能

1　（宋）王黼《宣和博古图》卷二，诸莉君整理校点，上海书店出版社 2017 年，第 25 页。

2　（宋）陆游《家世旧闻》卷下，转引自林欢《宋代古器物学笔记材料辑录》第四章，上海人民出版社 2013 年，第 54 页。

3　（宋）邵博《邵氏闻见后录》卷第二十六，刘德权、李剑雄点校，中华书局 1983 年，第 209 页。

说明这个问题。彼时，咸阳县民段义得古玉玺并上贡朝廷，哲宗对此很感兴趣，命蔡京等人进行了详细考证。《续资治通鉴长编》载：

> 翰林学士承旨蔡京等奏，奉敕讲议定验咸阳民段义所献玉玺，臣等取责段义状，委于绍圣三年十二月内，于河南乡刘银村修造家舍掘土得之，即不是茔域内收到。曾有光照满室，及篆文官称……臣等取到秘阁所收玉玺谱记录，与历代史书参照，皆不相合，今止以历代正史所载为据，略去诸家与传注之缪，考验传授之实。[1]

此事在史料中多有记载，《续资治通鉴长编》中则透露了一个其他史料所罕见的重要信息：先阐明文物获取的正当性与合法性——"即不是茔域内收到"，这就规避了"墟墓之物不可进献"的规制，为哲宗的改元扫清了障碍。后大臣们又对印玺真伪和年代进行了考证，参与者既有当朝的宰执等权臣，也有李公麟这样的金石收藏家，而且朝堂上为此发生了激烈的争论。彼时，哲宗正在打击旧党，亟需用这块"宝贝儿"彰显皇权"受命于天"的正统和威仪。蔡京等人"得宝鼎瑞物应改元"的建议，很快得到哲宗认可，于是将年号由"绍圣"改为了更具纪念意义的"元符"。印玺是否为"墟墓之物"，在这件事情上并不那么重要，是否为宋代皇家推重的"三代"之物，同样也不重要，重要的是印玺的出现为崇信瑞应的皇帝找到了树立权威的借口。臣子们的考证，也心照不宣地应和了哲宗的心愿。皇帝对这种象征性事务的操控，是施加威严的惯用伎俩和绝好手段。哲宗之后，徽宗对这块玉玺弃之不用，可见此

1　（宋）李焘《续资治通鉴长编》卷四百九十六。

物只是哲宗改元的托词，并未得到后世认可。

墟墓之物为什么不能进御？这肯定与古人的迷信心理有关，墓葬之物并不吉利，应遵从所谓"祖宗典制"，从而体现对往者的尊敬。即使到了今天，许多人依然持有类似的观点。沈括《梦溪笔谈》谈到一个现象，可以作为佐证：前朝留下来的书法真迹，很多是凭吊死者或是问候病人的书札。唐贞观年间，皇家搜购前世书法甚严，除了吊丧问疾的书札，几乎全部归入内府。士大夫家所存，都是当初朝廷所不取者。[1] 此类书札，皇家都有所避讳而不储纳，何况是那些墟墓之物？

宋人将这种书札称为"慰问帖"。米芾《寄题薛绍彭新收钱氏子敬帖》中有"萧李騃子弟，不收慰问帖。妙迹固通神，水火土更劫"[2]，可与沈括所录互证。欧阳修也注意到了这个问题。他在《集古录跋尾》中谈到王献之书法时说：

> 余常喜览魏晋以来笔墨遗迹，而想前人之高致也。所谓法帖者，其事率皆吊哀候病，叙睽离通讯问，施于家人朋友之间，不过数行而已。盖其初非用意，而逸笔余兴，淋漓挥洒，或娇或丑，百态横生，披卷发函，烂然在目，使人骤见惊绝，徐而视之，其意态愈无穷尽，故使后世得之以为奇玩，而想见其人也。于高文大册，何尝用此！[3]

1　（宋）沈括《梦溪笔谈》卷十七"书画"，金良年点校，中华书局 2017 年，第 128 页。按，原文："晋、宋人墨迹多是吊丧、问疾书简。唐贞观中购求前世墨迹甚严，非吊丧、问疾书迹皆入内府，士大夫家所存，皆当日朝廷所不取者，所以流传至今。"

2　见《米芾集》卷一，辜艳红点校，浙江人民美术出版社 2019 年，第 29 页。按，"慰问帖"又作"问慰帖"，但宋人似乎更喜欢用"慰问帖"。

3　（宋）欧阳修《集古录跋尾》卷四《晋王献之法帖》，见《集古录跋尾　集古录目》，上海古籍出版社 2020 年，第 190—191 页。

这段话是欧阳修书法观念的集中反映。人们很少留意他对法帖的阐释——"其事率皆吊哀候病"，道出了法帖在写作内容上的独特性，与沈括所言颇为契合。这些"施于家人朋友之间"的书简，逸笔草草、百态横生，在崇尚法度、楷书大兴的唐代，确实不受皇家关注，反倒是士人对此多有留意。所以，沈括所谈朝廷不取吊丧问疾的书简，也应包含审美观的因素。

然而，在现实世界中，宋代的皇帝并不像我们上述的那样严格依法或依约定俗成的规范行事，也并未完全遵从迷信的社会心理，他们往往"说一套做一套"，或者"睁一只眼闭一只眼"。

《墨庄漫录》载："政和间，朝廷求询三代鼎彝器。"程唐为陕西提点茶马，李朝孺为陕西转运，派人在凤翔府"破商比干墓，得铜盘"。此举在当时引起的负面效应，令徽宗也深感震惊。李朝孺将盗墓所得的铜盘献给徽宗后，徽宗怒斥："前代忠贤之墓，安得发掘？"[1]并罢免了李朝孺，将铜盘返还。[2]

程唐与李朝孺盗掘比干墓，有其独特的时代背景。政和年间，正是徽宗发力推进礼乐改革的关键时期，此前的大观二年（1108），他诏求天下古器，直接点燃了民间向皇家争献古器的热情，造成古墓几乎被"盗掘殆尽"。张邦基《墨庄漫录》中记载的"政和间，朝廷求询三代鼎彝器"，与蔡絛《铁围山丛谈》"独政和间为最盛"的记载，共同勾勒出了当时的政治和社会环境。恰恰是在这个时候，程唐与李朝孺身居文物鼎盛的

1　（宋）张邦基《墨庄漫录》卷七，丁如明校点，见《燕翼诒谋录　墨庄漫录》，上海古籍出版社2012年，正文第122—123页。

2　按，程唐、李朝孺所盗是否为比干墓，张邦基在《墨庄漫录》中持审慎态度，后世学者亦多有疑问，明代顾炎武在《金石文字记》中称"而比干殷人，必无葬凤翔之理也"。王子今《中国盗墓史》中认为这可能是一处西周墓葬。但墓主身份并不影响后人对此次盗掘的评判。

陕西地区，打起了比干墓的主意，无非是为了迎合徽宗和朝廷对古器物的需求，但徽宗的态度却令他们始料未及。徽宗的言行，可以看作他对诏求古器和民间进献行为的一种"纠偏"，意欲拨正其间的非理性冲动和由此引发的极端行为，为皇家的礼乐改革营造合情合理的氛围，避免出现难以预料的诘难和阻力，所以张邦基评价徽宗"圣德高明有如此者。不然丘冢之厄，不止此矣"[1]。

徽宗义正言辞的态度，其实并不能深究。一来，他的规模庞大、数量浩繁的古器物藏品中，不可能完全排除"墟墓之物"。"三代"以来流传有序的古器纳入徽宗手中，几乎是不可能的事情，绝大多数器物应该为出土物。这些器物从被发现直至收归皇家，必经辗转。在这个过程中，不排除"洗白"的可能。如果每件器物都要追本溯源，徽宗很难有如此规模的藏品。同理，律令和诏令在疯狂的盗墓行为面前，也近乎摆设。二来，天子的言行几乎没有约束。《宋史》载，"徽宗议谒诸陵，有司预为西幸之备。昇治宫城，广袤十六里，创廊屋四百四十间，费不可胜"。为给徽宗谒陵做准备，宋昇主导了大规模的建设工程，在油饰粉刷时，用的底胎竟然是人骨："会糅漆，至灰人骨为胎，斤直钱数千。"此举导致"尽发洛城外二十里古冢，凡衣冠垄兆，大抵遭暴掘"[2]。宋昇乃宋乔年之子。宋乔年死后，宋昇初为京西都转运使，后擢至显谟阁学士，在徽宗谒陵时干出了"挫骨扬灰"的勾当，与李朝孺的盗掘同样性质恶劣，但命运却与李朝孺不同，照样得到徽宗赏识而官运亨通。我们难以判断徽宗是否知晓此事，但他绝对脱不了干系。

1 （宋）张邦基《墨庄漫录》卷七，丁如明校点，见《燕翼诒谋录 墨庄漫录》，上海古籍出版社2012年，第123页。

2 （元）脱脱等《宋史》卷三百五十六列传第一百一十五，中华书局2000年，第8913页。

北宋时期，士人群体中已经萌发了朴素的文物保护意识。仁宗天圣十年（1032）九月，时任河南府通判的谢绛奉命代皇帝祭祀嵩山，顺便邀请欧阳修等好友上山游览，看到了妹夫梅尧臣在"武后封祀碑"上镌刻的文字。在写给梅尧臣的《游嵩山寄梅殿丞书》中，谢绛委婉地批评了梅尧臣的这种做法，认为"当时名贤皆镌姓名于碑阴，不虞后代之讥其不典也……仆意古帝王祀天神、纪功德于此，当时尊美甚盛，后之君子，不必废之坏之也"。梅尧臣收到谢绛的书信后，作诗《希深惠书言与师鲁永叔子聪几道游嵩因诵而韵之》，中有"鄙哉封禅碑，数子昔镌镂，偶志一时事，曷虞来者诟"[1]句，对早年的行为进行了反思。这种意识，虽然与如今的文物保护理念有所差别，但亦属可贵。不过，士人的理念终究难以抵挡权力的干涉，特别是在皇权面前，往往显得脆弱不堪。《宋史》载，姜遵"为治尚严猛，所诛残者甚众"，仁宗天圣年间，他知永兴军，"在永兴，太后尝诏营浮图，遵毁汉、唐碑碣代砖甓，既成，得召用"[2]。姜遵为讨好太后，竟然毁碑代砖，营造浮图，而且还得到重用。《道山清话》亦载，当时一名县尉力劝姜遵此举不可为，"至于叩头流血"，姜遵不但没有听从劝告，还罢免了县尉，"自是人无敢言者"。何斯举为此作诗："长安古碑用乐石，虿尾银钩擅精密。缺讹横道已足哀，况复镌裁代砖甓。有如天吴及紫凤，颠倒在衣吁可惜。"[3]

以士人为主的民间藏家，对此亦持有一种相当复杂的心态。在北宋金石器物收藏的热潮中，诸如刘敞、欧阳修、吕大临这些人，其著述中

1 本文所引《游嵩山寄梅殿丞书》及《希深惠书言与师鲁永叔子聪几道游嵩因诵而韵之》，见《梅尧臣集编年校注》卷二，朱东润编年校注，上海古籍出版社2006年，第36—38页。
2 （元）脱脱等《宋史》卷二百八十八列传第四十七，中华书局2000年，第7874页。
3 （宋）佚名《道山清话》，赵维国整理，见"全宋笔记"第二编（一），大象出版社2006年，第88页。

无不赋予金石收藏"补正史阙"的价值和意义。[1]他们在为古器物收藏注入经世价值的同时，小心翼翼地回避"发冢"的字眼，并不愿碰触律条和伦理的底线。欧阳修《集古录跋尾》记述刘敞的金石收藏时称，"原父博学好古，多藏古奇器物，而咸、镐周秦古都，其荒基破冢，耕夫牧儿往往有得，必购而藏之"[2]。作为文章大家的欧阳修，在处理这些敏感词时，确实是云淡风轻。他非常巧妙地回避了盗墓问题，认为"荒基破冢"被"耕夫牧儿"发现，才导致了古器物出土并流入市场。

在这个精英化的收藏群体之外，也有人对刻意复古、追捧冥器的行为进行了深刻反思。《萍洲可谈》载：

> 仲父久中尚奇，每仿古物，立怪名，以绐流俗。庐于先茔下，山多岩谷，乃披荆棘求其壮观者，刻取前人题署、姓名、年号，皆诡异，既不可据，真儿戏尔。前人所居与其器用，后世所以爱慕之者，思其人焉。其人无可思而宝其物与地者蔽也。夫冥器儿戏，又乌足以为君子之雅好也欤！[3]

朱彧的批评颇有针对性，我们无法用对错来衡量，不过确实是相当冷静的思考。当然，这种观念很难阻止那些因利益驱使而发生的盗墓行为，特别是在古器物普遍受到追捧的时代。

总之，宋代猖獗的盗墓与古器物大量出土的现象，是在徽宗朝绍述

---

1 按，关于欧阳修等人对古器物收藏的认知，可参见本书第四章。

2 （宋）欧阳修《集古录跋尾》卷一，见《集古录跋尾 集古录目》，上海古籍出版社 2020 年，第 66 页。

3 （宋）朱彧《萍洲可谈》卷二"古器不必可宝"条，李伟国校点，见《萍洲可谈 老学庵笔记》，上海古籍出版社 2012 年，第 43 页。

政治的语境中，与皇家礼乐改革相伴生的一个社会现象，也与皇帝的个人旨趣、收藏行为以及民间的追风息息相关,如同北宋时期的"趋时贵书"，乃历史演进中出现的一股潮流，伴随着北宋的灭亡特别是皇家收藏行为的突然中止，也逐渐消失在历史的记忆之中，时至今日，极少引起人们的关注。实际上，皇家和民间对此持有的态度，蕴含了复杂的政治因素和社会文化观念。政治话术、利益驱动、权势介入、道德伦理等观念的背后，都离不开金石收藏这条主线，串联起了光怪陆离的世相百态。

七

　　收藏史，某种程度上是一部悲剧史。我们要直面文物离散的命运，尤其是古代皇家收藏，面对战争这种巨大的破坏性因素，往往会落得个不堪的下场。因此，古代文物艺术品的大规模流散，几乎都处于战乱频仍、政治更迭的时代。宋代的收藏高峰在徽宗手中缔造，也在他这里终结，这似乎是命运的安排，也像是上天的捉弄。

　　靖康二年（1127），徽宗的江山，连同北宋皇家百余年积累的珍贵收藏，随着金兵的铁蹄一朝散尽。此前，北宋政治社会中隐含的危机已暴露无遗，身处大变革乃至改朝易代的前夜，朝堂之上和整个社会阶层，不可能嗅不到一丝王朝陨落的味道。靖康元年（1126），从徽宗手中接过皇位的钦宗下诏："朕托于兆庶之上，永念民惟邦本，思所以闵恤安定之。乃者，减乘舆服御，放宫女，罢苑囿，焚玩好之物，务以率先天下；减冗官，澄滥赏，汰贪吏，为民除害。方诏减上供收买之额，蠲有司烦苛之令，轻刑薄赋，务安元元，而田里之间，愁痛未苏，傥不蠲革，何以靖民！今询酌庶言，疏剔众弊，举其纲目，以授四方。诏到，监司、郡守其悉力奉行；应民所疾苦，不在此诏，许推类闻奏。"[1] 钦宗此诏，意在革除北宋末年愈演愈烈的冗官、冗兵、冗费"三冗"问题，自我表率，"减乘舆服御，放宫女，罢苑囿，焚玩好之物"，这显然是针对徽宗留下的烂摊子，特别是"焚玩好之物"，隐晦地对其"玩物而丧志"进行了批评，至少在政治理念上与父亲有意区分，彻底抛弃了徽宗致力于营造和铺陈的政治表达，转向了更为务实的政治传统。可惜的是，历史没有留给钦宗施展的空间。第二年，金兵铁蹄南下，他和父亲同时被掳。北宋亡后，父子俩以及皇室、贵戚等被押往金国，开始了漫长的"北狩"之旅，而留在汴京的部分臣民，则选择"南迁"。清代王夫之感慨，"两君俘，六宫虏，金帛括尽，冻饿空城""目前之殷盛，一俄顷之浮荣，转盼之凋残，成灰飞之梦幻"[2]。《宋史》载：

> 夏四月庚申朔，大风吹石折木。金人以帝及皇后、皇太子北归。凡法驾、卤簿，皇后以下车辂、卤簿，冠服、礼器、法物，大乐、教坊乐器，祭器、八宝、九鼎、圭璧、浑天仪、铜人、刻漏、古器、景灵宫供器，太清楼秘阁三馆书、天下州府图及官吏、内人、内侍、技艺、工匠、娼优，府库畜积，为之一空。辛酉，北风大起，苦寒。[3]

靖康二年夏四月，北风大起，苦寒逼人，透着江山文物一扫空的凄凉。这批北宋皇家的仪仗、祭器、古器和图书等，一部分被金人占有，一部分毁于战火，还有一部分散落在了民间。周辉《清波杂志》载：

1　（元）脱脱等《宋史》卷一百七十九志第一百三十二，中华书局 2000 年，第 2927 页。

2　（清）王夫之《宋论》卷八之"徽宗"，中华书局 2013 年，第 580 页。

3　（元）脱脱等《宋史》卷二十三本纪第二十三，中华书局 2000 年，第 291 页。

靖康乱后，汴河中多得珍宝。有获金燎炉者，以尚方物，人间不敢留，复归官府。[1]

战乱之中，人命尚且不保，何况身外之物？邵博《邵氏闻见后录》也载："宣和殿聚殷周鼎钟尊爵等数千百种。国破，虏尽取禁中物，其下不禁劳苦，半投之南壁池中。后世三代彝器，当出于大梁之墟云。"[2] 可见，皇家收藏不仅遭战火而流离，更遭人祸之摧蹯，承平时期的风雅之物，战乱时则成了累赘，不仅逃难者随意丢弃，就连所谓的胜利者也不懂得珍惜，"其下不禁劳苦"而投入池中。这部分丢到汴河和"南壁池中"的旧物，如果是字画，基本上就算是"寿终正寝"了，倒是古器物尚能重现天日，但经此劫难，实在是斯文扫地。蔡絛《铁围山丛谈》讲道：

俄遇僭乱，侧闻都邑方倾覆时，所谓先王之制作，古人之风烈，悉入金营。夫以孔父、子产之景行，召公、散季之文辞，牛鼎象樽之规模，龙瓿雁灯之典雅，皆以食戎马，供炽烹，腥鳞湮灭，散落不存。文武之道，中国之耻，莫甚乎此，言之可为于邑。至于图录规模，则班班尚在，期流传以不朽云尔。[3]

北宋皇家的古器物，落得个"食戎马，供炽烹，腥鳞湮灭，散落不存"的命运，在蔡絛眼中，乃"中国之耻，莫甚乎此"。唯一可以慰藉的是，

1　（宋）周辉《清波杂志》卷七，见《清波杂志（外八种）》，上海古籍出版社 1991 年，第 49 页。
2　（宋）邵博《邵氏闻见后录》卷第二十七，刘德权、李剑雄点校，中华书局 1983 年，第 211 页。
3　（宋）蔡絛《铁围山丛谈》卷第四，冯惠民、沈锡麟点校，中华书局 1983 年，第 80 页。

"图录规模，则班班尚在，期流传以不朽云尔"。

朝祚更迭、历史赓续之间，也必然会波及私人收藏的命运。赵明诚、李清照夫妇与他们的藏品，夹杂在"南迁"的人流中，一路辗转到了南京。在《金石录后序》中，李清照写道：

> 至靖康丙午岁，侯守淄川，闻金人犯京师，四顾茫然，盈箱溢箧，且恋恋，且怅怅，知其必不为己物矣。建炎丁未春三月，奔太夫人丧南来，既长物不能尽载，乃先去书之重大印本者，又去画之多幅者，又去古器之无款识者，后又去书之监本者，画之平常者，器之重大者，凡屡减去，尚载书十五车。至东海，连舻渡淮，又渡江，至建康。青州故地尚锁书册什物，用屋十余间，期明年春，再具舟载之。十二月，金人陷青州，凡所谓十余屋者，已皆为煨烬矣。[1]

建炎三年（1129）六月，赵明诚上任湖州，夫妻二人在暂居地池阳（今属安徽省池州市）话别，李清照情急之下问丈夫："如传闻城中缓急，奈何？"赵明诚告诉她："从众。必不得已，先弃辎重，次衣被，次书册卷轴，次古器；独所谓宗器者，可自负抱，与身俱存亡，勿忘之！"[2]生离死别之际，二人以言相托，仿佛都预料到了什么。八月，赵明诚在南京染疾身亡。料理完丈夫的后事，李清照护送着家藏几经流离，最终在杭州安家，并将赵明诚的《金石录》遗稿整理刊行。这期间，他们的藏品多遭盗抢

---

1 （宋）李清照《金石录后序》，见《金石录》卷尾（赵明诚著，刘晓东、崔燕南点校），齐鲁书社2009年，第258页。

2 （宋）李清照《金石录后序》，见《金石录》卷尾（赵明诚著，刘晓东、崔燕南点校），齐鲁书社2009年，第258页。

而散佚，"所谓岿然独存者，乃十去其七八"[1]。

阿城注意到了李清照割舍"长物"的次序，在其《闲话闲说：中国世俗与中国小说》中称："李清照写《金石录后序》讲到战乱时如何保留收藏，说是插图多的书先丢，没有款识的古器先丢，原则是留下文字最为重要。读书人认为文字留下了，根也就保住了。"[2]总的来看，赵氏夫妇重古器甚于典籍和书画，这与他们的收藏兴趣有关。而那些象征着血脉与身份的"独所谓宗器者"则最为重要，赵明诚嘱咐李清照在危难之时"可自负抱，与身俱存亡"，可见士人的操守。《金石录后序》文末，李清照感慨：

> 呜呼！余自少陆机作赋之二年，至过蘧瑗知非之两岁，三十四年之间，忧患得失，何其多也！然有有必有无，有聚必有散，乃理之常；人亡弓，人得之，又胡足道？所以区区记其终始者，亦欲为后世好古博雅者之戒云。[3]

有有必有无，有聚必有散。理解了这句话的含义，也就不难理解历史上那些大收藏家"不求所有、但求所得"，以及"过眼即拥有"的平淡和从容了。收藏就是一种生命的体验，当你拥有过，就不必奢求占有。李清照的这篇后记，是古代收藏史中最感人的文字，道尽了丧乱流离。需要指出的是，靖康之乱对文物而言，是一场彻头彻尾的灾难，反倒是

---

1 （宋）李清照《金石录后序》，见《金石录》卷尾（赵明诚著，刘晓东、崔燕南点校），齐鲁书社2009年，第259页。

2 阿城《闲话闲说：中国世俗与中国小说》第"二十四"，江苏凤凰文艺出版社2016年，第47页。

3 （宋）李清照《金石录后序》，见《金石录》卷尾（赵明诚著，刘晓东、崔燕南点校），齐鲁书社2009年，第259页。

大宋开国之初太祖的搜掠，显得温和了许多。南宋灭亡时元军对宋室珍藏的占有，也相对文明。

在这次战争带来的浩劫中，艮岳的命运最为独特。本就无辜的皇家收藏，恰恰是在社会动荡的时候，容易被附会上改朝易代的"原罪"。靖康之乱中被毁的艮岳，与其"玩物丧志"的主人徽宗，被后人屡屡提及，并赋予了无限的文学想象。这是收藏史中颇为独特的一种现象，也是宋代皇家收藏留下的一个永恒话题。

宋代赏石收藏颇为兴盛，艮岳可谓"集大成者"，于宣和四年（1122）基本告成，是徽宗众多"盛世功业"中最为知名的一个，初名万岁山，后改名艮岳、寿岳。艮岳位于汴京宫城东北，种植奇花异草，畜养珍禽异兽，可谓"括天下之美，藏古今之胜"。徽宗还异想天开，为了营造艮岳云雾缭绕的仙境之感，叫人用油绢做成口袋，弄湿后吸满水蒸气，打开时云气四散，称之"贡云"。人们经常将艮岳的修建与北宋晚期徽宗朝的奢靡浮华联系在一起，实际上，艮岳有其独特的政治意义，是徽宗在道教影响下构建的"祥瑞"，是帝国最为显化的象征，"徽宗希望取得一些有形的成果，以此证明他在某方面超越了前朝皇帝"[1]。

为满足徽宗对赏石的喜好和修建艮岳的需求，蔡京等大兴"花石纲"，专门负责奇石运送。船队从江南到开封，舳舻相接，络绎不绝，所过之处，百姓要供应钱谷和民役，有的地方为了让船队通过，不惜拆毁桥梁，凿坏城墙，闹得民怨沸腾，"岁运花石纲，一石之费，民间至用三十万缗。奸吏旁缘，牟取无艺，民不胜弊"[2]。《水浒传》中，"青面兽"杨志就

1　伊沛霞著、韩华译《宋徽宗》第九章"追求不朽"之"艮岳"，广西师范大学出版社2019年，第240页。

2　（元）脱脱等《宋史》卷一百七十九志第一百三十二，中华书局2000年，第2924页。

是因为押送花石纲而翻船，不敢回京赴命，只得远走江湖。他坦陈流落关西的原因："道君因盖万岁山，差一般十个制使，去太湖边搬运花石纲赴京交纳。不想洒家时乖运蹇，押着那花石纲来到黄河里，遭风打翻了船，失陷了花石纲，不能回京赴任，逃去他处避难。"[1]小说虽非史笔，但依托的情境自有真实处。

宋江、方腊起义时，离金兵破城已经不远。徽宗的这些政治操作，也终于在靖康之乱时走到了尽头。元代诗人郝经曾赋诗："万岁山来穷九州，汴堤犹有万人愁。中原自古多亡国，亡宋谁知是石头？"徽宗痴迷于收藏、豪奢无度的形象，不仅正史给了所谓"盖棺定论"，在文学家笔下，也已经完成"历史书写"。千年以来，"以史为鉴"的传统认知始终伴随着这位皇帝，甚至在元顺帝称赞徽宗的画作时，康里巎巎也要向皇帝进言，"徽宗多能，惟一事不能"。此一事，即"独不能为君尔。身辱国破，皆由不能为君所致。人君贵能为君，它非所尚也"[2]。徽宗借由艺术、礼乐等方面的事功为盛世所做的一系列铺陈和渲染，自然要以所谓"盛世"为依托，当"盛世"不再且王朝赓续之时，这些事功与成败之间的逻辑关系自然而然地转换了，他的艺术与喜好于是"天生"具备了原罪，成为帝王的镜鉴。

"风物催人"，似乎也是收藏的命运。历史这出大戏仿佛是在一夜之间，由徽宗心目中的"丰亨豫大"转场到了"汴堤犹有万人愁"，但像徽宗这样被赋予了"亡国肇始"之意的，却比较少见。今天，依我们秉持的史观，不会得出"亡宋谁知是石头"的结论。历史的因缘际会都

---

1 详见《水浒传》第十二回"梁山泊林冲落草、汴京城杨志卖刀"，人民文学出版社 1975 年，第 154 页。按，该版本作者写为施耐庵、罗贯中。

2 （明）宋濂等《元史》卷一百四十三，中华书局 1976 年，第 3414 页。

属必然，对历史的感喟亦能理解，但当帝王将其权力附加于个人喜好且无所节制时，自然会埋下"历史必然"的种子。在时代变革的临界点，徽宗的悲剧自有必然性。而他那些关于艺术和收藏的故事，伴随着"历史必然"带来的种种危机，注定成为后人书写王朝赓续的"佐料"。

北宋亡后，偏安江南的高宗继承了父亲在艺术、收藏领域的传统，以"中兴"为任，通过民间征集和榷场收购等方式，在前朝藏品几乎丧失殆尽的情况下，不断扩充南宋皇家的收藏，并构建了以前代御容、御书为首要，以典籍、书法为重点的收藏体系。高宗还十分重视那些具有政治意涵的绘画，通过《中兴瑞应图》等再造符谶祥瑞，对臣民进献的《耕织图》大加褒扬，借此推行耕织政策。高宗的收藏行为，带有浓重的"中兴"情结，力图绍述祖宗之制和文典之盛；同时通过收藏构建皇权神话，续写新的政治传统。周密《齐东野语》载：

> 思陵妙悟八法，留神古雅。当干戈俶扰之际，访求法书名画，不遗余力。清闲之燕，展玩摹拓不少怠。盖睿好之笃，不惮劳费，故四方争以奉上无虚日。后又于榷场购北方遗失之物，故绍兴内府所藏，不减宣、政。[1]

周密所言有些夸大。南宋诸帝所藏，已经无法与徽宗朝相比，特别是理宗朝出现了权相贾似道这样的大收藏家，堪为两宋收藏史中最后一抹绚烂的晚霞，反倒衬托着皇家收藏愈发保守和单薄。

南宋末年，徽宗的命运再次"重演"。南宋皇家几乎是另起炉灶而

1　（宋）周密《齐东野语》卷六之"绍兴御府书画式"，黄益元校点，上海古籍出版社2012年，第52页。

积累的珍贵藏品，又一次面临散佚。1276 年，元军攻克临安，宋室的图书、礼器等被押送京师，元军采取了保存措施，并将其作为"战利品"，允许前来参观，似是宣示胜利者的骄傲，并对遗民实施心理震慑。在元朝为官的王恽百无聊赖之下，通过朋友张易的关系，敲开了秘书监的大门，一睹这批已经易主的秘藏，"披阅者竟日，凡得二百余幅"[1]，其中包括147 幅书法作品、81 幅绘画作品。这当然不是南宋皇家收藏的全部，兵乱相继，许多藏品已经四散流离，早就不知去向。而且王恽仅用了一天时间，并没有睹其全部，即便是这样，他也百感交集，将这批过眼的藏品记录在了《书画目录》中，为今人考察宋代皇家文物艺术品的流转提供了真实依据，其中就包括宋代诸帝的御容画像："宋诸帝御容，自宣祖至度宗凡十二帝。内怀懿皇后李氏，用紫色粉，自眉以下，作两方叶涂其面颊。直鼻梁，上下露真色一线，若紫沙幂者。后见古今注。"[2] 这批作品中，有一部分现藏于台北故宫博物院，傅申认为："不但是宋代后妃的真像，是宋代帝王后妃服饰的重要视觉证据，也是宋代画院写真名手的人像代表作品。"[3]

在《书画目录》的序文中，王恽发出了"拭目而观，可谓千载一遇也"的感慨。他认为藏品散亡"不可胜记"，"皆有数存其间"[4]。在王恽眼里，藏品的"定数"，与朝代赓续的命运紧紧捆绑在了一起。

三年后的 1279 年，宋军崖山战败，陆秀夫负帝投海，宋王朝自此远去，留下一个长长的背影。收藏史的另一个时代也随之到来了。

1　（元）王恽《书画目录》，见黄宾虹、邓实编"美术丛书"四集第六辑，第 22 页。

2　（元）王恽《书画目录》，见黄宾虹、邓实编"美术丛书"四集第六辑，第 36 页。

3　傅申《元代皇室书画收藏史略》第一章之"元初内府收藏渊源"，上海书画出版社 2018 年，第 14 页。

4　（元）王恽《书画目录》，见黄宾虹、邓实编"美术丛书"四集第六辑，第 22 页。

第三章　君子应寓意于物

乾隆戊寅春
御题

从本章开始，转入对北宋士人收藏的讨论。

本章重点探讨苏轼的收藏观念，作为宋代士人阶层主体意识高度觉醒的代表，苏轼在收藏领域给后人留下两大遗产：为收藏注入生活美学的文人趣味，并赋予其理性的思考。他提出了收藏史中著名的"寓意于物"观，为收藏文化注入了浓浓的人性光辉。苏轼一生坎坷，通过收藏消解和对冲人生的不如意，恰如司马光那样，寄托情感，安放灵魂。他的收藏行为，与其观念之间存在抵牾，又统一于复杂的精神世界。

苏轼在宋代收藏史中属于一个独特的存在，他的兴趣离不开家族影响，父亲苏洵就热衷收藏。苏轼喜好庞杂，举凡书画、古器、文房、时玩等，都在视野之内，收藏赏鉴活动几乎贯穿了他的一生，但与欧阳修、米芾、王诜等有所不同，苏轼不以藏品的丰富和量级取胜，称不上大收藏家，更像是那个藏家云集的时代里，位居话题中心的"玩票者"，也没有苏易简《文房四谱》、米芾《书史》《画史》这样的论著，收藏赏鉴活动和观念，散见于诗文。但谈论宋代收藏，苏轼是一个绕不开的"现象"。

苏轼于世俗层面多有与其观念相游离的行为。这种复杂性，谓之物欲与审美的"冲突"，抑或"美的焦虑"[1]。实际上，苏轼的言行展示了一个真实和立体的形象。我们与其用今天的眼光解读他，倒不如尝试着靠近他，用心去体味和感知这个有趣的灵魂。

1　按，艾朗诺《美的焦虑——北宋士大夫的审美思想与追求》，研究了宋人在收藏领域的观念。梁海、陈政《物欲的批判与超越——生活美学视域下的宋代士人鉴藏审美观念与实践》，对此也有探讨，见《江海学刊》2017 年第 1 期。

　　苏轼的艺术观与收藏观存在必然联系。他历史性地提出了"士人画"的概念，并通过与"画工"的对比讨论，有意识地强调"身份区隔"，以体现"士人画"的独立性和独特性。这是我们探讨文人画在北宋士人阶层受到追捧的心理视角。在这种"身份区隔"的精英意识影响下，即便是他的书法已经名满天下，也没有主动介入收藏市场，通过售卖作品来牟利。

　　苏轼活跃于北宋士风最为鼎盛的时代，士人"开口揽时事，论议争煌煌"[1]，成就了一个"共治时代"。士人"论议"之风在苏轼对收藏的批判中亦有体现。

1　按，语出欧阳修《镇阳读书》诗。

一

熙宁十年（1077）七月二十二日，苏轼为王诜专门储藏书法名画的宝绘堂，写下光照千古的《宝绘堂记》。王诜贵为驸马，善丹青、好收藏，堪称大收藏家，也是苏轼的患难之交。他还有一个显赫的身份，是徽宗姑父，在艺术与收藏方面对徽宗影响极大。《铁围山丛谈》载：

> 王晋卿家旧宝徐处士《碧槛蜀葵图》，但二幅。晋卿每叹阙其半，惜不满也。徽庙默然，一旦访得之，乃从晋卿借半图，晋卿惟命，但谓端邸爱而欲得其秘尔。徽庙始命匠者标轴成全图，乃招晋卿示之，因卷以赠晋卿，一时盛传，人已悚异，厥后禁中谓之《就日图》者。是以太上天纵雅尚，已著龙潜之时也。及即大位，于是酷意访求天下法书图画。[1]

---

1 （宋）蔡絛《铁围山丛谈》卷第四，冯惠民、沈锡麟点校，中华书局1983年，第78页。按，原文作"徐处士碧槛《蜀葵图》"，应为误，引文已作校改。

　　王诜为储放藏品，建室宝绘堂。《宣和画谱》称："即其第乃为堂曰：宝绘。藏古今法书名画，常以古人所画山水置于几案屋壁间，以为胜玩。曰：'要如宗炳澄怀卧游耳。'如诜者非胸中自有丘壑，其能至此哉！"[1]这段记载，包含了丰富的历史信息。北宋时期，随着高坐具家具的定型，以及卷轴等书画装裱方式的成熟，极大地方便了士人在书房内储放、赏玩藏品。书房的空间格局、审美意象已逐渐形成，并深刻影响了收藏文化的发展。坐拥珍藏，在书房的世界里把玩欣赏，足不出户即可获得精神的愉悦和满足，无怪乎王诜发出了"要如宗炳澄怀卧游"的感慨。宋人绘制的大量"博古图"中，也展现了书房空间内赏玩藏品的情形，是考察古人收藏活动和收藏文化的真实视觉样本。今存台北故宫博物院的宋人册页《二我图》，就是典型：雅士坐于榻上，被各类藏品和时玩包围，背后屏风矗立，描摹细致入微。此图最有趣的是，屏风上悬挂着一幅写真图，与主体人物一致。所谓"二我"，乃画中之画，画中有我、画中之画亦有我，立意巧妙，堪称神来之笔。乾隆同样喜好收藏，对这种文人雅趣很是"投缘"，命宫廷画家依据此图仿制了一幅作品，画中人物由雅士改为了他自己。即便是到了今天，文人收藏的空间意象，也没有脱离宋人奠定的型格。借由这些作品，我们也可以想象，王诜宝绘堂的几案屋壁间，藏品琳琅，该是何等的风雅。

　　宝绘堂建好后，王诜想必是极其开心的，邀请了包括苏轼在内的名流写诗作文。这是当时士人阶层极为流行的时尚，所谓"托付名人"，既显风雅，又可为自己的书房和藏品加码。苏轼作为文坛宗主，这种作用显得尤为突出。朱彧在《萍洲可谈》中记载了一条苏轼命名赏石而使其价格飙升的故事："近年拳石之贵，其直不可数计。太平人郭祥正旧蓄一石，广尺余，宛然生九峰，下有如岩谷者，东坡目为'壶中九华'，因此价重，闻今已在御前。"[1] 就是因为苏轼起了个名字，石头的身价就非比寻常。没想到的是，王诜这次请苏轼为宝绘堂作记，却有点尴尬。

《宝绘堂记》是收藏史中一篇极其重要的文章。其中的许多观点，多被后人解读成苏轼关于书画艺术的理念，其实是混淆了收藏与艺术的概念，难免有"张冠李戴"之嫌。这篇文章，通篇阐述的是苏轼关于收藏的感悟，苏轼甚至"以身说法"，谆谆善诱，劝导王诜不要像他年轻时留意于物而不能自拔。好友相邀，苏轼大可吹捧一番，但他并没有碍于面子，而是直抒胸臆，言语间带着点"不客气"。朋九万《东坡乌台诗案》所记苏轼供词称："巩（苏轼好友王巩，王诜请他转告苏轼）言王诜说贤兄与他作《宝绘堂记》，内有桓灵宝之走舸、王涯之复壁，皆留意之祸也。嫌意思不好，要改此数句。轼答云，不使则已，即不曾改。"[2] 今人据此认为这是苏轼对文章的自负使然，颇有一种不谄媚权贵的刚正和自信。其实，考虑苏轼在牢中的特殊情景，我们不能把这些供词中表露的态度进行过于理想化的解读。后人对苏轼、王诜之间的关系多有分析，有的认为苏轼身份下王诜一等，对王诜常有委曲求全之意，比如托王诜办事、对王诜索要仇池石"不敢不借"，等等；也有的认为苏轼以文坛领袖自持而对王诜居高临下，理由就是《宝绘堂记》中对王诜毫不客气的劝诫。这两种态度只是二人交往的两个侧面。首先，他们确实是莫逆之交，共同在"乌台诗案"中受罚，患难之中情谊更深，反倒是苏

1　（宋）朱彧《萍洲可谈》卷二，李伟国校点，见《萍洲可谈 老学庵笔记》，上海古籍出版社2012年，第41页。

2　（宋）朋九万《东坡乌台诗案》，见王云五主编"丛书集成初编"之《东坡乌台诗案及其他二种》，商务印书馆1939年，第9页。

轼再三提及自己连累了王诜，颇有愧疚之意。其次，二人有相同的兴趣，比如绘画、收藏等。在此基础上，他们才有了"和而不同"，且这种不同颇有相互弥补和成全之意，王诜在物质上多有帮助，苏轼则在精神上输出更多。明了二人的关系，对认识《宝绘堂记》不无裨益。正是基于这种莫逆的交情，苏轼不必在文章中对王诜说些逢迎的套话。这也符合他的文风。王诜也没有强迫苏轼，之前请求修改的那几句话，依然作为不刊之论保留在文章中，这就是我们今天看到的《宝绘堂记》。

《宝绘堂记》短短五百多字，兹录如下：

君子可以寓意于物，而不可以留意于物。寓意于物，虽微物足以为乐，虽尤物不足以为病。留意于物，虽微物足以为病，虽尤物不足以为乐。老子曰："五色令人目盲，五音令人耳聋，五味令人口爽，驰骋田猎令人心发狂。"然圣人未尝废此四者，亦聊以寓意焉耳。刘备之雄才也，而好结髦。嵇康之达也，而好锻炼。阮孚之放也，而好蜡屐。此岂有声色臭味也哉？而乐之终身不厌。

凡物之可喜，足以悦人而不足以移人者，莫若书与画。然至其留意而不释，则其祸有不可胜言者。钟繇至以此呕血发冢，宋孝武、王僧虔至以此相忌，桓玄之走舸，王涯之复壁，皆以儿戏害其国，凶其身。此留意之祸也。

始吾少时，尝好此二者，家之所有，惟恐其失之；人之所有，惟恐其不吾予也。既而自笑曰：吾薄富贵而厚于书，轻死生而重于画，岂不颠倒错缪失其本心也哉？自是不复好。见可喜者虽时复蓄之，然为人取去，亦不复惜也。譬之烟云之过眼，百鸟之感耳，岂不欣然接之？然去而不复念也。于是乎二物者常为吾乐而不能为吾病。

驸马都尉王君晋卿虽在戚里，而其被服礼义，学问诗书，常与寒士角。平居攘去膏粱，屏远声色，而从事于书画，作宝绘堂于私第之东，以蓄其所有，而求文以为记。恐其不幸而类吾少时之所好，故以是告之，庶几全其乐而远其病也。熙宁十年七月二十二日记。[1]

苏轼在文章起首便亮明了"君子可以寓意于物，而不可以留意于物"的鲜明观点，后又从正反两个方面来详加阐述和解读，直陈"寓意"之益和"留意"之弊，并以自己年轻时"颠倒错缪失其本心"的经历为证，认为书画"二物者常为吾乐而不能为吾病"。文中提到的"钟繇呕血发冢""宋孝武、王僧虔相忌""桓玄走舸"及"王涯复壁"，都是收藏史中骇人听闻的案例。钟繇是三国时魏国的书法家，在韦诞家中见到东汉书法家蔡邕的书法作品，想据为己有，急得捶胸三日而吐血。韦诞去世后，钟繇令人盗掘韦诞墓，才得到了这件作品。南朝时宋孝武帝刘骏爱好书法，竟然与同样留意书法的大臣王僧虔相互嫉妒，产生龃龉。桓玄是东晋政治家，嗜好收藏且不择手段，害怕藏品被人掳走，做了一艘小船装满书画，以便随时运载。桓玄是收藏史中打造"书画船"的鼻祖，但与后世风雅蕴藉的"书画船"不同，纯粹是为了避险。唐代的王涯也是一位收藏成痴的人，藏品几乎可以与皇家相提并论。王涯除了重金购买艺术品，还通过许人以官爵来换取。他怕藏品被偷，把墙砌成夹层，将藏品置于夹壁。王涯因"甘露之变"被杀，最终落个全家诛灭、家产籍没的下场。苏轼苦口婆心地列举出这些"皆以儿戏害其国、凶其身"的例子，都是为了说明"此留意之祸也"。估计王诜读到这些文字后，

---

1 《苏东坡全集》卷五十八，北京燕山出版社 2009 年，第 1526 页。

后背嗖嗖冒凉气，他托王巩给苏轼捎话修改文章，确实是情理之中。

最后，苏轼说明了这篇文章的来由，告诫王诜"恐其不幸而类吾少时之所好，故以是告之，庶几全其乐而远其病也"。北宋出现了诸如王诜、米芾这样"收藏成癖"乃至不择手段将文物艺术品归为己有的藏家，社会上痴迷收藏的风气日盛，其间也夹杂着浮华追风的流习。苏轼身处其中，且同样爱好收藏，年轻时也"颠倒错缪失其本心"，看到王诜如此痴迷，不能不为之触动，其谆谆善诱之意，确实需要用点"狠话"才能表达出来。

这篇文章，表达了苏轼对"物"的认识，即我们如何看待"物"，特别是书画作品，"凡物之可喜，足以悦人而不足以移人者，莫若书与画"。苏轼的观点非常鲜明——不能被这些艺术品"俘虏"，而是应寓意其中。见到"可喜者"也要收藏，但被人拿去后并不会觉得可惜，"譬之烟云之过眼，百鸟之感耳""去而不复念也"，如此才能"常为吾乐而不能为吾病"。

作为苏门弟子的黄庭坚，也与苏轼持相似观点。他在跋王诜所藏的《北齐校书图》时说：

> 往时在都下，驸马都尉王晋卿时时送书画来作题品，辄贬剥令一钱不直，晋卿以为过，某曰：书画以韵为主。足下囊中物无不以千金购取，所病者韵耳。收书画者，观予此语，三十年后当少识书画矣。[1]

黄庭坚对王诜的批评，与苏轼一脉相承。他认为鉴藏注重的是"韵"，

1　见《山谷题跋》补编，屠友祥校注，上海远东出版社1999年，第291页。

即作品的艺术价值和收藏者的审美观照。王诜显然没有达到黄庭坚所说的这个标准，他豪掷千金购买的那些艺术品，"所病者韵耳"，所以黄庭坚毫不客气地"辄贬剥令一钱不直"。王诜有点不服气，"晋卿以为过"，但黄庭坚并没有因此而改变自己的立场，甚至笃定地认为对王诜的批评具有"醒人耳目"的现实意义，"收书画者观予此语，三十年后当少识书画矣"。黄庭坚此言，可以看作对苏轼提出的"寓意于物"的延申：收藏者如何才能做到"寓意于物"？当然不是豪掷千金地购买，而是要注重藏品的艺术水准，从对购买快感的沉迷转移到对作品的审美上，注重领悟书画的"韵"。那些缺少"韵"的作品，即便花费了再大的价钱，也是一文不值。

王诜不仅邀请了苏轼为宝绘堂作文，苏辙也写有《王诜都尉宝绘堂词》，极尽赞誉之能事。两相对比，更显苏轼文章的可贵。

（清）朱文新《东坡像轴》，纸本设色，纵 65 厘米，横 33.4 厘米，天津博物馆藏

一

宋代，士人阶层主体意识高度觉醒，对自然万物有较前代更为理性和深刻的认知，在艺术和收藏领域表现得尤为突出。我们每每惊叹宋画对现实世界近乎哲学意味的重构和再现，也不能忽视宋人收藏活动中表达出的对"物理"的深刻理解。苏轼《石鼓歌》中感叹："细思物理坐叹息，人生安得如汝寿。"石鼓最早发现于唐代，北宋时藏于皇家，是颇受重视的金石器物。唐宋时，文人对石鼓多有吟诵，形成了"石鼓文学"现象。面对石鼓这样的文物，苏轼"细思物理"，坐而叹息，作出了人生不如古物恒久的追问。在熙宁四年（1071）所写的《墨妙亭记》中，苏轼认为"物有成必有坏，譬如人之有生必有死，而国之有兴必有亡也"，但人们不能因为知晓了这个道理而放弃努力，"此之谓知命"[1]，言语中充满了深沉细密的历史感和积极乐观的入世思想。他的收藏行为，

1　《苏东坡全集》卷五十八，北京燕山出版社 2009 年，第 1524 页。

也贯穿了这样一种与古对话的浓重趣味。在《书古铜鼎》中，他自己动手"验证"传说中的真伪，"旧说明皇羯鼓，卷以油，注中不漏。或疑其诞。吾尝蓄古铜鼎盖之，煮汤而气不出，乃知旧说不妄"[1]。《书王进叔所蓄琴》记录了他根据琴的"蛇蚹纹"断代而产生的心得："知琴者以谓前一指后一纸为妙，以蛇蚹纹为古。进叔所蓄琴，前几不容指，而后劣容纸，然终无杂声，可谓妙矣。蛇蚹纹已渐出，后日当益增，但吾辈及见其斑斑焉，则亦可谓难老者也。"[2]苏轼诗文中记录的赏鉴活动，是宋人好古嗜古的形象写照，含有难能可贵的主体意识和文人趣味，与那种物欲支配下的追风习气，存在明显的高下之别。这些诗文，与《宝绘堂记》共同构成了苏轼对收藏的认知体系。

熙宁七年（1074），反对王安石变法的苏轼调任密州太守。转年，他在密州冶园圃，并将园圃北面的旧台修葺一新，弟弟苏辙用《老子》"虽有荣观，燕处超然"意，将其取名为"超然台"。为此，苏轼作文《超然台记》来表达心境。此文早于《宝绘堂记》，在为文述理的逻辑上，也是后者的重要基础。苏轼还留下了《望江南·超然台作》词："春未老，风细柳斜斜。试上超然台上望，半壕春水一城花。烟雨暗千家；寒食后，酒醒却咨嗟。休对故人思故国，且将新火试新茶。诗酒趁年华。"文彦博、司马光等好友，也有诗题超然台并寄苏轼。

《超然台记》起首开宗明义："凡物皆有可观。苟有可观，皆有可乐，非必怪奇玮丽者也。"苏轼认为，世间万物皆有可观、可乐之处，不一定就是那些奇巧珍异、美丽华贵的东西，故此，"吾安往而不乐"？接下来，

1　《苏东坡全集》卷一百十九，北京燕山出版社2009年，第3267页。
2　《苏东坡全集》卷一百十九，北京燕山出版社2009年，第3267页。

苏轼用清畅而绵密的笔触，详细论述了自己的观点。他说：

> 夫所为求福而辞祸者，以福可喜而祸可悲也。人之所欲无穷，
> 而物之可以足吾欲者有尽。美恶之辨战乎中，而去取之择交乎前，
> 则可乐者常少，而可悲者常多。是谓求祸而辞福。夫求祸而辞福，
> 岂人之情也哉？物有以盖之矣。彼游于物之内，而不游于物之外。
> 物非有大小也，自其内而观之，未有不高且大者也。彼挟其高大以
> 临我，则我常眩乱反覆，如隙中之观斗，又乌知胜负之所在。是以
> 美恶横生，而忧乐出焉。可不大哀乎。[1]

苏轼说道，人们之所以追求幸福、躲避灾祸，是因为幸福可喜、灾
祸可悲。人的欲望没有穷尽，但满足人的欲望的所谓"物"，却是有限的。
如果我们纠结于"物"的美好和丑恶、选择和放弃，那么，就可能失去
本心，减少快乐而增加苦恼，这不就是"求祸而辞福"吗？这难道就是
人真正的愿望？其实，这恰恰是"物有以盖之"，是外物蒙蔽了人的心性。
凡此种种，不外乎是人们"游于物内"而不能"游于物外"。苏轼认为，
事物本身并无大小之别。如果局限于"物内"来观察和对待"物"，所
有的"物"都是高大的，我们根本无法驾驭，会令人"眩乱反覆"，"如
隙中之观斗，又乌知胜负之所在"，因此，"美恶横生，而忧乐出焉"。
接下来，苏轼讲述了"自钱塘移守胶西"的见闻和作为，以"乐哉游乎"
来概括恬适的心情。文章最后，他直接点明超然台得名的由来和自己的
观点，"以见余之无所往而不乐者，盖游于物之外也"。

---

1 本文所引《超然台记》，见《苏东坡全集》卷五十八，北京燕山出版社 2009 年，第 1521 页。

苏轼的"游于物之外"，颇有超尘脱俗的色彩。人们或许会问，这与他提出的"寓意于物"是否存在矛盾之处？其实，苏轼并不排斥对"物"的喜爱和占有，也从来都没有拒绝"物"的"可观"之处。他所强调的"游于物外"，旨在强化一种"不为物役"且"无所往而不乐"的洒脱。正是有了对"物"的清醒认知和"游于物外"的人生境界，才有了他对收藏的基本态度，从而告诫王诜不能沉迷于此而难以自拔。因此，《超然台记》与《宝绘堂记》并无抵牾之处，反倒有着天然的逻辑关联——前者表明了苏轼对"物"所持的态度，后者则是苏轼在这种态度下对收藏行为的认知。"游于物外"并不代表决绝欲望，而是反对"留意于物"，否则就会造成《超然台记》所言的"彼挟其高大以临我，则我常眩乱反覆"，这与《宝绘堂记》中"岂不颠倒错缪失其本心也哉"的反问颇为一致。

苏轼在《超然台记》中对人们如何处理与"物"的关系做了深刻探讨，严格讲与收藏无关，但为《宝绘堂记》奠定了重要的理论基础。收藏是人们关照"物"的独特方式，它不同于那些带有实用功能的占有，反倒是因为收藏了看似毫无实用价值的器物，容易背负物欲、享乐的"原罪"。"原罪"存在与否，取决于收藏者与藏品建立的关系。在苏轼这里，就是两组相互对立的概念：游于物外与游于物内、寓意于物与留意于物。从这两组概念出发，苏轼又延申出一套完整的论证逻辑。我们可以进一步互读，了解苏轼在这两篇文章中是如何表达观念的。

《宝绘堂记》所言的"留意于物"，实则就是《超然台记》的"游于物之内"。在《宝绘堂记》中，苏轼认为"留意于物"造成"虽微物足以为病，虽尤物不足以为乐"，《超然台记》中则表述为"物有以盖之矣"，亦即被"物"所蒙蔽。"留意于物"的后果，是《宝绘堂记》列举出的"留意之祸"，《超然台记》中则称之为"求祸而辞福"。苏轼把这些"反证"运用得娴熟自然，甚至在措辞上都保持了高度契合。正面的举证，苏轼反倒并没有用过多文字。《宝绘堂记》的"寓意于物"，与《超然台记》的"游于物外"相对应。《宝绘堂记》认为，"寓意于物"使人"虽微物足以为乐，虽尤物不足以为病"，也就是《超然台记》的"凡物皆有可观。苟有可观，皆有可乐，非必怪奇玮丽者也"。我们也可以这样认为，"寓意于物"在《超然台记》中，就是苏轼移守胶西后"乐哉游乎"的自适与满足。

密州期间，苏轼所写的《李氏山房藏书记》（写于熙宁九年，即1076 年），也不容忽视。在这篇写给黄庭坚舅父李常的文章中，苏轼认为，李常的藏书"将以遗来者，供其无穷之求，而各足其才分之所当得。是以不藏于家，而藏于其故所居之僧舍，此仁者之心也"[1]。对于李常将藏书留传给后人的做法，苏轼给予了赞誉，称赞是"仁者之心"。宋代私家藏书大盛，万卷书楼，蜂拥南北，范凤书在《中国私家藏书史》中统计认为，宋代三百年中，有明确文献记载的藏书家就达七百人，是前此周至唐代千年左右藏书家总和的近三倍。[2]宋代藏家对藏书多持开放态度，乐于传抄借阅。苏颂的藏书多抄阅于官办的三馆秘阁，叶梦得的藏书则从苏颂家借抄。汪藻的藏书抄阅于另一位藏家贺铸之处。宋绶、宋敏求父子更是将藏书无偿提供给官方人士，为《资治通鉴》的编著做出了重要贡献。宋绶的藏书继承于外祖父杨徽和藏书家毕士安,生前达万卷。宋敏求继承父业，家藏三万卷，除典籍外，对其他领域的收藏也极为热衷，并与同时代人在收藏领域互动频繁，往来热络，梅尧臣有《同次道游相

---

1 本文所引《李氏山房藏书记》，见《苏东坡全集》卷五十八，北京燕山出版社 2009 年，第 1528 页。
2 范凤书《中国私家藏书史》第二编第一章，大象出版社 2001 年，第 60 页。

国寺买得翠玉罂一枚》诗，就记录了二人游大相国寺时淘到翠玉罂的经历。宋氏父子的藏书被当时的学者青睐。《宋史》记载了刘恕到宋家借抄的经历：

> 宋次道知亳州，家多书，恕枉道借览。次道日具馔为主人礼，恕曰："此非吾所为来也，殊废吾事。"悉去之，独闭阁，昼夜口诵手抄，留旬日，尽其书而去，目为之翳。[1]

刘恕是司马光编著《资治通鉴》时的主要助手，宋敏求对其到家中抄阅待之以礼，日具佳肴，但刘恕对这些并不在意，昼夜口诵手抄，眼睛都看出了毛病。宋家的藏书楼在开封春明坊，是读书人的"朝圣地"，王安石、欧阳修也曾到此借抄。喜欢读书的人"多居其侧"，春明坊的宅子竟然比其他地方的价格高出了一倍。

天津博物馆藏有一枚小篆印文"褒贤阁印"的铜印，考其规制可知，为北宋高官私印。北宋名臣吴居厚在洪州（今南昌市）建有褒贤阁以藏赐书，并得徽宗御题。笔者初步认为，此印可能是吴居厚藏书阁之印。宋人私印传世不多，此印又属宋代收藏文化的见证，更显珍贵。

在当时的社会风气下，苏轼显然很乐意看到藏家对待藏书所持的开放态度，这不仅是士人传承文化的使命，也在无形中契合了他"寓意于物"的观念。在苏轼看来，所谓"藏之有道"，实际上就是一种超越了物欲羁绊且更为高尚的行为，而且书籍本身，自然比其他门类的藏品更适合承载这种道德使命。为此，他在《李氏山房藏书记》中，将典籍与象牙

---

1 （元）脱脱等《宋史》卷四百四十四列传第二百三，中华书局 2000 年，第 10210 页。

北宋，褒贤阁印铜印，高 5.1 厘米，长 5.3 厘米，宽 5 厘米，天津博物馆藏

犀角等"怪珍之物"和金石草木等"五谷六材"进行了比较，认为奇异珍贵的物品虽然可以赏心悦目，但不实用。"五谷六材"虽然实用，但"用之则弊，取之则竭"，唯有典籍可取两者之长："悦于人之耳目而适于用，用之而不弊，取之而不竭。贤不肖之所得，各因其才；仁智之所见，各随其分。才分不同，而求无不获者，惟书乎！"苏轼对典籍功用的理解，可谓新颖。他对"怪珍之物"和"五谷六材"的功用也并非完全否定，特别是肯定了"怪珍之物""有悦于人之耳目"的功能，与《超然台记》所论一致。很显然，苏轼不认为"物"具有某种"原罪"，"原罪"来源于人们的认识和看法。他反对的是"留意于物"和"游于物之内"。在他的价值观中，"物"是愉悦身心的对象，而非左右其思想和行为的"主宰"。

三

苏轼关于"物"以及收藏的观点，还散见于《书黄道辅品茶要录后》《书六一居士传后》《墨妙亭记》《石氏画苑记》《与蒲传正》等，与《超然台记》《宝绘堂记》《李氏山房藏书记》等共同构成了他对"物"的评判体系。在这些文章中，苏轼对当时浮华追风的收藏习气，给予了冷静而深刻的批判。

在黄州期间所写的《石氏画苑记》中，苏轼认为石幼安好画"乃其一病"[1]。石幼安是苏轼同乡，"独好法书、名画、古器、异物，遇有所见，脱衣辍食求之，不问有无。居京师四十年，出入闾巷，未尝骑马"。石氏不骑马的原因非常独特，"在稠人中，耳目谡谡然，专求其所好"。这个习惯，较之常人确实有点另类。石幼安收藏颇丰，"其家书画数百轴，取其毫末杂碎者，以册编之，谓之石氏画苑"。石氏与文同交好，藏有

1 本文所引《石氏画苑记》，见《苏东坡全集》卷五十八，北京燕山出版社 2009 年，第 1533 页。

许多文同的画作，苏轼也"善画古木丛竹"，送给石幼安不少作品。介绍完石氏的收藏后，苏轼引用了苏辙的一段话表达看法："所贵于画者，为其似也。似犹可贵，况其真者。吾行都邑田野所见人物，皆吾画笥也。所不见者，独鬼神耳，当赖画而识，然人亦何用见鬼。"这段话看似浅白，实则令人费解：人们看重绘画，是因为可以描摹自然万物，但我们行走于"都邑田野"的自然之中，所见不就是画吗？我们唯一看不到的是鬼神，只有鬼神可以借由绘画来认识，但看到鬼神又有何用？苏轼认为，人们对绘画的认识是有偏差的，如果过于纠结"似"这样的问题，倒不如到大自然中寻求审美愉悦。因此，苏轼认为苏辙"此言真有理"，并直言不讳地说："今幼安好画，乃其一病，无足录者，独著其为人之大略云尔。"可见，苏轼批评的不仅是石幼安孜孜以求、近乎痴迷的收藏行为，还有他对绘画的基本认知，但苏轼似乎并不愿直接点出这个问题，或许是石幼安收藏了他和文同的作品吧。

《石氏画苑记》写于元丰三年（1080），即便苏轼并不认同石幼安的行为，也没有影响他们的关系。实际上，苏石两家素有渊源，石幼安是长苏轼 19 岁的表兄，其女还嫁给了苏轼长子苏迈。他们结为亲家，大约是在元丰八年（1085）苏轼到宿州看望石幼安时，彼时苏迈原配吕氏已于黄州病逝，后苏迈娶石幼安女为继室，生子苏符。因此，二人可谓"亲上加亲"，不可谓不熟。苏轼对石幼安的为人非常敬仰，石氏过世后，他写文悼念，"闻人蜀音，回首粲然。矧如夫子，又戚且贤"[1]，悲痛之情溢于言表。

苏轼学生陈师道也有《石氏画苑》诗，其中称"君家画苑倾东都，

1　《苏东坡全集》卷一百十一，北京燕山出版社 2009 年，第 2981 页。

锦囊玉轴行盈车。补完破碎收亡逋，欲得不计有与无。问君此病何当祛，君言无事聊自娱"。陈师道也认为石幼安的收藏是"病"，问他如何去掉这个"病"，石幼安则回答"无事聊自娱"。这就间接地佐证了苏轼对石幼安的批评，其藏画行为，确实与苏轼所持的理念相去甚远，并不在一个层面上。

苏轼对另一位亲朋——蒲宗孟的劝导，则显得更为诚恳。蒲宗孟字传正，官至尚书左丞。他与眉山苏氏有姻亲关系，姐姐嫁给了苏轼堂哥苏不欺。[1] 蒲氏性喜奢靡而追求享乐，《宋史》载：

> 宗孟趣尚严整而性侈汰……常日盥洁，有小洗面、大洗面、小濯足、大濯足、小大澡浴之别。每用婢子数人，一浴至汤五斛。他奉养率称是。尝以书抵苏轼云："晚年学道有所得。"轼答之曰："闻所得甚高，然有二事相劝：一曰慈，二曰俭也。"盖针其失云。[2]

蒲宗孟喜欢收藏，经常购买书画奇物，他的外甥即苏轼的堂侄苏千乘，专门委托苏轼对蒲进行劝说，苏轼为此修书一封，这就是《与蒲传正》[3]。文中，苏轼首先点明了写信的缘由，"千乘侄屡言大舅全不作活计，多买书画奇物，常典钱使，欲老弟苦劝公。卑意亦深以为然"。进而，苏轼大谈"归老之计"，规劝嗜好收藏且"走火入魔"的蒲宗孟要安排好"退居之后"的生活，并称"书画奇物，老弟近年视之，不啻如粪土

1　按，见《四库全书》所载《净德集》卷二十七之《静安县君蒲氏墓志铭》，铭文中有"宗孟之姊""太子中舍不欺之妻"的记载，可考其详。

2　（元）脱脱等《宋史》卷三百二十八列传第八十七，中华书局 2000 年，第 8482 页。

3　本文所引《与蒲传正》，见《苏东坡全集》卷一百六，北京燕山出版社 2009 年，第 2793 页。

也。纵不以鄙言为然，且看公亡甥面，少留意也"。即使你不听我的话，也要看在亡甥[1]的分上，对书画奇物少加留意，而是要照顾好家庭和生活。苏轼此言可谓情真意切，也为我们考察宋人的家庭生活形态留下了珍贵史料。弟弟苏辙也有《寄题蒲传正学士阆中藏书阁》诗，同样表达此意："朱栏碧瓦照山隈，竹简牙签次第开。读破文章随意得，学成富贵逼身来。诗书教子真田宅，金玉传家定粪灰。更把遗编观得失，君家旧物岂须猜。"他认为，所谓金玉之物，最终只会沦为"粪灰"，与苏轼"不啻如粪土"的观念出奇地一致。相对于"粪灰"，诗书教子、读破文章才是正途，可以"富贵逼身来"。

今人考察苏轼对王诜、石幼安、蒲宗孟关于收藏行为的劝诫时，很少涉及他们与苏轼的关系。这是一个非常有趣的话题，此三人与苏轼不可谓不亲密。那么，苏轼对待亲友为何如此直言不讳？与其说他在伸张自己的观念，倒不如说这是他性情的自然流露。特别是写《石氏画苑记》时，正处于被贬黄州时，他对待人生的态度较之以往有了很大变化，学会"放下"的苏轼此时已然看淡了身外之物，对所谓"长物之好"的认识更为深刻。他对亲友的劝诫，看似尖锐，其实是心境的写照，包含了很大的情感因素。正因此，他完全可以毫无保留地直抒胸臆。

苏轼不仅对亲友进行了劝诫，对当时的收藏现象，也给出了尖锐的批评。他是当仁不让的"意见领袖"、公认的"文坛宗主"，不仅拥有极大的话语权，而且善于表达观念，在批判时风的过程中，不知不觉地领跑了时代。但他不像欧阳修那样宽和，反倒拥有清扬峻拔的个性，充

---

1 按，苏不欺有五子：苏千乘、苏千之、苏千能、苏千秋，苏千钧，苏轼所谓"亡甥"，具体为何人，有待详考。

满了与生俱来的艺术家气质和对事物的独特敏感。《书戴嵩画牛》中，他记录了蜀中杜处士所藏戴嵩作品，被牧童一眼识破的故事，认为"耕当问奴，织当问婢"，对那种仅凭喜好却缺少眼光的收藏，给予了无情嘲讽。《仆曩于长安陈汉卿家，见吴道子画佛，碎烂可惜。其后十余年，复见之于鲜于子骏家，则已装背完好。子骏以见遗，作诗谢之》中，他直言"贵人金多身复闲，争买书画不计钱。已将铁石充逸少，更补朱繇为道玄。烟薰屋漏装玉轴，鹿皮苍璧知谁贤"。苏轼认为，贵人争相购买书画是"金多身复闲"，乃物欲的驱动和身份的炫耀，而且眼光污浊，多张冠李戴、充点门面，直指当时权贵富豪的不良风气。

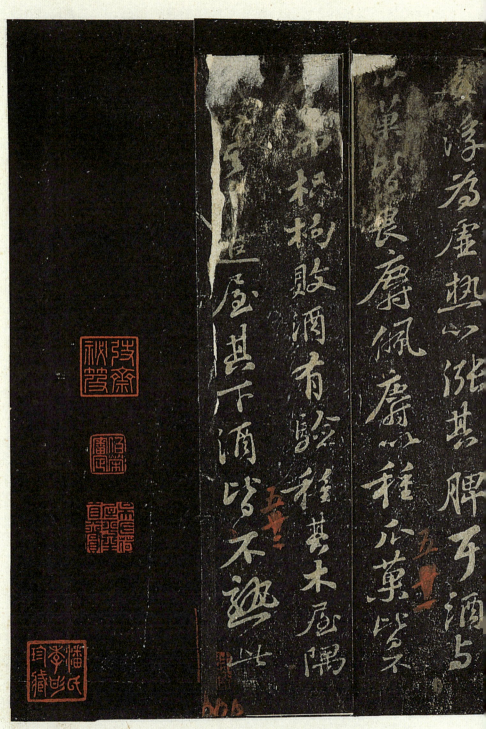

同治癸亥夏小住羊城是帖久歸南海伍氏復移借閱

用油素雙鈎咸册嵌乙未長沙次武时余溝得此帖焉

（宋）《西楼苏帖册》，宋拓本，纸本，每开纵 29.5 厘米，横 21.5 厘米，天津博物馆藏

此贴为苏轼的集帖拓本，收录苏轼 29 岁至 66 岁的诗文、信札 60 余篇，是典型的"三宋"拓本，即宋人书、宋人刻、宋纸拓，尤为难得的是原石旧拓本。

當公為消中消渴久治不...

自為尖安有張生者臾其名其父

法隱攻蜀名醫也診其脈曰子幾

起心及廌雲一臍破取當門子迎

完余如丸以積枸子椎破煎湯下

一服渴止再服遂愈故問三汲

陳云診其脈脈消渴也乃酒与漢

五[朱]十

四

作为继欧阳修之后的文坛领袖，热衷收藏的苏轼是否践行了上述理念？我们很难给出一个肯定的答案。苏轼的人生经历对他的收藏观念产生了很大影响，他在《宝绘堂记》中透露，对于书画艺术品，"始吾少时，尝好此二者"，而随着阅历的增长和认识的深化，"自是不复好"。在给蒲宗孟的信中，书画二物已"不啻如粪土也"。很明显，他对待收藏的态度，呈现出一个不断变化和深入的过程。但世俗层面的苏轼，收藏行为与观念并不完全合拍，有趣的灵魂与现实的皮囊，在不同维度保持了独立，同时又融合在一起，构成了一个复杂而立体的形象。在儒家的道德伦理、士人的情怀操守、文人的清明澄澈之外，还有一个"食人间烟火"的苏轼，这在他与友人的交游唱和中，表现得尤为突出。不过这并不意味着苏轼的观念与行为具有难以调和的矛盾，即便是他在诗文中将书画视若粪土，也从未排斥过热爱，诚如上文所言，他并不认为藏品具有"原罪"。

　　北宋时期，收藏市场已经相当繁荣，诞生了像开封大相国寺这样的藏品集散地和交易场所，士人阶层已经开始进入市场，通过购买等方式获取藏品，赵明诚、李清照夫妇和米芾等人，都有到大相国寺市集"淘宝"的经历。但他们还有另一种更为重要的藏品来源渠道——在各自的朋友圈交换、馈赠。这是宋代收藏精英化特征的一个重要表现，皇家收藏之外，居于收藏主流的是苏易简、欧阳修、苏轼、王诜、米芾这些在朝中为官的士人阶层。这个精英化的圈子，不仅掌握了时尚和潮流的"权杖"，而且是皇家收藏与民间收藏交流互动的重要媒介，占据了收藏金字塔的塔尖地位。在频繁的交游唱和中，他们彼此交换、馈赠甚至"巧取豪夺"各自的藏品，为收藏注入了浓郁的文化趣味，使收藏拥有了极高的话题度和流行性。

　　彼时，文物艺术品已经具备商品属性，虽然有的藏品不参与直接的钱物交易，但在一些交换和馈赠的场合，也往往带有消费品的属性，尤其是那些奇货可居的藏品，就被赋予了很高价值。《铁围山丛谈》有则米芾用自己所藏的砚山换取老宅子的记载：

　　　　江南李氏后主宝一研山……为米元章所得。后米老之归丹阳也，念将卜宅，久勿就。而苏仲恭学士之弟者，才翁孙也，号称好事。有甘露寺下并江一古冢，多群木，盖晋、唐人所居。时米老欲得宅，而苏觊得研山。于是王彦昭侍郎兄弟与登北固，共为之和会，苏、米竟相易。[1]

1　（宋）蔡絛《铁围山丛谈》卷第五，冯惠民、沈锡麟点校，中华书局1983年，第96页。

此次交换靠的是中间人撮合，谓之"和会"。米芾与苏仲恭弟弟之间的关系，应该不会那么密切，否则也不会通过王彦昭兄弟来"和会"。

围绕在苏轼身上的藏品流转，更具话题效应。继欧阳修金石收藏的"朋友圈"之后，至神宗、哲宗两朝，苏轼已名满天下，是公认的文坛宗主，也成为收藏"朋友圈"的中心人物。他与王诜、米芾、黄庭坚等人借助收藏而进行的交游唱和，不啻为一道别样的"文化景观"。这其中，苏轼展现出了与其收藏观念迥异的行为方式。他与王诜的交集，即为典型，大体可分两类：一是作为社交活动的藏品交换；二是作为鉴藏活动的相互唱和。"乌台诗案"后，苏轼在供词中就透露了许多与王诜借助文物艺术品进行的"人情往来"，被朋九万《东坡乌台诗案》详细记录了下来。这些交换，虽然不像米芾砚山换宅那样带有交易性质，但文物艺术品在"托人办事"的场合，同样发挥了重要作用。

熙宁八年（1075），成都僧人惟简托苏轼在开封求"师号"，苏轼将自己的藏画送给王诜，谎称是惟简所藏，让王诜代寻"师号"，王诜收到后办成此事。当年，苏轼好友柳询因家境贫寒找他周济，苏轼无钱可借，"得犀一株"，便送给王诜，说是柳询之物，想以三十贯卖出，王诜称不需要犀，并赠柳询三十贯。大相国寺僧人思大师委托苏轼向王诜求紫衣，并送给苏轼一批名贵画作，其中包括吴道子画佛入涅槃一轴，董羽画水障一轴，徐熙画海棠、芍药、梅花雀竹各一轴，赵昌画折枝花一轴，朱繇、武宗元画鬼神二轴。苏轼留下朱繇、武宗元的作品，其他作品一并送给王诜，从王诜处换得紫衣二道送给了思大师。苏轼为朋友办事，充当了中间人的角色，他是在"说与王诜知后"，"截留"了两幅作品，并非私吞。该年，苏轼还将36轴有"唐贤题名"的画作送王诜，请其装裱，物料手工都是王诜所出。"通判欲赴任"时，王诜还送给苏轼茶、药、纸、笔、墨、砚台等物品，苏轼"照单全收"。

上引只是苏轼所谓"供词"中与王诜交往的一部分，苏轼还供出了王诜在物质上给予的大量资助，从中可见王诜的慷慨和对朋友的关照，以及苏轼所持的君子之仪。此类"请托"，自然属于宋代士人"礼尚往来"的俗务，我们不必用今天的眼光评判。但不可否认的是，文物艺术品在其中扮演了重要角色。这与"游于物外"的苏轼有所不同，那些书画艺术品并非如他所言的"粪土"，反而在世俗层面搭建了"人情"的桥梁，而且苏轼托王诜办事时，还自己留下一部分赠礼，确实是"留意于物"了。我们也可以设想，如果不是苏轼身陷牢狱而和盘托出，它们会被当事人记录下来并传于后世吗？

古人早已注意到了这个现象，元人李冶在《敬斋古今黈》中说：

> 王诜晋卿建宝绘堂，以前后所得法书名画，尽贮其中。东坡为作记云，桓灵宝之走舸、王涯之复壁，皆留意之祸也。东坡又尝谓其弟子由之达。自幼而然，每获书画，漠然不甚经意。若东坡所论，真所谓寓物而不留物者也。然乌台诗话所载款状，与晋卿往还者，多以书画为累。是岂真能忘情者哉？世所传洪觉范《灯蛾词》云：也知爱处实难拼。觉范特指虫蚁言耳。人之逐欲而丧躯者，抑有甚于此。此深可以为士君子之戒也。[1]

李冶对苏轼的"寓物"观持肯定态度，但认为他与王诜的书画交往

1　（元）李冶《敬斋古今黈》（附拾遗）卷八，见王云五主编"丛书集成初编"，商务印书馆 1935 年，第 106 页。

特别是那些请托事务，也"多以书画为累"，意指苏轼没有做到"忘情"而不"留意"。李冶还引用高僧洪觉范的《灯蛾词》为例，认为人追逐物欲而丢失生命，远甚于"飞蛾扑火"。李冶将"书画为累"与"人之逐欲"相提并论，可谓一语道破，颇为中肯和深刻。当然，对于苏轼这样的历史中人，既不能过于理想化地解读，更不能借此否定他的观念和行为。人生何尝不是如此？人作为社会成员，并非我们想象的只是一个扁平的脸谱。

苏轼与王诜借助收藏而进行的交往，远不止这些。元祐三年（1088）十二月，此时距苏轼写《宝绘堂记》已经过去了 11 年，他见到王诜为王巩绘制的《烟江叠嶂图》，写下《书王定国所藏烟江叠嶂图》，诗中最后一句说："还君此画三叹息，山中故人应有招我归来篇。"这句诗"暗藏机关"，不仅表达了对此画的爱惜之情，也有言外之意：真舍不得送还，能否给我画一幅？苏轼的含蓄，王诜是心领神会的，随即和诗《奉和子瞻内翰见赠长韵》，也是在诗的最后给了苏轼一个明确答复："会当别写一匹烟霞境，更应消得玉堂醉笔挥长篇。"他要"别写一匹烟霞境"，另画一幅送苏轼，但不能白送，苏轼要"醉笔挥长篇"，给他写一篇文章回赠。苏轼当然答应了，他拿到王诜为其绘制的水墨卷《烟江叠嶂图》后，当即写诗应和，并附序文："王晋卿作《烟江叠嶂图》，仆赋诗十四韵，晋卿和之，语特奇丽。因复次韵，不独纪其诗画之美，亦为道其出处契阔之故，而终之以不忘在莒之戒，亦朋友忠爱之义也。"此后，王诜用苏轼原韵再次应和，写下《子瞻再和前篇，非惟格韵高绝，而语意重相与甚厚，因复用韵答谢之》。这些诗文，诉说了二人之间的深厚友情和对待人生的看法，苏轼显然没有放下对绘画的热爱。

元祐七年（1092），酷爱赏石的苏轼从程德孺处得到两块石头，赋

《双石》诗，并将其命名为"仇池石"，宝爱之情溢于言表。转年，苏轼从扬州返回开封，"仇池石"成为他和好友钱勰（钱穆父）、王钦臣（王仲至）、蒋之奇（蒋颖叔）等相互唱和的重要主题。上述三人，与苏轼同为"元祐四友"，彼此交好。此时，王诜突然横亘其间，上演了一出颇为热闹的"夺宝戏码"。王诜先是以小诗投石问路，想借观"仇池石"。苏轼遂作诗，前引称："仆所藏仇池石，希代之宝也，王晋卿以小诗借观，意在于夺，仆不敢不借，然以此诗先之。"王诜夺宝的把戏被苏轼识破，但苏轼也有点无可奈何，"不敢不借"，言语间充满不甘，在诗中要求王诜不得"传观"，尽快归还。二人的"拉锯战"，引发了钱勰、王钦臣、蒋之奇的好奇围观和居间调解，苏轼第二首诗称："王晋卿示诗，欲夺海石，钱穆父、王仲至、蒋颖叔皆次韵。穆、至二公以为不可许，独颖叔不然。今日颖叔见访，亲睹此石之妙，遂悔前语。仆以为晋卿岂可终闭不予者，若能以韩幹二散马易之者，盖可许也。"三个调停人竟然各抒己见，在蒋之奇亲眼看到"仇池石"的妙处后才达成一致，认为不能白让王诜占便宜，要用王诜收藏的韩幹画马来交换。这个价码要得确实有点高，被王诜拒绝了。交换不成，事情似乎应该结束，但苏轼的这帮"损友"又"各怀鬼胎"，钱勰想要把石头和画据为己有，蒋之奇建议"焚画碎石"。对此，苏轼另一首诗中说："轼欲以石易画，晋卿难之，穆父欲兼取二物，颖叔欲焚画碎石，乃复次前韵，并解二诗之意。"

　　这段有趣的"公案"尚有许多细节待填充，比如，苏轼是否把石头送给了王诜？学界对此意见不一。笔者认为，苏轼虽然有不敢不借的为难和不得"传观"、尽快归还的要求，但应该没有把"仇池石"拱手让给王诜。"王晋卿示诗，欲夺海石"的"欲"字，即为王诜的想法，尚未成为现实。在此基础上，苏轼的"石画互换"设想才能正式成立。否则，依他对王诜的了解，"仇池石"肯定是"一去不还"。问题又来了，在石头与画分属他们二人时，钱勰如何才能"据为己有"？蒋之奇又怎能"焚画碎石"？他们都出了什么"馊主意"？这件事只有苏轼的"一面之词"，我们只能靠想象来弥补其中的细节了。在这段公案中，苏轼的态度非常复杂，他对王诜的索求，左右为难，很是费了一番踌躇。如果说这是诗人的"寻章摘句"也就罢了，但显然并不那么简单。对于王诜这样的"金主"，苏轼不可能抛开现实中他们之间的关系，来给予断然的拒绝，而且他实在是不舍得送给王诜，才有了用韩幹画马来交换的大胆想法。所谓物欲，也包含了珍爱之情，苏轼这次显然遵从了对藏品占有的欲望，至少是很难割舍的。

在围绕藏品展开的唱和或借赠活动中，苏轼的态度具有明显的多元性。他在《记夺鲁直墨》中称，元祐四年（1089）春，黄庭坚过访，苏轼从黄处得承宴墨半挺。苏轼对这次得宝，直白地用了一个"夺"字，我们可以将其理解为清旷不羁，但语气里确实充满了"理所应当"式的坦然。在苏轼的记录中，黄庭坚"甚惜之"，称"群儿贱家鸡，嗜野鹜"[1]。今人解读这段话时，多有歧义，有的认为是黄庭坚对苏轼横刀夺爱的不满。其实，这是黄对世人不懂墨之珍贵而发出的感慨。"野鹜家鸡"是艺术史中有名的掌故，宋人非常喜欢引用。黄庭坚引此，是在感慨求书者拿手里的宝贝不当回事，来换取他的书法，有点"买椟还珠"的意味。苏轼作为文坛领袖，索要晚辈和学生的藏品，确实不那么含蓄和客气，更没有王诜索要"仇池石"时的犹豫与不舍。当然，我们不必过分解读这种态度上的差别，苏轼所谓"夺"，其实包含了夸张的成分。但他从米

1　本文所引《记夺鲁直墨》，见《苏东坡全集》卷一百十八，北京燕山出版社2009年，第3248页。

芾手中得到紫金砚并告诉后人以此陪葬，就是夺人所爱了。苏轼过世后，米芾追回此砚，他的《乡石帖》和《紫金研帖》记录了这件事。[1]

1　按，米芾《乡石帖》称："新得紫金右军乡石，力疾书数日也。吾不来，果不复来用此石矣。"《紫金砚帖》称："苏子瞻携吾紫金研去，嘱其子入棺。吾今得之，不以敛。传世之物，岂可与清净圆明本来妙觉常之性同去住哉。"

五

苏轼的收藏行为，几乎贯穿了他跌宕起伏的一生。收藏对于他而言，即便在精神世界里做到了"游于物外"，也是构建人际关系、抵御外界侵扰、熨帖复杂情绪的重要途径。特别是失意的时候，在与"物"的对话中，苏轼找到了精神寄托的对象，帮助其实现了心灵重塑和情感升华。所以，我们会发现一个有趣的现象，越是在境遇的"低潮"期，苏轼的收藏行为越活跃，与收藏相关的题跋、诗文创作活动也越丰富。黄州四年，就是苏轼频繁进行收藏活动的重要时期，收藏以及与之伴生的文化活动，是苏轼心态转折乃至人生观再造的折射。从中也可以看出，收藏就是苏轼的生活方式，是他的"生活美学"。

神宗元丰二年（1079），苏轼因"谤讪朝廷"罪被投入监狱，这就是历史上的"乌台诗案"。四个多月后，苏轼被贬黄州。元丰三年（1080）大年初一，他和长子苏迈在差人押解下从京城出发，经过一个月跋涉，于二月初一到达黄州。元丰七年（1084）三月，苏轼移任汝州（今河南临汝）团练副使，四月，一家人离开黄州。至此，苏轼在黄州生活了四年零两个月（苏轼在诗文中有时称在黄州待了五年，这种说法与准确的时间并不矛盾）。在黄州期间，他的艺术才华"井喷"，留下许多千古流传的经典，文有前后《赤壁赋》，词有《念奴娇·赤壁怀古》《定风波》，书法则有"天下第三行书"的《寒食帖》。

黄州四年，苏轼有最好的朋友陈季常相伴。他在《寄吴德仁兼简陈季常》诗中称"龙丘居士亦可怜，谈空说有夜不眠。忽闻河东狮子吼，拄杖落手心茫然"，陈季常因此成了与"河东狮吼"不离不弃的"男主角"，被后世附会为"惧内"的形象。

苏轼曾给陈季常写过一封信：

> 一夜寻黄居寀龙不获，方悟半月前是曹光州借去摹拓，更须一两月方取得。恐王君疑是翻悔，且告子细说与：才取得，即纳去也。却寄团茶一饼与之，旌其好事也。[1]

信中所称曹光州，乃苏轼好友曹九章，曹氏之子娶苏辙之女，故曹家与苏家有姻亲关系。苏轼谪居黄州时，曹九章任光州太守，光州与黄州接壤，二人往来密切。苏轼在黄州期间曾作《渔家傲》词赠曹光州，中有"作郡浮光虽似箭，君莫厌，也应胜我三年贬"句。王君，似是王齐愈、王齐万兄弟之一。王氏兄弟是四川犍为人，与黄州时期的苏轼过从甚密，结下了深厚友情。早在嘉祐四年（1059），苏轼曾写有《犍为

---

1 《苏东坡全集》卷一百八，北京燕山出版社2009年，第2868页。按，苏轼信中的"王君"，另有一说为王诩，详见《苏东坡黄州作品全编》，丁永淮、梅大圣、张社教编注，武汉出版社1996年，第509页，录此备考。

王氏书楼》诗，王氏书楼即为王齐愈、王齐万家族所有，只不过苏轼当时可能并不知晓。王齐愈还曾将一方宋真宗用过的龙尾黼砚赠予苏轼，苏轼后来又转赠给了蒲宗孟。在《黼砚铭》的叙文中，苏轼透露："龙尾黼砚，章圣皇帝所尝御也。乾兴升遐，以赐外戚刘氏，而永年以遗其舅王齐愈，臣轼得之，以遗臣宗孟。"[1] 文中"外戚刘氏"乃真宗刘皇后的族人，"永年"即刘永年，乃刘皇后的侄孙。王齐愈则是刘永年的舅舅。如此珍贵的一方砚台，能够送给苏轼，可见王齐愈与苏轼的感情。黄州期间，正是有了王氏兄弟、陈季常等好友的关照，为心境萧索的苏轼带来了莫大的安慰。

苏轼写给陈季常的这封信，就是书法史中著名的《一夜帖》。在苏轼传世尺牍乃至古代行书法帖中，《一夜帖》地位显要，不仅彰显了他独有的书风，而且短短 70 字包含了丰富的历史信息。这是一个围绕收藏而发生的故事——王君托陈季常向苏轼索要黄居寀的《龙》，苏轼找了一夜，才想起是半月前曹光州借去临摹了，还要一两个月才能拿回。于是，他请陈季常向王君捎话，曹光州还画后就物归原主。苏轼还让陈季常代转团茶一饼，"旌其好事"。

黄州期间，苏轼围绕藏品借阅、交换、展玩、题跋、馈赠的例子，在他现存的诗文和书法中多有记录。收藏活动在他与新朋旧交之间频繁展开，已经深度融入清贫黯淡的生活，是其灰暗人生中的一抹亮色。

元丰三年（1080）正月，苏轼刚到黄州，赴岐亭看望陈季常，作诗《岐亭五首》之一，并为陈季常所藏《朱陈村嫁娶图》题诗二首。其中一首写道："何年顾陆丹青手，画作朱陈嫁娶图。"四月，武昌供奉官郑文

---

1 《苏东坡全集》卷六十六，北京燕山出版社 2009 年，第 1728 页。

赠送苏轼一把古铜剑，他以《武昌铜剑歌并引》答谢。诗中写道："细看两胁生碧花，犹是西江老蛟血。苏子得之何所为，䠀缑弹铗咏新诗。"八月，成都大慈寺胜相院宝月大师惟简，派徒弟孙悟清来黄州探望，并请苏轼作《胜相院经藏记》，苏轼在文中以"居士"自喻。当月，柳真龄赠送一根古铁拄杖，苏轼作诗《铁拄杖》答谢，诗中有"忽然赠我意安在，两脚未许甘衰歇"的感喟。十一月，苏轼以舍利授孙悟清，让孙悟清"使持归本院供养"，作《赵先生舍利记》，记录了得到舍利的过程。十二月，作《书蒲永升画后》与《石氏画苑记》。滕元发上任途中路过黄州，苏轼寄信滕元发，以"未能晤画为怅"。为李琮代写《上神宗论京东盗贼状》，李琮则以天台玉版纸相赠。

元丰四年（1081）正月，苏轼与陈季常相约在岐亭游玩，从古庙中得一尊应梦破面罗汉塑像。几天后，将塑像装船自岐亭运抵黄州。本月还收获白阳古镜，并作《书所获镜铭》记录了得宝的过程。二月，孙悟清在黄州陪伴苏轼长达半年之后返回成都。苏轼写信给宝月大师，让孙悟清一并带回，表达了把自己收藏的吴道子释迦牟尼像送到胜相院供养的心愿。四月，于正月所得的罗汉塑像终于修复一新，苏轼将其安置于安国寺，并作文《应梦罗汉记》，记录了这次传奇的经历。苏轼称，他于元丰四年（1081）正月二十一日，将往岐亭时，夜宿于团封，梦见一僧破面流血，若有所诉。转天到达岐亭，路过一座庙宇，庙中立有阿罗汉像，左龙右虎，仪制甚古，但罗汉像面部被人破坏了，苏轼十分惊叹："顾之悯然，庶几畴昔所见乎！"[1]于是把罗汉像带回黄州，修缮后设于安国寺供养。五月，为唐林夫所藏的唐代六位书家作品题写跋语。六月，彦

---

1 《苏东坡全集》卷五十九，北京燕山出版社 2009 年，第 1561 页。

正判官赠古琴。九月，张方平生日，苏轼将去年柳真龄送他的古铁拄杖，作为生日礼物转赠给了张方平。

元丰五年（1082）二月，唐林夫为答谢苏轼在自己的藏品上题跋，回赠一方砚台。三月，至沙湖，在黄氏家得到泽州道人沉泥砚，作《书吕道人砚》。本月，因臂疾得庞安时一针治愈，为表谢意，苏轼写书法赠庞安时，庞安时亦有回赠。五月，将自己收藏的怪石送了元和尚处供奉，并作《怪石供》。十二月，为李康年篆书《心经》题跋。本月，滕元发可能是为了弥补元丰三年"未能晤画"的遗憾，派专人借观苏轼所藏李成画作。

（宋）抄手式歙石砚，长22.5厘米，宽14.5厘米，厚3.2厘米，天津博物馆藏

元丰六年（1083）正月，孙悟清再次受惟简之托来黄州探望苏轼。苏轼请悟清前往黄梅山常欢喜处取"唐画十六大罗汉"。画取回来后，苏轼非常高兴，烧香作礼，以为供奉，并作《唐画罗汉赞》诗。七月，

在临皋亭借观吴道子画作，并作文《跋吴道子地狱变相》。孙叔静来访，出示苏洵书法手迹，苏轼作《跋先君与孙叔静帖》。

元丰七年（1084）二月，苏轼将元丰三年武昌供奉官郑文所赠古铜剑，转送张近，换回龙尾子石砚，并赋诗《张近几仲有龙尾子石砚，以铜剑易之》，诗中有"我家铜剑如赤蛇，君家石砚苍璧椭"一句，颇有对等交换而不占对方便宜的"矜持"。四月，苏轼结束黄州的生活，陈季常从黄州送至九江。临别时，苏轼作《岐亭五首》之五，合前四首并作序，赠给陈季常作为纪念。

苏轼黄州期间的收藏行为，有两个明显特点：藏品的受赠、转赠等活动，作为构建人际关系的手段，在其孤寂苦闷的生活中发挥了调剂作用，是苏轼交游的重要媒介。受赠与转赠，表面看是藏品在不同藏家间的流转，实则是苏轼借此重新搭建人际关系的重要途径，也为他的文学创作提供了重要素材。另一个特点是，苏轼对佛道题材的雕塑、绘画作品抱有浓厚兴趣。这种兴趣当然不始于黄州，但在黄州的四年内，表现得尤为突出。在《应梦罗汉记》中，他记录了一件近乎神奇的与罗汉像"不期而遇"的故事，冥冥中似乎是罗汉有意托梦，但更像是苏轼主动寻求慰藉，借此疏通自己的郁闷情绪。他也非常郑重地将罗汉像、释迦牟尼像等供奉寺院，也是一时心境的真实写照。特别是对吴道子的画作，苏轼宝爱有加，元丰六年（1083）七月专门在临皋亭借观并题跋。离开黄州之后的元丰八年（1085）十一月，他还作《书吴道子画后》。此文与《跋吴道子地狱变相》都用了"出新意于法度之中，寄妙理于豪放之外"[1]来概括吴道子画风，可见该阶段苏轼对吴道子画作的痴迷。在《书吴道子画后》中，

1　《苏东坡全集》卷一百十八，北京燕山出版社2009年，第3232页。

他自信地称："余于他画，或不能必其主名，至于道子，望而知其真伪也。然世罕有真者，如史全叔所藏，平生盖一二见而已。"[1] 吴道子真迹在宋代已属于凤毛麟角，苏轼能够"望而知其真伪"，眼力可谓精准。他痴迷于此，不仅出于艺术上的热爱，也应该有情感上的共振因素，特别是吴道子所绘的佛像，能够寄托他的出世之意。

黄州期间，苏轼从朝廷的政治明星成为因言获罪的被贬之人，地处偏远，生活清苦，之前的一些所谓好友也唯恐避之不及，他需要重新梳理生活，建立新的朋友圈。更重要的是，慢慢沉潜下来，他的思想开始发生变化，特别是受佛家影响，苦闷之情渐成出世之心。因此，黄州时期的苏轼并不像后人想象的那样旷达，虽然有"一蓑烟雨任平生"的短暂畅意，但更多的则是"小舟从此逝，江海寄余生"的人生感喟。夜饮东坡，归来已是三更，望着滚滚江水，他发出了"长恨此身非我有，何时忘却营营"的感叹。这才是黄州时真实而生动的东坡，生活的困顿、境遇的萧索，让他短暂抽离现实，在佛道中寻求安慰，渐有万念皆空的出世之意。在《黄州安国寺记》中，他如此记录到安国寺的经历："得城南精舍曰安国寺，有茂林修竹，陂池亭榭。间一二日辄往，焚香默坐，深自省察，则物我相忘，身心皆空，求罪垢所从生而不可得。一念清净，染污自落，表里翛然，无所附丽，私窃乐之。旦往而暮还者，五年于此矣。"[2] 安国寺是苏轼黄州期间的"一念清净"之地，他"间一二日辄往"，而且"旦往而暮还"，可以想见，寺里的苏轼，将身心全部托付给了这方净土。"一肚皮不合时宜"的他，不仅在佛门清净地寻求寄托，而且以寻物、题跋、

1　《苏东坡全集》卷一百十八，北京燕山出版社 2009 年，第 3232 页。
2　《苏东坡全集》卷五十八，北京燕山出版社 2009 年，第 1558 页。

诗文等一系列收藏活动来诗化生活、填充内心世界，达到精神的富足与安宁。无论是供养舍利、怪石和吴道子画作，还是得应梦罗汉加以修复，抑或是焚香礼供唐画罗汉，都是一种"心理补偿"机制驱动的结果。在这些收藏活动中，他逐渐回归本我，人生的思考更加深邃，成就了黄州时蔚然耸立的艺术高峰。

收藏在苏轼这里，不是玩好，也不具备欧阳修所称的"补正史阙"的经世功能，而是一剂回向内心世界的良药，医治着苏轼的孤独和苦楚。这正是苏轼所言的"寓意于物"的生动写照，他将自己的情感投入"物"中，升华了与"物"的关系。从这个角度分析，宋代士人喜好收藏的社会风尚，有着极其深厚的精神渊源和社会基础。当他们的主体意识高度觉醒时，收藏作为寄托性情的理想途径，自然而然地成为生活的一部分，并与个体生命保持了高度的黏合性。在那个时代，士人阶层的整体知识素养远超前代，社会地位空前提升，但也不能忽视，"文官政治"与"书卷气象"的背后是激烈的党争和严重的内耗，那些靠科举走上仕途的知识分子时常遭贬、四海为家，内心世界并不完全是今人想象的那样灿烂明媚。特别是欧阳修、司马光、苏轼这些人，一生宦海沉浮，还都沉迷收藏，在他们的生活中，收藏具有与诗文创作同等重要的地位，能够寄托情感，安放灵魂。因此，也就不难理解，为什么宋代士人的收藏活动充盈着如此丰富的情感因素和丰沛的生命张力，为什么收藏与诗文共生并形成了独特的时代风貌和鉴赏趣味。

我们可以把司马光的读书堂与藏书行为，与苏轼一起讨论，更能凸显苏轼所称的"寓意于物"是如何抚慰士人心灵的。

司马光是大藏书家，他的读书堂设在洛阳所建的独乐园。北宋时期，开封作为都城，自然是政治文化中心，而洛阳则聚集了大批士人公卿，是名副其实的"副中心"。邵博称:"洛阳名公卿园林,为天下第一。"[1]
独乐园在洛阳众多园林中独树一帜:

> 司马公在洛阳自号迂叟,谓其园曰独乐园。园卑小,不可与他
> 园班。其曰读书堂,数椽屋,浇花亭者,益小;弄水种竹轩者,尤小;
> 见山台者,高不过寻丈;其曰钓鱼庵、采药圃者,又特结竹梢蔓草为之。
> 公自为记,亦有诗行于世,所以为人钦慕者,不在于园尔。[2]

独乐园不以豪阔奢华著称,但"所以为人钦慕者,不在于园尔",
靠的是司马光的影响。独乐园也是宋人奉献给后世艺术家的创作母题之
一,明代仇英有《独乐园图》,依据司马光的《独乐园记》,进行了形
象再现。文徵明亦有《独乐园图并书记》行世,是其八十九岁时的佳作。

熙宁四年(1071),反对王安石变法的司马光退居洛阳。此时,大
宋朝堂上下内耗严重、裂隙丛生,早已不复仁宗朝宽和包容的政治氛围。
熙宁六年(1073),作为熙宁党争中反对派的"精神领袖",司马光置
田二十亩,在洛阳尊贤坊北关建独乐园,从此选择蛰居,远离纷扰。政
治上的失意与失望,令他退守内心世界,其"独乐",暗含了无可奈何
的伤感和远离漩涡的"自保"。苏轼于熙宁十年(1077)五月六日作《司
马君实独乐园》诗寄赠司马光,为我们理解"卑小"的独乐园所处的那
个波诡云谲的大时代,提供了重要参考:"青山在屋上,流水在屋下。中
有五亩园,花竹秀而野。花香袭杖履,竹色侵杯斝。樽酒乐余春,棋局

---

1 (宋)邵博《邵氏闻见后录》卷第二十四,刘德权、李剑雄点校,中华书局 1983 年,第 191 页。
2 (宋)邵博《邵氏闻见后录》卷第二十五,刘德权、李剑雄点校,中华书局 1983 年,第 200 页。

消长夏。洛阳古多士，风俗犹尔雅。先生卧不出，冠盖倾洛社。虽云与众乐，中有独乐者。才全德不形，所贵知我寡。先生独何事，四海望陶冶。儿童诵君实，走卒知司马。持此欲安归？造物不我舍。名声逐吾辈，此病天所赭。抚掌笑先生，年来效喑哑。"向来敢言的苏轼，借吟诵独乐园，对司马光的德行和抱负，以及彼时的声望和境遇做了深入刻画。他对司马光退居之后"先生卧不出""年来效喑哑"的做法有些保留，期待其"东山再起"。乌台诗案中，苏轼自言写此诗的用意："四海苍生望司马执政，陶冶天下，以讥讽见在执政，不得其人。"他又说，司马光"曾言新法不便，与轼意合。既言终当进用，亦是讥讽朝廷，新法不便，终当用司马光。光却喑哑不言，意望依前攻击"[1]。

遗憾辞官，"立功"未成，司马光选择了古代知识分子的另一个传统——"立言"。在退居洛阳的十五年间，他闭口不谈时事，自谓"筋骨癯瘁，神识衰耗"，成就了一部伟大的《资治通鉴》。

司马光有《独乐园七题·读书堂》一诗，专门借读书堂抒发情怀："吾爱董仲舒，穷经守幽独。所居虽有园，三年不游目。邪说远去耳，圣言饱充腹。发策登汉庭，百家始消伏。"书楼之中"三年不游目""圣言饱充腹"，可见他对藏书、读书的喜好。他在《书楼》一诗中，还直言自己"使君有书癖，记览浩无涯。况此孤楼迥，端无外物哗。横肱歆曲几，搔首落乌纱。此趣人谁识，长吟窗日斜"。《梁溪漫志》载："司马温公独乐园之读书堂，文史万余卷。"司马光晨夕读书，"虽累数十年，

---

1 （宋）朋九万《东坡乌台诗案》，见王云五主编"丛书集成初编"之《东坡乌台诗案及其他二种》，商务印书馆 1939 年，第 24 页。

皆新若手未触者"[1]。他每年在上伏到重阳期间，遇到天气晴朗的时候，把几案设在对着太阳的地方，将书斜放其上暴晒。看书时先把几案扫净，用褥子铺在书下，端坐拿好，颇有一种庄重肃穆的仪式感。有时候边走边读，就把书放在方形板上，不敢直接用手捧，以免汗浸书页。担心碰到订书线，每看完一页，用右手大拇指侧面贴着书页边沿，再用食指捻起书页，这样不会"揉熟其纸"。

司马光留存下来的吟诵读书堂和读书活动的诗歌，乍看是如此风雅闲适，如果我们将其置于北宋暗潮涌动的政治环境和他曲折的人生经历中，就能体味到一种孤独。藏书、读书、著书于司马光而言，是政治失意后的"填充物"，远非风雅之好那么简单。"穷经守幽独""此趣人谁识"，不仅是坐拥书城的幸福，更有一种独处式的慰藉，特别是他那种近乎"强迫症"式的读书方式，难道不是失意后的情感转移？他寻求的不是藏书的多寡，而是在充满仪式感的读书过程中，达到心灵的熨帖和精神的丰满，这与苏轼黄州期间频繁用收藏活动来填充生活，是何其相似！

宋人的可爱之处，恰恰在此。回溯那个时代，我们总能感触到人性的澄明与情感的丰沛，但少有人知道，这背后是生活和思想的砥砺。

1　（宋）费衮《梁溪漫志》卷三之"司马温公读书法"，见《墨庄漫录（外十种）》，上海古籍出版社1992年，第711页。

六

古人的许多艺术观念生发于鉴藏活动，而这些观念又大多以题跋、诗词等形式出现。鉴藏行为、文学创作、艺术观念紧密融合在一起，同时涉及艺术史、收藏史、文学史等多个研究领域。以往，我们很少将这些问题串联在一起综合考察。但是，像欧阳修、苏轼等人的题画诗，其文学价值和艺术观念以及可以考辨递藏信息的"诗史"元素，往往是附着在一起的，很难剥离开来。因此，有必要用更为广阔的视野来考察古人的鉴藏活动，将收藏史、艺术史乃至文学史打通，获取多元的历史信息，最大限度地贴近古人所处的时代，从而更好地理解他们的行为和观念。

苏轼就是这方面的典型代表。他的艺术观念特别是绘画观念，主要体现在跋文和题画诗中。比如，《又跋汉杰画山二首》，提出了著名的"士人画"概念：

唐人王摩诘、李思训之流，画山川峰麓，自成变态，虽萧然有出尘之姿，然颇以云物间之。作浮云杳霭，与孤鸿落照，灭没于江天之外，举开发宗之，而唐人之典刑尽矣。近岁惟范宽稍存古法，然微有俗气。汉杰此山，不古不今，稍出新意，若为之不已，当作着色山也。

观士人画，如阅天下马，取其意气所到。乃若画工，往往只取鞭策皮毛槽枥刍秣，无一点俊发，看数尺许便卷。汉杰真士人画也。[1]

宋子房，字汉杰，曾在徽宗朝担任画学博士。苏轼在题跋中首次提出了士人画（文人画）的概念，这是他对艺术史的重大贡献，认为士人画的创作"取其意气所到"，之后又阐述了"画工"即精细之笔的短处，"无一点俊发，看数尺许便卷"。苏轼注重的是画中展现的"意气"而非形似。这里的"意气"，强调的是画家的主观意识和主体性情，注重的是脱略形似。此乃文人画的经典论述。

苏轼最为知名的"写意观"，也出自题画诗。在《书鄢陵王主簿所画折枝二首》（其一）中，他提出了"论画以形似，见与儿童邻"和"诗画本一律，天工与清新"的艺术观念。他认为绘画不能追求简单的形似，而是要追求画中展现的诗意。这种观点实际上是对"取其意气所到"的发展和完善。所谓"意气"，就应该充满诗意，具有"天工"与"清新"的特质。

与苏轼有类似观念的，则是欧阳修。他精于金石文字的拓本收藏，被誉为宋代金石文献收藏第一人，引领金石集古著录成为一门学问，带动了宋代金石学发展。欧阳修在评价杨褒所藏的《盘车图》时，写有同

1　《苏东坡全集》卷一百十八，北京燕山出版社 2009 年，第 3237 页。

题诗，直言"古画画意不画形，梅诗咏物无隐情。忘形得意知者寡，不若见诗如见画"。诗中所称的"梅诗"，就是梅尧臣的《观杨之美盘车图》。欧阳修的"画意不画形"，与苏轼所持的艺术观高度一致。但欧阳修与苏轼有所不同，他的"写意"观来源于人文素养的"通感"。直白地讲，欧阳修并不善画。在《集古录跋尾》中，他说："画之为物，尤难识其精粗真伪，非一言可达。"[1]《梦溪笔谈》中有一则著名的故事，从中可见欧阳修对绘画是"不专业"的。欧阳修曾得到一幅古画，画中绘有一丛牡丹和一只猫，但"未识精粗"。吴育是欧阳修亲家，看到画后认为，这是正午的牡丹。画中牡丹萎靡无力且施色干燥，正是正午阳光照射的样子。猫的瞳孔缩成一条线，也是正午时猫的眼睛。如果是带露水的花，花心聚拢且颜色润泽。猫的瞳孔在早晨和晚上都是圆的，随着太阳照射角度的变换，瞳孔会逐渐狭长，正午时就眯成一条线了。吴育"此亦善求古人笔意也"[2]。在绘画技法的赏鉴上，欧阳修远不如亲家。当然，凡事都有两面性。欧阳修虽然对绘画并不专业，但不代表没有艺术观。也可以说，"粗精"之论只限于"技"，欧阳修不谙画艺，自然不懂"正午牡丹"的奥妙，但在"道"的层面，却有卓越的识见。他和苏轼作为北宋文坛的引领风气之先者，均提倡文人画的写意观，功莫大焉。而且，欧、苏的观点都出自赏鉴，是由收藏活动生发出来的。

在写于元祐五年（1090）九月十八日的《书朱象先画后》中，苏轼提出了另一个重要观念——适意：

1　（宋）欧阳修《集古录跋尾》卷五《唐薛稷书》，见《集古录跋尾　集古录目》，上海古籍出版社 2020 年，第 233 页。按，欧阳修此论旨在说明人们的审美偏好，会导致对作品不同的解读。他认为，"得者各以其意，披图所赏，未必是秉笔之意也。昔梅圣俞作诗，独以吾为知音，吾亦自谓举世之人知梅诗者莫吾若也。吾尝问渠最得意处，渠诵数句，皆非吾赏者。以此知披图所赏，未必得秉笔之人本意也。"

2　（宋）沈括《梦溪笔谈》卷十七"书画"，金良年点校，中华书局 2017 年，第 125 页。

　　松陵人朱君象先,能文而不求举,善画而不求售。曰:"文以达吾心,画以适吾意而已。"昔阎立本始以文学进身,卒蒙画师之耻。或者以是为君病,余以谓不然。谢安石欲使王子敬书太极殿榜,以韦仲将事讽之。子敬曰:"仲将,魏之大臣,理必不尔。若然者,有以知魏德之不长也。"使立本如子敬之高,其谁敢以画师使之。阮千里善弹琴,无贵贱长幼皆为弹,神气冲和,不知向人所在。内兄潘岳使弹,终日达夜无忤色,识者知其不可荣辱也。使立本如千里之达,其谁能以画师辱之。今朱君无求于世,虽王公贵人,其何道使之,遇其解衣盘礴,虽余亦得攫攘其旁也。[1]

　　所谓"画以适吾意",即是一种顺乎性情的选择。文中的观点,与徽宗在《宣和画谱》御制叙中鼓吹的"是则画之作也,善足以观时,恶足以戒其后,岂徒为是五色之章,以取玩于世也哉"[2]形成鲜明反差。帝王眼中的"助人伦、成教化",在苏轼这里只是"适吾意"而已。这是一种主体意识和艺术自觉的体现,重视的是个体性情的抒发和情感的自由表达,而且,也是一种高明的自我保护。"昔阎立本始以文学进身,卒蒙画师之耻",画师在阎立本的时代,并未受到社会尊崇。如果艺术家以达观的"适意"来展示于世无所求的性情,"使立本如千里之达,其谁能以画师辱之"。苏轼笔下的朱象先就做到了这一点,"今朱君无求于世,虽王公贵人,其何道使之"。因此,艺术家观念和态度的选择不仅与其性情有关,也离不开古代社会人们对艺术家地位的固有认知,以

1　《苏东坡全集》卷一百十八,北京燕山出版社 2009 年,第 3233 页。
2　(宋)佚名《宣和画谱》,俞剑华标点注释,人民美术出版社 2017 年,第 3 页。

及艺术家的主体自觉和身份认同。这实际上也是宋代文人画兴起的一个内在逻辑——士人身份意识的觉醒和艺术的独立。为此，士人中的艺术家选择了一种适合表达这种观念的方式——写意。那种无拘无束、脱离法度，不求形似却能恣意展示性情的画法，最能体现身份与人格的独立，从而使士人阶层与普遍不受重视的"画师"（工匠）拉开了距离。这些观念，为后世文人画的发展和完善，产生了重要影响。因此，文人画从正式提出的那一天起，就不是简单的画法、画风概括，而是身份、趣味的象征，恰如皮埃尔·布尔迪厄在《区分：鉴赏判断的社会批判》中证明的："人们在日常消费中的文化实践，从饮食、服饰、身体甚至音乐、绘画、文学等的鉴赏趣味，都表现和证明了行动者在社会中所处的位置和等级。鉴赏趣味的区分体系和社会空间的区分体系在结构上是同源的，在文化符号领域和社会空间之间存在着一种结构性的对应。"[1]此处的"鉴赏趣味"，完全可以引申为审美趣味和艺术实践。

由此，苏轼的绘画观构成了一个完整的体系，一言以蔽之：士人画追求"意气"，在表现手法上不求形似，在审美趣味上体现"诗画结合"，最终要达到"适意"。当然，在院体画大行其道的宋代，与士人画相表里的写意画法，经历了一个颇为漫长的演变过程。

苏轼的"适意"，并非他的独创，至少在北宋的士人阶层特别是那些伟大的艺术家中，已经形成普遍共识。《宣和画谱》记载了一则李成的故事：

1　见罗钢、王中忱主编《消费文化读本》前言"探索消费的斯芬克斯之谜"，罗钢撰，中国社会科学出版社 2003 年，第 39 页。

（宋）范宽《雪景寒林图》，绢本墨笔，纵 193.5 厘米，横 160.3 厘米，天津博物馆藏

尝有显人孙氏知成善画得名，故贻书招之。成得书且愤且叹曰："自古四民不相杂处，吾本儒生，虽游心艺事，然适意而已。奈何使人羁致入戚里宾馆，研吮丹粉而与画史冗人同列乎？此戴逵之所以碎琴也。"却其使不应。孙怒之，阴以贿厚赂营丘之在仕相知者，冀其宛转以术取之也。不逾时而果得数图以归。未几成随郡计赴春官较艺，而孙氏卑辞厚礼复招之，既不获已，至孙馆，成乃见前之所画，张于谒舍中。成作色振衣而去。其后王公贵戚，皆驰书致币恳请者不绝于道，而成漫不省也。[1]

李成是五代宋初的大画家，与董源、范宽并称"北宋三大家"。他以儒生自居，画画虽然是"游心艺事"，但"适意而已"。对于"显人"孙氏这样的民间求购者，李成是绝对看不上的，"自古四民不相杂处"。在他眼里，孙氏求购的举动简直就是侮辱。但孙氏并不罢休，最终通过非正常手段满足了自己的需求，也遭到李成决绝的对待。显然，北宋早期那些风骨飒然的艺术家，已经意识到了绘画创作的"适意"问题。《宣和画谱》中所引李公麟的一段话，可以为这种"适意"给出一个合适的解答："吾为画如骚人赋诗，吟咏情性而已，奈何世人不察，徒欲供玩好耶？"[2]

那么，苏轼的绘画观，与其收藏观之间是否存在必然的联系或相通之处？答案是显而易见的，两者亦有"结构性的对应"。苏轼的艺术观大多来源于他对艺术品的题跋，他天然地统一了自己的收藏观与艺术观。

1　（宋）佚名《宣和画谱》卷第十一"山水二"，俞剑华标点注释，人民美术出版社2017年，第182页。
2　（宋）佚名《宣和画谱》卷第七"人物三"，俞剑华标点注释，人民美术出版社2017年，第131页。

按常理分析，人们的喜好会影响收藏的品位，艺术观念也必然会影响收藏观念。米芾书法上尊晋贬唐，收藏的自然以晋人作品为主。反之，收藏观念又常常会左右艺术家的取舍和好恶。苏轼"寓意于物"的收藏观与其提出的绘画观念，就是这样一种不可分割的关系。前者面对的是有形的物质载体，即文物艺术品；后者面对的是非物质层面的绘画技艺和创作观念，两者共同构成了苏轼艺术创作和赏鉴的理论体系。苏轼告诉我们，不仅要在绘画创作中注重"意"的释放和表达，藏家获取和欣赏艺术品时，也应注重"意"的投入。这两个"意"，都是主观情感的表达，前者与"形"对应，侧重天然的"意趣"，从而使艺术创作脱离了"形"的束缚；后者的"寓意于物"，则与"欲"相对，强调的是收藏活动中藏家与物的对视和个人旨趣的关照，摆脱"欲"的羁绊，抛舍浮华追风、沉迷而不能自拔的低级趣味，追求收藏中的人文情怀和与物"相看两不厌"的情感触动。某种程度上，苏轼的题跋，就是这种个人意趣的宣泄和表达，深度融合了他的艺术观和收藏观，是其收藏赏鉴活动中最能体现人性光辉、艺术趣味、思想深度的部分。无怪乎许多学者将《宝绘堂记》纳入艺术史与文学史的范畴来讨论。

如上所言，如果说审美趣味"表现和证明了行动者在社会中所处的位置和等级"，那么，收藏趣味亦具有同样表现和证明的价值。恕笔者见识浅陋，至今没有在史料中找到苏轼跳脱交游圈而主动售卖自己创作的书画作品的记载，这恰恰是由他在社会中所处的"位置和等级"决定的，也是其艺术观和收藏观的具体体现之一。苏轼的书法在当时很受欢迎，其作品多经交换、馈赠等方式流出，虽然带有一定功利目的，但他并没有主动迎合市场来获利，即便是在黄州落魄潦倒的时候，也保持了士人的"矜持"。不仅是苏轼，北宋大批享有盛名的士人艺术家，也极少主动售卖自己创作的作品，虽然他们很清楚这些作品在民间的受欢迎程度和不菲的市场价值。

这个问题，涉及两宋收藏市场的讨论，需要对一些关键史料做更为细致的辨析。苏轼在《书黄泥坂词后》中写道：

> 余在黄州，大醉中作此词，小儿辈藏去稿，醒后不复见也。前夜与黄鲁直、张文潜、晁无咎夜坐。三客翻倒几案，搜索篋笥，偶得之，字半不可读，以意寻究，乃得其全。文潜喜甚，手录一本遗余，持元本去。明日得王晋卿书，云："吾日夕购子书不厌，近又以三缣博两纸。子有近书，当稍以遗我，毋多费我绢也。"乃用澄心堂纸、李承晏墨书此遗之。[1]

今人援引这段史料时，经常将其作为宋代书画名家卖字鬻画的证据，有的甚至认为，苏轼主动将书法卖给王诜。依王诜与苏轼的关系，他并不需要通过购买从苏轼那里得到他的书法作品。他们所谓的"交易"，实则是好友间的交换或馈赠。当然，王诜并不限于向苏轼索求作品，他"日夕购子书不厌"，应该是通过书画流通市场或从其他朋友那里购求作品，代价就是"三缣博两纸"，可见他对苏轼书法的搜求之勤。否则，王诜不会在《黄泥坂词》原件被张文潜"捷足先登"后，颇为"吃醋"地投书苏轼"稍以遗我"，这样就不用多费他的绢了。王诜"三缣博两纸"的对象，绝对不可能是苏轼。苏轼收到信后，用澄心堂纸、李承晏墨重新书写这首词送给王诜，足见他对王诜的敬重。他们之间怎么可能发生

1　《苏东坡全集》卷一百十六，北京燕山出版社 2009 年，第 3161 页。

钱物交易？

还有一个问题需要留意，就是所谓"润笔"与书法作品售卖价格之间的区别，人们经常将两者混淆。简言之，润笔乃稿酬，而非书法交易产生的费用。《梦溪笔谈》载："内外制凡草制除官，自给谏、待制以上，皆有润笔物。太宗时立润笔钱数，降诏刻石于舍人院。每除官则移文督之，在院官下至吏人、院驺皆分沾。元丰中改立官制，内外制皆有添给，罢润笔之物。"[1]可见，润笔是起草制诏时士人应得的财物，自太宗后还成为了一项制度。欧阳修在世时，润笔就非常丰厚。润笔主要用于两个方面：一是起草制诏；二是撰写碑铭特别是墓志铭。当然，如果书法名重一时，润笔可能会更高，蔡襄为欧阳修题写《集古录目序》并刻石，就收到欧阳修馈赠的一大笔物品。北宋时期，润笔的性质更像是一种"以物为主"的酬谢。自元代始，"润笔"才正式包含了艺术家售卖艺术品时收取费用的意思。

直白地讲，苏轼不卖字画的原因，是那个时代的整体社会环境决定的，当然也离不开他对艺术和收藏的认知。在这些士人普遍认为艺术创作只是"适意而已"，是充分展示"无求于世"独立人格的情况下，他们自然而然地保持了超脱世俗的淡然，追求一种随心所欲的"自适"，从而有意识地压抑了艺术创作和艺术品的社会功用乃至商业价值，与之保持安全而合理的界限，以此避免世俗的矮化，从而达成人格的独立。前引李成与李公麟的观点，很能说明这个问题。用今天的眼光来看，我们通常会认为这是一种清高的表现，实际上不能完全这么理解。北宋特别是徽宗时期的那些画院画家，与皇帝之间是一种差使与被差使的关系，他

---

1 （宋）沈括《梦溪笔谈》卷二"故事二"，金良年点校，中华书局2017年，第12页。

们的艺术天分多囿于皇帝的个人意图，虽然身份得到空前提升，但在主流观念中，并未获得人格的独立和天赋的自由表达。总体而言，古代社会包括北宋时期的职业画家，未能在社会阶层中占据重要地位。这种情况到了院体画式微的南宋，依然没有改观。赵希鹄说："今名画工绝无，写形状略无精神。士夫以此为贱者之事，皆不屑为。"[1] 士人阶层当然不会对这种现象无动于衷，他们再三强调自己的艺术创作并非谋生的途径而是"适意"的乐趣，意在与职业画师和世俗的理念进行区隔，形成了一种"崇尚清旷"的思想，张毅称："崇尚清旷，就是要以儒家积极入世的淑世品格，融合佛、道清净旷达之襟怀，以出世的态度做入世的事业，在精神领域保持人格独立和心灵自由。"[2]

苏轼等人所倡导的"士人画"，简言之包含了三个基本元素：一是艺术家身份的业余性，并非专职画师，这种业余性绝不是"自贱"，反倒是士人身份的彰显；二是艺术家修养的全面性，士人接受过系统教育，具有很高人文素养，这是他们与画工的显著区别；三是技法上的独创性，不追求形似而注重天性和意趣的表达，强调诗画合一。其中最核心的诉求是天性的释放，在表现形式上，则展现了与院体画风格迥异的"写意"画风；在行为逻辑上，体现了超脱世俗的旷达与适意。这种诉求，同时也是身份上的"自我肯定"和"有意拔高"，正如苏轼在《书朱象先画后》中说的那样，一旦艺术家"无求于世"，王公贵族也就无法再差使他们了，"其何道使之"。[3] 苏轼这样的艺术家并不愿意直接售卖自己的作品，

1　（宋）赵希鹄《洞天清录》"古画辨"之"今世画手"，见《洞天清录（外二种）》，尹意点校，浙江人民美术出版社 2016 年，第 61 页。

2　张毅《宋代文学思想史》（修订本）第三章"成熟时期的文学思想（上）"，中华书局 2006 年，第 86 页。

3　按，苏轼所言，可以看作一种典型的"身份区隔"，我们在米芾一章中再作讨论。

原因也是如此——在那个时代，特别是士人当中的艺术家，如果这么做，与那些职业画师又有何区别？这实在是极其"跌份儿"的事情。我们可以将此解读为宋代士人阶层主体意识觉醒和艺术自觉、审美自觉的重要表现。当然，后人对这些艺术家附会上清高风雅的美好品质，也是艺术接受史中合乎情理的现象。

能够不为利益驱动的另一个原因，则是宋代士人阶层普遍的高收入，为他们提供了生存和生活的保障。在那个优渥士人的时代，科举为他们打通了进阶的通道，优厚的俸禄可以保障基本生活，并提供了"游心艺事"的物质基础。彭信威称，宋代"高级官吏的俸禄空前地优厚""无论在货币数量上或是真实所得上，都远超过前代"[1]。人们或许会产生疑问，苏轼黄州时期生活极其窘迫，难道他不愿意通过售卖书画让生活好一点？其实，苏轼找到了含蓄的"变现"方式，通过馈赠等行为，同样能够实现作品的世俗价值，且显得没那么功利和庸俗。元丰五年（1082），庞安时治好了他的臂疾，苏轼赠给庞书法作为答谢。《墨庄漫录》载，"东坡自儋耳北归，临行以诗留别黎子云秀才"，诗后，苏轼还留了一个批注："新酿甚佳，求一具理，临行写此，以折菜钱。"[2] 在绘画方面，他醉后画竹于郭祥正家石壁之上，郭作诗答谢，并赠送苏轼两把古铜剑。他和王诜之间的那些馈赠、交换，具有同样性质。

这种意识，逐渐内化为认知艺术和收藏的基因，在经世致用的入世逻辑之外，追求一种"小我"的自适和风雅，成为古代士人的一种传统。

---

1 彭信威《中国货币史》第五章"两宋的货币"之"崇观年间币值的下跌"，上海人民出版社2015年，第341页。
2 （宋）张邦基《墨庄漫录》卷四，丁如明校点，见《燕翼诒谋录 墨庄漫录》，上海古籍出版社2012年，第96页。

无论米芾的《书史》《画史》，还是岳珂的《宝真斋法书赞》，作为我们考察宋代收藏文化的经典，都充盈着这种"自适"的趣味。成书于南宋的《洞天清录》，更是用诗一样的笔调总结了收藏赏鉴的技巧，将追求自适的"文人清玩"之风定型，显著影响了后世的收藏文化。在此书序言中，赵希鹄说：

> 人生一世，如白驹过隙，而风雨忧愁辄居三分之二。其间得闲者，才三之一分耳。况知之而能享用者，又百之一二。于百一之中，又多以声色为受用。

赵希鹄的言语间透着一股子看透世事的淡定与洞明。人生如此短暂，而短暂的人生中，"又多以声色为受用"。难道就这样虚度人生？他接着说：

> 殊不知吾辈自有乐地，悦目初不在色，盈耳初不在声。尝见前辈诸老先生，多蓄法书名画、古琴旧砚，良以是也。明窗净几，罗列布置，篆香居中，佳客玉立相映，时取古人妙迹，以观鸟篆蜗书、奇峰远水，摩挲钟鼎，亲见商周。端砚涌岩泉，焦桐鸣玉佩，不知身居人世。所谓受用清福，孰有逾此者乎？是境也，阆苑瑶池未必是过，人鲜知之，良可悲也。余故会萃古琴砚、古钟鼎，而次凡十门，辨订是否，以贻清修好古尘外之客。[1]

1　（宋）赵希鹄《洞天清录》，见《洞天清录（外二种）》，尹意点校，浙江人民美术出版社 2016 年，第 3 页。

赵希鹄描写的这段场景，简直是藏家"标配"，风雅蕴藉，令人向往。出于对短暂人生中"受用清福"的追求，他写成此书，"以贻清修好古尘外之客"。这种"小我"的自适趣味，不是个别人的专属，在宋代已经成为士人阶层普遍接纳的文化。《洞天清录》显著影响了明代文震亨的《长物志》、陈继儒的《妮古录》等收藏类著录，并经由明人的推崇，最终确立了在收藏史中的显要地位。

宋代特别是北宋时期，士人阶层与民间在艺术观念和收藏观念上，确实存在巨大差异。士人多以高端购买者和收藏者的身份出现在收藏市场，其创作的作品也多在自己的圈子里通过交换等方式流转，士人与民间特别是商人富甲的泾渭还较为分明，收藏的精英化特征非常明显。这是宋代艺术和收藏领域与晚明、清代、民国乃至今日的显著区别。宋元之交，艺术市场发生变革，赵孟頫以赵宋皇族之身入元，虽毁誉参半，但艺术上公认为"元人冠冕"。作为当时屈指可数的大艺术家，他已经开始名正言顺地收取书画润笔。这种情况到了元代越来越普遍，与改朝换代后彼时的政治社会环境和文人的萧条境遇密切相关。特别是进入明代后，文人鬻画成风，职业书画家大量出现，收藏进入一个被市场和商业深度影响的阶段，艺术家不再以论价为耻，藏家借藏品炫奇斗富，嗜古崇奢之风大兴。在这种影响下，宋之后，艺术家的创作也趋向于迎合买方口味，与宋人的高古明显拉开了距离。当然，宋之后的绘画艺术依然成就斐然，只不过是艺术史走向了一条与宋代截然不同的道路而已，"再观"的古典传统终结，苏轼等人倡导的文人画终于迎来了繁荣发展，"表现"的时代已然来临。

当然，我们不能以当时士人的评价为依据，来否定宋代民间收藏的价值和意义。民间收藏虽然总体上与士人阶层的审美品位、认知水准存在差距，但藏家手中也不乏精品，他们很好地起到了收藏"托底"的作用，是宋代皇家收藏与士人收藏的有益补充。《墨庄漫录》载，润州苏氏收藏了顾恺之、阎立本、吴道子、王维等名家的珍贵作品。后来苏氏藏品散逸，有的归入皇家，有的不知所终。[1]《道山清话》亦载，钱穆父的曹姓同僚"不识字，且多犯人"，但"其家多赀，虽真赝相半，然尤物甚多"。钱穆父等一些饱读诗书的知识分子在曹家大开眼界，"爱玩不能去手"[2]。此类民间藏家，虽然在士人眼中属于附庸风雅的好事者，但确实不容小觑。

宋之后，民间收藏有了更大发展，明代项元汴、清代安岐的横空出世，就书写了收藏史的旷世传奇。而且，艺术家与收藏家的界限也日渐打破，文物艺术品的供与需，渐渐合流成了崭新的时代。

1　（宋）张邦基《墨庄漫录》卷一，丁如明校点，见《燕翼诒谋录 墨庄漫录》，上海古籍出版社 2012 年，正文第 74—75 页。

2　（宋）佚名《道山清话》，赵维国整理，见"全宋笔记"第二编（一），大象出版社 2006 年，第 115 页。

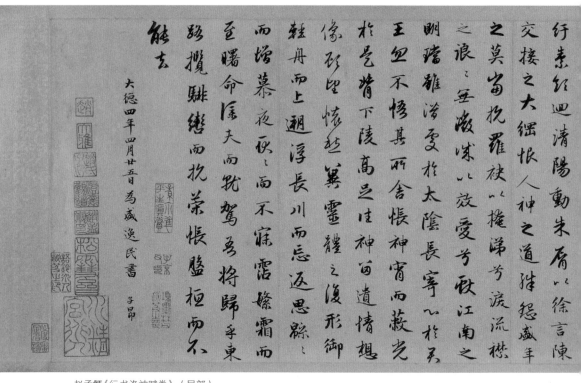

赵孟頫《行书洛神赋卷》（局部）

（元）赵孟頫《行书洛神赋卷》，纸本，纵 29.2 厘米，横 193 厘米，天津博物馆藏

洛神赋并序

黄初三年，余朝京师，还济洛川。古人有言，斯水之神，名曰宓妃。感宋玉对楚王神女之事，遂作斯赋。其词曰：

余从京域，言归东藩，背伊阙，越轘辕，经通谷，陵景山。日既西倾，车殆马烦。尔乃税驾乎蘅皋，秣驷乎芝田，容与乎阳林，流眄乎洛川。于是精移神骇，忽焉思散。俯则未察，仰以殊观。睹一丽人，于岩之畔。乃援御者而告之曰：尔有觌于彼者乎？彼何人斯，若此之艳也！御者对曰：臣闻河洛之神，名曰宓妃。然则君王所见，无乃是乎？其状若何？臣愿闻之。

余告之曰：其形也，翩若惊鸿，婉若游龙，荣曜秋菊，华茂春松。髣髴兮若轻云之蔽月，飘飖兮若流风之回雪。远而望之，皎若太阳升朝霞；迫而察之，灼若芙蕖出渌波。襛纤得衷，修短合度。肩若削成，腰如约素。延颈秀项，皓质呈露。芳泽无加，铅华弗御。云髻峨峨，修眉联娟。丹唇外朗，皓齿内鲜，明眸善睐，靥辅承权。瑰姿艳逸，仪静体闲。柔情绰态，媚于语言。奇服旷世，骨像应图。披罗衣之璀粲兮，珥瑶碧之华琚。戴金翠之首饰，缀明珠以耀躯。践远游之文履，曳雾绡之轻裾。微幽兰之芳蔼兮，步踟蹰于山隅。于是忽焉纵体，以遨以嬉。左倚采旄，右荫桂旗。攘皓腕于神浒兮，采湍濑之玄芝。余情悦其淑美兮，心振荡而不怡。无良媒以接欢兮，托微波而通辞。愿诚素之先达兮，解玉佩以要之。嗟佳人...

第四章　功名不如翰墨久

本章以米芾为重点，讨论他的鉴藏行为、观念和作伪的心理动机。

米芾是北宋赏鉴家传统的确立者，也是一位理念相对纯粹的收藏家，他对收藏者的分类，体现了士人的身份意识和精英理念。

米芾"功名不如翰墨"的观点，具有极大挑战性，与苏轼吟诵石鼓时"人生安得如汝寿"的感慨并不相同。他肯定了艺术与收藏的价值，甚至直接挑战传统的经世观念，这一点连苏轼都没有做到。米芾显得更为大胆和另类，甚至有些离经叛道。

米芾为后世收藏家树立了一个高不可攀的标杆。他的天赋才华、怪诞性情，辅以"段位极高"的收藏、精审独到的眼光以及堪称经典的著录，都令人高山仰止。米芾的收藏行为和观念，与欧阳修、苏轼等存在显著不同，他是另一种传统的确立者和实践者——仿佛就是为了艺术和收藏而生，并未给它们附加经世的价值和"寓意"的内涵。他的轶事、艺术成就以及收藏活动，始终是人们津津乐道的话题。在本章中，着重谈谈他对收藏家标准的界定，以及近乎恶作剧般的作伪行为。正是从米芾开始，后世收藏家才有了一个清晰的参照对象，他在收藏领域特别是鉴定方面确立的范式，至今也没有被突破。而他与王诜的作伪，却提供了一个并不严肃的"样本"，对艺术史的影响偏于负面。米芾告诉我们，天才会以看似极端的方式多元地生长。

作为本书最后一章，本章还讨论了欧阳修的收藏，欧阳修、苏轼、米芾代表了北宋士人收藏的三种类型，他们的行为和观念，共同支撑起了那个时代的高度。

本章还以他们对颜真卿书法所持的不同态度，观察审美上的差异和颜真卿在北宋的接受史。古代艺术在后世的沉浮，往往附丽着后人的价值观念，当然也离不开收藏这种最基本的文化遗产传承方式。没有传承，就谈不上接受。可以这么说，欧阳修、苏轼、米芾以不同的方式，共同完成了对颜真卿历史地位的确认。

一

米芾就像一个谜，特别是他的生平，尚有许多待解的疑问。《宋史》
记载：

米芾字元章，吴人也。以母侍宣仁后藩邸旧恩，补浛光尉。历
知雍丘县、涟水军，太常博士，知无为军，召为书画学博士，赐对
便殿，上其子友仁所作楚山清晓图，擢礼部员外郎，出知淮阳军。卒，
年四十九。

芾为文奇险，不蹈袭前人轨辙。特妙于翰墨，沈著飞翥，得王
献之笔意。画山水人物，自名一家，尤工临移，至乱真不可辨。精
于鉴裁，遇古器物书画则极力求取，必得乃已。王安石尝摘其诗句
书扇上，苏轼亦喜誉之。冠服效唐人，风神萧散，音吐清畅，所至
人聚观之。而好洁成癖，至不与人同巾器。所为谲异，时有可传笑者。
无为州治有巨石，状奇丑，芾见大喜曰："此足以当吾拜！"具衣

冠拜之，呼之为兄。又不能与世俯仰，故从仕数困。尝奉诏仿黄庭小楷作周兴嗣千字韵语。又入宣和殿观禁内所藏，人以为宠。

子友仁字元晖，力学嗜古，亦善书画，世号小米，仕至兵部侍郎、敷文阁直学士。[1]

米芾没有参加科举，进入仕途是因为"以母侍宣仁后藩邸旧恩"。在科举大兴的北宋，这种靠"特殊关系"进入仕途的，算不上主流。他的历任官职都不大，"召为书画学博士"是其人生的"高光点"，之后改迁礼部员外郎。礼部别称"南宫"，礼部员外郎又称"南宫舍人"，所以后人经常称其为"米南宫"。这是米芾一生中担任的最大官职，但旋即招来"出身冗浊"的诘难，不得不出知淮阳军，后卒于淮阳任上。《宋史》中米芾"年四十九"的记载有误，但学界对他的卒年问题也有争议。

《铁围山丛谈》称，徽宗"自崇宁始命宋乔年掌御前书画所。乔年后罢去，而继以米芾辈"[2]。蔡絛所记可能是孤例，笔者在宋人留下的史料中，暂且没有找到第二处米芾执掌御前书画所的记录，《宋史》也不例外。蔡絛因其特殊的身份和经历，所记应当无误，故笔者在本书第二章认为，御前书画所类似于一个临时性的工作班组，负责打理徽宗在收藏赏鉴领域的事务，所以米芾执掌御前书画所算不上什么正式工作，不会有头衔。《宋史》所称"又入宣和殿观禁内所藏，人以为宠"，指的应该是这段经历。

徽宗与米芾之间，带有一种"观看"与"被观看"的色彩，米芾利用"被观看"的身份，反倒能够做出正常臣子难以做到的事情。他与徽宗的关

1　（元）脱脱等《宋史》卷四百四十四列传第二百三，中华书局 2000 年，第 10212 页。
2　（宋）蔡絛《铁围山丛谈》卷第四，冯惠民、沈锡麟点校，中华书局 1983 年，第 78 页。

（清）沈焯《仿陈老莲拜石图》，绢本设色，纵 109.8 厘米，横 59 厘米，天津博物馆藏

系，远不如其子米友仁与高宗那么热络。尽管如此，这种"父子迭代传承"在收藏史和艺术史中也颇为罕见。米芾任书学博士时，徽宗令其在大屏上写字，并允许他使用御案上的端砚。写就后，米芾称此砚已经自己濡染，无法再让皇帝使用了。徽宗听后大笑，就将端砚赐给了他。嗜好砚台的米芾喜见颜色，墨渍沾染了袍袖都毫不顾及，徽宗称"颠名不虚得也"。在辑录论书之语的《海岳名言》中，他自称：

> 海岳以书学博士召对。上问本朝以书名世者凡数人。海岳各以其人对曰："蔡京不得笔，蔡卞得笔而乏逸韵。蔡襄勒字，沈辽排字，黄庭坚描字，苏轼画字。"上复问："卿书如何？"对曰："臣书刷字。"[1]

米芾的对答，语含机锋，颇为大胆和精妙。但他的观点并非一以贯之，蔡京曾当面问他："今能书者有几？"米芾说："自晚唐柳，近时公家兄弟是也。"蔡京又问二人之后谁亦善书，米芾称"芾也"，显得颇为谄媚。[2]蔡京对米芾多有提携，还曾赠他谢安的《八月五日帖》。

米芾"又不能与世俯仰，故从仕数困"。这句简短的表述，高度概括了他仕途的"不畅"和人生的"失意"。米芾虽然对徽宗、蔡京等人多有逢迎，并非不识世俗之理，不过总体上还是与世俗格格不入。性格中的偏执和狷狂，导致他很难圆融通达，因此屡遭挫折。米芾为此忿忿不平，甚至多方辩解争取。《铁围山丛谈》载：

1　（宋）米芾《海岳名言》，吴晓琴、汤勤福整理，见《全宋笔记》第二编（四），大象出版社 2006 年，第 222 页。

2　（宋）蔡絛《铁围山丛谈》卷第四，冯惠民、沈锡麟点校，中华书局 1983 年，第 77—78 页。

米芾元章好古博雅，世以其不羁，士大夫目之曰"米颠"。鲁公深喜之。尝为书学博士，后迁礼部员外郎，数遭白简逐去。一日以书抵公，诉其流落。且言举室百指，行至陈留，独得一舟如许大，遂画一艇子行间。鲁公笑焉。吾得是帖而藏之。时弹文正谓其颠，而芾又历告鲁公洎诸执政，自谓久任中外，并被大臣知遇，举主累数十百，皆用吏能为称首，一无有以颠荐者。世遂传《米老辨颠帖》。[1]

米芾担任礼部员外郎后，"数遭白简逐去"，他为此写信给蔡京，为说明一家十口人迁居流落的境遇，在信纸上画了一艘艇子作为证明。这封信后来被蔡絛收藏。他对自己"米颠"的绰号很是不满，致信蔡京辩解，"自谓久任中外，并被大臣知遇"，朝中举荐者众多，都称自己很有才干，且无人叫"米颠"。

米芾怪异的举止，辅以"风神萧散"的性情，被人们反复玩味。《宋史》所言颇为形象，他"衣冠效唐"，着装另类，经常遭到围观。"好洁成癖"，不和别人共用巾器，"谲异"的行为被人传笑。他爱石成痴，为后人奉献了一个经典的意象——米芾拜石，后世画家经常以此表达清旷不羁的性情。他的洁癖也影响了收藏行为，赏玩书画前必洗手，而且有一套繁复庄重的流程。

在艺术领域，米芾具有北宋士人的典型特点，是素养深厚的"多面手"。他擅诗文，王安石、苏轼也赞誉有加。他公认的最大艺术成就是书法，"特妙于翰墨，沉著飞翥，得王献之笔意"。米芾有明确的书学主张，尊晋贬唐，对唐人书法多有指摘，对"二王"则推崇有加。他的书法造诣，与苏轼、

---

1 （宋）蔡絛《铁围山丛谈》卷第四，冯惠民、沈锡麟点校，中华书局 1983 年，第 61 页。

黄庭坚等并称，公推为北宋"四家"，卓然于士林而彪炳千古。他也能画，"自名一家，尤工临移，至乱真不可辨"。赵希鹄称其"初本不能作画，后以目所见，日渐模仿之，遂得天趣"[1]。

米芾著有《书史》和《画史》，记录了自家所藏和经眼的艺术品，勾勒出一个以收藏为纽带的交游圈，是收藏史的经典著录，具有重要史料价值。书中提到的辨伪方法，已被后世奉为准则。他称：

> 余家收古画最多，因好古帖，每自一轴加至十幅以易帖。大抵一古帖，不论赀用及他犀玉琉璃宝玩，无虑十轴名画，其上四角，皆有余家印记，见即可辨。
>
> 余家晋唐古帖千轴，盖散一百轴矣。今惟绝精，只有十轴在，有奇书，亦续续去矣。晋画必可保，盖缘数晋物命所居为宝晋斋，身到则挂之，当世不复有矣。[2]

从上述记载中，大致可以看出米芾收藏的情况。他钟爱古帖甚于古画，不惜用十轴名画换一幅古帖。搜罗时不择手段、绞尽脑汁，但并非始终宝藏，而是秉持了一种相当随缘的理念，颇有李清照"有有必有无，有聚必有散"[3]的理性和通透。尊晋贬唐的审美，也使米芾更加注重搜罗晋人法帖和绘画。因此，他把书斋取名为"宝晋斋"。

《书史》记载了一则多人交换的故事，可见当时米芾的朋友圈中书

1　（宋）赵希鹄《洞天清录》"古画辨"之"米氏画"，见《洞天清录（外二种）》，尹意点校，浙江人民美术出版社 2016 年，第 57 页。

2　（宋）米芾《画史》，燕永成整理，见《全宋笔记》第二编（四），大象出版社 2006 年，第 280 页。

3　（宋）李清照《金石录后序》，见《金石录》卷尾（赵明诚著，刘晓东、崔燕南点校），齐鲁书社 2009 年，第 259 页。

画流通的情况：

> 《朱巨川告》，颜书，其孙灌园屡持入秀州崇德邑中，不用为荫。余以金梭易之。又一告类徐浩书，在邑人王衮处，亦巨川告也。刘泾得余颜告，背纸上有五分墨，至今装为秘玩。然如徐告，粗有徐法尔。王诜与余厚善，爱之笃。一日见语曰："固愿得之。"遂以韩马易去，马寻于刘泾处换一石也。此书至今在王诜处。[1]

米芾的记录颇为随意，文句之间语意割裂，故今人解读起来有些难度，也多分歧。从行文看，米芾用金梭换来颜真卿的《朱巨川告》后，分别与刘泾和王诜进行了交换，拿来交换的藏品肯定不是同一件。关键就在于这两件藏品，殊难判别，众说纷纭。最大的问题出在"刘泾得余颜告背纸上有五分墨"的句读，不同的点逗方式造成了这个多人交换的"游戏"存在不同的"玩法"。一般认为，应从"颜告"与"背纸"间区隔文字，即上引所示。据此，可知该条涉及多件书帖，有颜真卿所书《朱巨川告》、米芾认为像徐浩亲笔的《朱巨川告》，以及颜真卿自书告身即文中所称的"颜告"。颜书《朱巨川告》原由朱氏后人收藏，米芾以金梭换得。类似徐浩亲笔的那幅《朱巨川告》，则在王衮手中。刘泾从米芾那里，得到的是颜真卿自书告身。王诜则用韩幹的马图，从米芾那里换走了颜书《朱巨川告》。米芾又用韩幹的马图从刘泾那里"换一石也"[2]。

---

1 （宋）米芾《书史》，吴晓琴、汤勤福整理，见《全宋笔记》第二编（四），大象出版社 2006 年，第 239 页。按，该版本原为"朱巨川《告颜书》"，明显有误，已作校改，见正文。

2 按，赵宏在对本条的解析中认为，米芾送给刘泾的可能是颜真卿自书告身。但参颜真卿自书告身的流传情况，不见米芾和刘泾经手的记载，故存疑。赵宏认为，米芾用马图从刘泾那里换来的是山石图，笔者认为也有可能是赏石或砚。见赵宏注解《书史》，中州古籍出版社 2013 年，第 119—121 页。

上述似乎能自圆其说，但如果将其解读为"刘泾得余颜告背纸，上有五分墨"，就是完全不同的意思了，至少颜真卿的自书告身可能不存在于这段文字之中，米芾所谓的"颜告"，应该就是颜书《朱巨川告》。他用金梭换来这件藏品之后，把留有五分墨色的背纸送给刘泾，原件则与王诜进行了交换。刘泾获得背纸后，"至今装为秘玩"，米芾这句话显然有弦外之音。正因为背纸并非原件，所以才像王衷所藏的那幅"类徐浩书"，粗有法度而已。

刘泾是米芾"收藏圈"中非常活跃的藏家，他的收藏多受米芾影响。《画史》有诗评价刘泾的赏鉴能力："刘郎收画早甚卑，折枝花草首徐熙。十年之后始闻道，取吾韩戴为神奇。迩来白首进道奥，学者信有髓与皮。"[1]刘泾经常与米芾进行藏品交换，米芾为得到他的王羲之《官奴帖》，曾以多件藏品"打包"的方式相赠。刘泾还喜欢托付名人，把米芾送他的"蜀人李昇"山水画改题为李思训，张冠李戴的做法可能受米芾和王诜影响。

这样解读，也能说得通，而且更有趣味，还能够堵塞一个隐含在文字中的漏洞，即米芾在这个多人交换的藏品"大轮转"中，唯独没有写明刘泾得到自己的藏品时到底用了什么筹码。这一点很容易被忽略，但非常关键。这张背纸应该是米芾白送给刘泾的，既然是背纸，就没必要交换了。这更像是他和刘泾之间达成的默契——五分墨色的背纸在米芾这里根本算不上什么，反倒能吸引刘泾这样的藏家，让他拿走，"装为秘玩"就是了。以此反推，如果米芾送给刘泾的是颜真卿的自书告身，至少应该对等交换并记录下来吧？笔者认为这种解读的真实性更大一些。

叶梦德《石林燕语》载，米芾有一次在船上拜访蔡京长子蔡攸。蔡

1　（宋）米芾《画史》，燕永成整理，见《全宋笔记》第二编（四），大象出版社 2006 年，第 249—250 页。

攸向其展示了王羲之《王略帖》，米芾当即提出用自己收藏的古画换此帖，蔡攸有点为难，米芾以跳江相威胁，"公若不见从，某不复生，即投此江死矣"，蔡攸不得不遂了他的心愿。[1] 南宋人宇文绍奕考证认为，该书所录王羲之《王略帖》实乃米芾"以钱十五万得之"[2]，蔡攸送给米芾的应该是《谢安帖》。《王略帖》又称作《破羌帖》，被米芾赞誉为"天下法书第一"，《书史》中自述了得到此帖的过程：原先藏于苏纯之家，苏去世后，其家人卖给宗室赵仲爰，米芾后来"典衣以增其直"，从赵仲爰手中买回，可惜赵仲爰令庸工装裱，古跋尾遭到了剪损，令他十分痛心。[3] 米芾《适意帖》也记述了此事，但这并不妨碍"米芾索帖"的故事在民间广为传布、多有渲染，足见他"遇古器物书画则极力求取"的个性。

米芾完善了书画作品辨伪、保管的方法。他将书画分为三等，并通过加盖不同印章来区分品次：

> 余家最上品书画，用姓名字印，审定真迹字印，神品字印，平生真赏印，米芾秘箧印，宝晋书印，米姓翰墨印，鉴定法书之印，米姓秘玩之印。玉印六枚：辛卯米芾，米芾之印，米芾氏印，米芾印，米芾元章印，米芾氏。已上六枚白字，有此印者皆绝品。玉印唯著于书帖。其他用米姓清玩之印者，皆次品也，无下品者。其他字印

1 （宋）叶梦得《石林燕语》卷十，宇文绍奕考异，侯忠义点校，中华书局 1984 年，第 155 页。

2 （宋）叶梦得《石林燕语》卷十，宇文绍奕考异，侯忠义点校，中华书局 1984 年，第 155 页。

3 （宋）米芾《书史》，吴晓琴、汤勤福整理，见《全宋笔记》第二编（四），大象出版社 2006 年，第 234 页。

有百枚，虽参用于上品印也。自画古贤，唯用玉印。[1]

　　用印如此繁多和讲究，令人叹为观止。有了丰富的鉴赏活动作基础，米芾总结出一套系统的鉴定方法，比如通过笔法、色彩、面貌鉴定，通过印记、题款、避讳、前代文献、工具材料、衣冠制度等判别真伪。这些经验，几乎都集中在《书史》和《画史》中。[2]

　　《画史》中还批评文彦博作匣储藏书画的方式："文彦博以古画背作匣，意在宝惜，然贴绢背著绷损愈疾。今人屏风俗画，一二年即断裂，恰恰苏落也。"[3]米芾认为匣是用来收纳壁画和制书的，绘画作品因为要经常舒卷，反倒不容易损坏，如果装在匣中很长时间不展开，就容易脆裂。古画如果裱褙不脱，就不需要重新装裱，否则更易破损。米芾确立了一个书画装裱的重要原则，即"不脱不裱"。《洞天清录》的"装背"观点源自米芾，赵希鹄称："画不脱落不宜数装背，一装背则一损精神，此决然无疑者。墨迹法帖亦然。"[4]今天，人们依然遵循了这个原则。

1　（宋）米芾《画史》，燕永成整理，见《全宋笔记》第二编（四），大象出版社 2006 年，第 280—281 页。按，笔者对所引文本句读有改动。

2　按，米芾的鉴定经验和方法，详见杨春晓《满船书画同明月——米芾鉴藏书画研究》第四章，内蒙古大学出版社 2010 年，第 71—84 页。

3　（宋）米芾《画史》，燕永成整理，见《全宋笔记》第二编（四），大象出版社 2006 年，第 284 页。按，笔者对所引文本句读有改动。

4　（宋）赵希鹄《洞天清录》"古画辨"之"装背"，见《洞天清录（外二种）》，尹意点校，浙江人民美术出版社 2016 年，第 59 页。

一

米芾不仅完善了书画赏鉴、保存、整理的方法，还提出了令后世奉为圭臬的收藏家标准。这一标准的提出，来源于他对"好事者"的批判。《画史》称：

> 大抵画今时人眼生者，即以古人向上名差配之，似者即以正名差配之。好事者与赏鉴之家为二等，赏鉴家谓其笃好，遍阅记录，又复心得，或自能画，故所收皆精品。近世人或有赀力，元非酷好，意作标韵，至假耳目于人，此谓之好事者。置锦囊玉轴以为珍秘，开之或笑倒，余辄抚案大叫曰："惭惶杀人。"王诜每见余作此语，亦常常道后学与曹贯道，贯道亦尝道之，每见一可笑，必曰："米元章道惭惶杀人。"至书启间语事，每用之。大抵近世人所收，多

可赠此语也。[1]

米芾正式将收藏者分为了两类：赏鉴家、好事者。赏鉴家要具备"谓其笃好，遍阅记录，又复心得，或自能画，故所收皆精品"等条件。"笃好"是从事收藏的情感动力。"遍阅记录"，则要求赏鉴家必须具备过眼大量艺术品、掌握文献、通晓历史的条件，在此基础上，才能"又复心得"，从实践中得出辨伪存真的经验。"或能自画"，则是前此标准的提升，如果赏鉴家同时也是艺术家，则可以依据所好精进眼力，助其"所收皆精品"。这句话，简直就是一个合格赏鉴家的标准画像。米芾之所以能够如此精准地提出来，与其个人的艺术素养、收藏经历和赏鉴功力分不开。可以说，他以自身为参照，为赏鉴家划定了一个标准。如今，人们对这个标准早已不再陌生，反倒忽略了米芾的贡献。其实，这不仅是他收藏行为的真实写照，也是收藏史中极其重要的一个观念。米芾之后，赏鉴家的内涵基本定型，特别是他划定的标准，已被视为不可移易的规范。

与赏鉴家相对应，米芾对收藏领域的好事者也进行了形象的概括："或有赀力，元非酷好，意作标韵，至假耳目于人，此谓之好事者。"好事者通常具备财力，但他们并非真正喜爱，只是"意作标韵"，往往"假耳目于人"。在收藏大兴的北宋，此类好事者是"收藏热"中非常活跃的一个群体，否则，米芾也不会做出"大抵近世人所收，多可赠此语也"的判断。他们视赝作之物为珍玩，喜欢做表面文章，裱用玉轴，装于锦囊，被米芾、王诜等讥为"惭惶杀人"。《书史》和《画史》中，米芾

---

1 （宋）米芾《画史》，燕永成整理，见《全宋笔记》第二编（四），大象出版社 2006 年，第 278 页。按，笔者对所引文本句读略有改动，参校版为《画品丛书》（一）之《画史》，于安澜编著、张自然校订，河南大学出版社 2015 年，第 288 页。

也屡屡对这种行为给与指摘,《书史》称:"余临张直清家虞永兴《汝南公主墓志》,浙中好事者以为真,刻石,右军帖尤多。"[1] 好事者张冠李戴,将米芾临摹的墓志当作真迹并刻石,赝作王羲之作品的情况则更为普遍。

好事者是收藏群体中的特殊存在,他们介于皇家、士人和普通收藏爱好者之间,有充足的财力作保障且喜好附庸风雅,但缺乏必备的学养、眼力和境界,因此往往闹出许多笑话。米芾之所以对此类人定名,并指出其下赏鉴家一等,是因为他们的收藏行为已经活跃到了引发士人藏家关注的程度。在历代收藏史中,特别是收藏兴盛的时代,此类人都是不容忽视的存在,某种程度上代表了民间力量的勃兴。宋之后特别是明代民间藏家的大量涌现,可看作广义上的好事者的推波助澜。但在米芾这里,最不能容忍好事者的是其触动了鉴藏中"真伪"的底线,这也是他将"鉴"与"赏"并列且有意突出"鉴"的地位的原因。

赏鉴家与好事者,其实并非米芾的首创。我们可以从收藏史中爬梳到更早的记录,但这些观点恰恰到了米芾这里才定型,也可以说,米芾对收藏群体的定性和分类,是延续传统并参以己意的结果。唐代张彦远《历代名画记》中,就屡屡出现好事者一词。比如,"夫识书人多识画,自古蓄聚宝玩之家,固亦多矣。则有收藏而未能鉴识,鉴识而不善阅玩者,阅玩而不能装褫,装褫而殊亡铨次者,此皆好事者之病也"[2]。米芾的观点与张彦远有异曲同工之处,可见两者之间的传承关系。如果再往前追溯,

---

1 (宋)米芾《书史》,吴晓琴、汤勤福整理,见《全宋笔记》第二编(四),大象出版社 2006 年,第 251 页。

2 (唐)张彦远《历代名画记》卷二"论鉴识收藏购求阅玩",朱和平注译,中州古籍出版社 2016 年,第 68 页。

我们会发现好事者的内涵非常宽泛，张彦远开创性地将其与收藏文化发生了关联。北宋时期，《历代名画记》在皇家和士人阶层，已经被普遍接纳并引为经典。作为北宋首屈一指的赏鉴家，米芾当然不会忽视这部伟大的著作。

比米芾稍早的金石拓本收藏家欧阳修，在其《集古录跋尾》中也多次提到好事者，可见最晚在北宋中期，该词已经广泛用于收藏领域，成为一个群体的代称。如，"右晋《乐毅论》，石在故高绅学士家。绅死，家人初不知惜，好事者往往就阅，或摹传其本，其家遂秘藏之，渐为难得"[1]。再如，"王原叔言华州片瓦有元光字，急使人购得之，乃好事者所为，非汉字也"[2]。在欧阳修的记述中，好事者大致分为两类，一类是附庸风雅而趋俗好奇，另一类则是受经济利益驱使故意赝作古物，这显然与米芾所称的好事者略有不同，但米芾的界定更为形象。按本书第三章所述，苏轼对好事者的批评，与欧阳修、米芾也有区别，侧重于收藏的态度。他在记录石昌言的藏墨行为时说："石昌言蓄廷珪墨，不许人磨。或戏之云：'子不磨墨，墨当磨子。'今昌言墓木拱矣，而墨故无恙，可以为好事者之戒。"[3]石昌言是石幼安的父亲，苏轼不认同他这种过分"惜物"的态度，认为应当引起好事者的鉴戒。参照他在《石氏画苑记》中对石幼安的评价，可知石氏父子的收藏趣味有些相像。这个观点，在苏轼对时人藏墨的品题中屡屡出现，《书冯当世墨》称"人常惜墨不磨，

1　（宋）欧阳修《集古录跋尾》卷四《晋乐毅论》，见《集古录跋尾　集古录目》，上海古籍出版社 2020 年，第 186 页。
2　（宋）欧阳修《集古录跋尾》卷一《裴如晦帖》，见《集古录跋尾　集古录目》，上海古籍出版社 2020 年，第 85 页。
3　见《苏东坡全集》卷一百十八，北京燕山出版社 2009 年，第 3246 页。

终当为墨所磨"[1]。苏轼对此颇为洒脱，曾把得到的高丽墨研碎，加入珍藏的潘谷墨做成墨锭，并自得地认为，"故知天下无弃物也，在处之如何尔"[2]。

与米芾交好且同样热衷收藏的沈括，用相当刻薄的言语，完善了士人阶层对好事者的"画像"。他说：

> 藏书画者多取空名，偶传为钟、王、顾、陆之笔，见者争售，此所谓"耳鉴"。又有观画而以手摸之，相传以为色不隐指者为佳画，此又在耳鉴之下，谓之"揣骨听声"。[3]

所谓"耳鉴"与"揣骨听声"，都是好事者显化的行为特征，他们疯狂追逐艺术家的名头，仅靠署名和声誉来决定是否购买，生硬地模仿看似高深却并不科学的辨伪方式，以此显示自己是"行家里手"。

沈括的"耳鉴"，《历代名画记》中早有讨论。"论名价品第"中，张彦远指出：

> 或曰："昔张怀瓘作《书估》，论其等级甚详，君曷不诠定自古名画，为画估焉？"张子曰："书画道殊，不可浑诘。书即约字以言价，画则无涯以定名。况汉、魏、三国，名踪已绝于代，今人贵耳贱目，罕能详鉴；若传授不昧，其物犹存，则为有国有家之重宝。"[4]

---

1 见《苏东坡全集》卷一百十八，北京燕山出版社 2009 年，第 3246 页。
2 见《苏东坡全集》卷一百十八，北京燕山出版社 2009 年，第 3246 页。
3 （宋）沈括《梦溪笔谈》卷十七"书画"，金良年点校，中华书局 2017 年，第 125 页。
4 （唐）张彦远《历代名画记》卷二"论名价品第"，朱和平注译，中州古籍出版社 2016 年，第 63 页。

张彦远批评时人"贵耳贱目",意在强化书画鉴定"过眼"的重要性,或可看作沈括"耳鉴"的滥觞。南宋时,人们愈发重视"目见",《洞天清录》认为:"是故论画当以目见者为准,若远指古人曰:此顾也,此陆也。不独欺人,实自欺耳。"[1] 这是对前人辨伪观念的继承和发展,具有"盖棺定论"的权威性。

沈括提到的"又在耳鉴之下"的"揣骨听声",在宋代是一种颇为流行且神奇的辨伪方式,包含了浓重的神秘和先验色彩,受到理性的士人阶层的批评。《宣和画谱》谈到艾宣时称:"善画花竹禽鸟,能傅色晕淡有生意,扪之不衬人指,其孤标雅致,非近时之俗工所能到。"[2] 此"扪之不衬人指",实则是对艾宣染色技巧的描述,却在好事者那里成为一种赏鉴标准——"相传以为色不隐指者为佳画",被沈括嘲笑"此又在耳鉴之下"。

炫奇斗巧的赏鉴行为虽然有些荒诞,却能吸引眼球,在宋人的笔记中,到了神乎其神、玄之又玄的程度。《邵氏闻见后录》对制墨大师潘谷的记载,很有代表性:

> 黄鲁直就几阁间,取小锦囊,中有墨半丸,以示潘谷。谷隔锦囊手之,即置几上,顿首曰:"天下之宝也。"出之,乃李廷珪作耳。又别取小锦囊,中有墨一丸,谷手之如前,则叹曰:"今老矣,不

---

1 (宋)赵希鹄《洞天清录》"古画辨",见《洞天清录(外二种)》,尹意点校,浙江人民美术出版社 2016 年,第 53 页。

2 (宋)佚名《宣和画谱》卷第十八"花鸟四",俞剑华标点注释,人民美术出版社 2017 年,第 288 页。

能为也。"出之，乃谷少作耳。其艺之精如此。[1]

何薳的《墨记》，对此事亦有相似记述。潘谷是当时的制墨高手，其墨被誉为"墨中神品"。嗜墨如痴的苏轼对潘谷评价甚高，《赠潘谷》诗中有"潘郎晓踏河阳春，明珠白璧惊市人"句。北宋时期相国寺的市集交易中，"赵文秀笔及潘谷墨"是士人争购的对象。黄庭坚让潘谷鉴墨，潘"隔锦囊手之"，不用目鉴，单凭手触，就识出了李廷珪的半个墨丸。对自己年少时所制之墨，他"手之如前"，一摸便识出，无怪乎邵博发出了"其艺之精如此"的感慨。我们姑且认为邵博所记属实，但此种赏鉴风气中夹杂的炫技成分和非理性追捧，自然引发了士人的关注。

赏鉴家与好事者，实则代表了两个不同的社会群体。米芾、欧阳修、苏轼、沈括等人之所以对好事者特别是当时收藏的不良风习提出尖锐批评，源于对自身素养、地位的高度认同和"身份区隔"，"鉴赏力使对象分类，也使分类者分类。经各自的级别分类的社会主体以其在美与丑、杰出与庸俗之间做出的区分来区别自身，通过这些区分，他们在客观等级中的地位便被表达或泄露出来了"[2]。这些士人"瞧不起"好事者的言行，并以理性地批判与好事者做了"趣味区隔"，进而达成了"身份区隔"。正如苏碧铨所言，"趣味起着聚集和分割特定人群的作用"，这个骄傲的群体，"用特有的文化品位和审美素养来甄别不同的收藏行为。通过区隔，既表达了对'世俗'收藏的不认可，又确立了属于交游圈的

1　（宋）邵博《邵氏闻见后录》卷第二十八，刘德权、李剑雄点校，中华书局1983年，第219页。

2　皮埃尔·布尔迪厄《区分：鉴赏判断的社会批判》之"导言"，黄伟、郭于华译，张意校，见罗钢、王中忱主编《消费文化读本》，中国社会科学出版社2003年，第48页。

收藏趣味"[1]。

　　赏鉴家与好事者的概念经北宋定型之后，遂成为收藏文化的重要观念之一，对后世影响巨大。元代夏文彦《图绘宝鉴》几乎是完全继承了米芾的观点。明代收藏活动较宋代更为活跃，士人也对此反复借用但并无多少创新之处，倒是项穆《书法雅言》将赏鉴分为耳鉴、目鉴、心鉴，其中的"心鉴"略有新意。清代钱泳在《履园丛话》中则认为收藏书画可分三等，一等赏鉴，二等好事，三等谋利，这是宋之后收藏行为逐步商业化的表现，但并没有跳脱出宋人厘定的框架。今人汪曾祺有篇题为《赏鉴家》的小说，描写了画家季匋民与赏鉴家叶三的"知音之交"，可以看作对这种文化传统的追溯和回望。

1　苏碧铨《趣味·身份·情感：作为"交游录"的〈集古录〉》，《齐鲁学刊》2020 年第 1 期。

三

米芾、欧阳修、苏轼、沈括等人对好事者的批判和"趣味的区隔"，带有明显的自觉性，我们可以理解为"开口揽时事，论议争煌煌"的士风使然，但也不能忽视群体意识中的个体差异。他们的观念，既有共同点，也带有鲜明的个人色彩，折射了北宋士人精神世界的多元和复杂。

米芾是北宋真正意义上的大收藏家，他对待文物艺术品的态度，相对于欧阳修和苏轼，更加专业和纯粹。专业自不必言，宋代的赏鉴家无出其右。他的纯粹，则体现在对文物艺术品时间感和历史感的痴迷之中，并由此深化了对文人清赏传统的认知。《画史》序言称：

> 杜甫诗谓薛少保"惜哉功名迕，但见书画传"。甫老儒，汲汲于功名，岂不知固有时命？殆是平生寂寥所慕。嗟乎！五王之功业，寻为女子笑。而少保之笔精墨妙，摹印亦广，石泐则重刻，绢破则重补，又假以行者，何可数也。然则才子鉴士，宝钿瑞锦，缫袭数

十以为珍玩，回视五王之炜炜，皆糠粃埃壒，奚足道哉！虽孺子知其不逮少保远甚明白……其后以帖易与蒋长源，字仲永，吾书画友也。余平生嗜此，老矣，此外无足为者。尝作诗云："棐几延毛子，明窗馆墨卿。功名皆一戏，未觉负平生。九原不可作，漫呼杜老曰：杜二酹汝一卮酒，愧汝在不能从我游也。"故叙平生所见以示子孙，题曰《画史》，识者为予增广耳目也。[1]

　　米芾引杜甫《观薛稷少保书画壁》中"惜哉功名迕，但见书画传"起首，开宗明义地表达了自己对文物艺术品的态度——功名速朽，艺术永传。这显然是从杜甫的诗句化用而来，并取其"反意"：杜甫可惜"功名"，米芾却认为这是老儒的"俗见"。为此，他把唐代神龙政变中五位功臣与薛稷相比，认为"五王"取得的所谓功业"皆糠粃埃壒，奚足道哉"，但是薛稷作为与欧阳询、虞世南、褚遂良并列的初唐四大书法家，其书法"摹印亦广，石泐则重刻，绢破则重补，又假以行者"，则可以流芳百世，"何可数也"。米芾为此赋诗，总结自己沉迷于笔翰和收藏的人生：老木桌上散落着毛笔的细丝，书房的窗台上笔砚陈列，如此足矣。至于功名，则"一戏"而已，他"未觉负平生"，还奚落杜甫只是一个"汲汲于功名"的老儒。米芾的观点，真可谓石破天惊，不仅背离传统儒家对功名的认识，而且"肆无忌惮"地批评杜甫，丝毫没有顾及可能招致的批评。

　　在米芾眼里，书画不涉功名，甚至乃"无用之物"，但恰恰克服了

1　（宋）米芾《画史》，燕永成整理，见《全宋笔记》第二编（四），大象出版社 2006 年，第 264 页。按，笔者对所引文本句读略有改动，参校版为《画品丛书》（一）之《画史》，于安澜编著、张自然校订，河南大学出版社 2015 年，第 264—265 页。

时间的束缚，能够获得某种程度的永恒。倒是那些世人认为的辉煌功业，则如"糠秕埃壒"般快速朽烂。如果我们把时间作为一个参照系，收藏乃是一种与时间纠缠的行为。而文物艺术品之所以能够让人痴迷，正是源于其时间属性。它们从历史中来，让我们感知到了时间的恒久。从这个意义上讲，我们收藏的既是可见可触的实物，也是时间和历史。

米芾通过收藏，感知到了文物艺术品承载的时间感和触摸历史的幸福感，他平生嗜此，"此外无足为者"，与张彦远"不为无益之事，则安能悦有涯之生？是以爱好愈笃，近于成癖"[1]的观念何其相似！他领悟到了收藏的真谛，用无涉功利的眼光看待收藏，因此保持了难能可贵的畅达和适意，"书画不可论价，士人难以货取，所以通书画博易，自是雅致。今人收一物与性命俱，大可笑。人生适目之事，看久即厌，时易新玩，两适其欲，乃是达者"[2]。他并不纠结永远的占有，"看久即厌，时易新玩"，对"与性命俱"的收藏嗤之以鼻。正是基于这种态度，他才反感好事者的博易行为，认为他们脱离了"人生适目之事"的收藏乐趣。这与宋代士人普遍秉持的"自适"高度契合，亦是一种趣味与身份的双重表达，也有助于我们理解他获取藏品时的那些癫狂之举——无论是"巧取豪夺"还是"看久即厌"，皆是"爱好愈笃，近于成癖"而已。

南宋大收藏家岳珂在《宝真斋法书赞》中将米芾的观点总结为"功名不如翰墨"。他说："米芾有言，功名不如翰墨。抗少保而跻之，谓五王其卑也。"可能是米芾的观点太过于"出格"，岳珂采取了折中的

1　（唐）张彦远《历代名画记》卷二"论鉴识收藏购求阅玩"，朱和平注译，中州古籍出版社2016年，第70页。

2　（宋）米芾《画史》，燕永成整理，见《全宋笔记》第二编（四），大象出版社2006年，第280页。按，笔者对所引文本句读略有改动。

态度，不予评价："予固从而贵其帖，而亦未暇辨其是非也。"[1]

《画史》序言是艺术史乃至收藏史中重要的文献，甚至有些"离经叛道"，可与苏轼《宝绘堂记》、欧阳修《集古录目序》并称。它们共同构成了宋代士人收藏观念的三个支点，支撑起了那个时代收藏文化的高度。

如果说米芾代表了一种基于性情且无涉经世价值的收藏观念，那么，欧阳修与苏轼则是积极的入世者，但他们亦有区别。本书第三章讨论的苏轼的收藏观念，核心在于劝诫人们远离欲望羁绊，为收藏注入价值和意义。苏轼的观念包含了诗人的气质，他喜欢与自然和物对话，"寓意于物"带有鲜明的感性色彩。欧阳修与苏轼有所不同，作为坚定而传统的儒者，在金石拓本收藏的审美愉悦中注入了浓重的道德理性，明确提出收藏具有"补正史阙"的经世价值，将收藏的文化功用提升到了前所未有的地位，为这种"游于艺"的政余雅事争取到了文化正当性。

在此，我们费一些笔墨专门谈谈欧阳修，并从具体的言论中，尝试着将他与苏轼、米芾做一个比较。这种比较可能并不全面，但至少能够反映他们的不同。

欧阳修毕生的收藏，主要集中于碑帖文字。在他所处的北宋中期之前，人们很少去关注那些出土的青铜器物、散落的碑石和碑刻上的文字。正是欧阳修、刘敞等人开始留意这些金石器物，不仅加以研究、著录，而且图其形制、拓其文字，开创了金石著录的崭新传统，从而拉开了北宋中期金石收藏和研究的历史帷幕，后继者吕大临、赵明诚等人接续传统，

1　（宋）岳珂《宝真斋法书赞》卷八"薛稷夏热帖"，详见王云五主编"丛书集成初编"之《海岳名言及其他二种》，商务印书馆1936年，第116页。

将之发扬光大，为徽宗时期金石收藏的大兴以及金石学的发展奠定了重要基础。欧阳修虽非北宋首位金石藏家，但他是这股潮流的主要倡导者、实践者和推动者，再加上显赫的政坛地位和社会声望，顺理成章地成为宋代金石学大兴的主要推手。

欧阳修的收藏活动，始终伴随着与古对话的思考，贯穿着显而易见的冲突和不断调和矛盾的努力。他试图让自己的收藏尽量靠近先哲的行事准则和规范。收藏是他发自内心的喜爱，但他更愿意为这种喜爱附加上道德和经世的逻辑。因此，欧阳修的收藏活动展现了一个复杂的儒者形象和丰富的内心世界。能够自洽的是，他的言行要有益于儒家的规范和入世的要求，概括起来就是"经世致用"。在为《集古录目》所写的序文中，他说：

> 予性颛而嗜古，凡世人之所贪者，皆无欲于其间，故得一其所好于斯。好之已笃，则力虽未足，犹能致之。故上自周穆王以来，下更秦、汉、隋、唐、五代，外至四海九州、名山大泽、穷崖绝谷、荒林破冢，神仙鬼物，诡怪所传，莫不皆有，以为《集古录》。以谓传写失真，故因其石本，轴而藏之。有卷帙次第而无时世之先后。盖其取多而未已，故随其所得而录之。又以谓聚多而终必散，乃撮其大要，别为录目，因并载夫可与史传正其阙谬者，以传后学，庶益于多闻。[1]

---

1 （宋）欧阳修《集古录目序》，详见《集古录跋尾 集古录目》，上海古籍出版社 2020 年，第 400—401 页。按，《集古录目》为熙宁二年欧阳修命其子欧阳棐编录，欧阳修撰序并请蔡襄书写序文。

欧阳修并不掩饰对收藏的酷爱，"予性颛而嗜古，凡世人之所贪者，皆无欲于其间，故得一其所好于斯"。在晚年所写的《六一居士传》中，他甚至称这种爱好"泰山在前而不见，疾雷破柱而不惊；虽响九奏于洞庭之野，阅大战于涿鹿之原，未足喻其乐且适也"[1]。但他并不像米芾认为的"功名不如翰墨"，之所以依据藏品来撰写《集古录》并命其子欧阳棐整理《集古录目》，乃"因并载夫可与史传正其阙谬者，以传后学，庶益于多闻"。很显然，欧阳修的集古是为了补正史传之阙缪，以传后世。衣若芬认为，在他大约412篇跋文里，有近300篇实践了补史与稽古的心愿。[2]

《集古录》今已不传，在《集古录跋尾》中，随处可见欧阳修经世观念支配下的言论。跋苏轼赠送给他的终南古敦时，他称"其形制与今《三礼图》所画及人家所藏古敦皆不同"[3]。北宋中期，随着大量金石器物的出土，欧阳修等人已经意识到了皇家推崇的《三礼图》与出土器物相抵牾的现象。这种批判和怀疑的态度，为皇家的礼乐改革起到了舆论铺垫作用，士人们开始摒弃"以经绎器"的《三礼图》，将实证理念带入礼制的探讨。考察《唐盐宗神祠记》时，他发现漫生盐在唐代已被广泛使用，认为当代人不应对其进行排斥。欧阳修对这个发现颇感自豪，称"余家集录古文，不独为传记正讹谬，亦可为朝廷决疑议也"[4]。最能代表这

1　详见《欧阳修全集》卷四十四，中国书店1986年，第305—306页。

2　详见衣若芬《复制·重整·回忆：欧阳修〈集古录〉的文化考察》，《中山大学学报》（社会科学版），2008年第5期。

3　（宋）欧阳修《集古录跋尾》卷一《终南古敦铭》，见《集古录跋尾 集古录目》，上海古籍出版社2020年，第62页。

4　（宋）欧阳修《集古录跋尾》卷七《唐盐宗神祠记》，见《集古录跋尾 集古录目》，上海古籍出版社2020年，第295—296页。

种观念的，是他以儒家身份，在《集古录跋尾》中对佛老思想的强烈抵制和批评，还再三声明收录佛教碑文，并非是受邪说所惑，而是有感于碑刻的字画之美。[1]

欧阳修的观念，代表了北宋金石收藏的正统思想。总的来看，无论是集藏还是著录，都应跳脱出以器为玩、好古泥古的窠臼，体现经世价值而有益于人。在这种思想影响下，北宋金石研究著录的"方法之学"也日趋完善，开私人收藏著录之先河、在收藏领域对欧阳修多有帮助的刘敞，将此总结为"礼家明其制度，小学正其文字，谱牒次其世谥，乃为能尽之"。实际上，这不仅是一种研究路数，而且暗含了研究者所持的价值观念。

被誉为考古学"鼻祖"，开创了北宋金石图录体例的吕大临，很好地继承和发扬了这个传统。他在《考古图记》中说："汉承秦火之余，上视三代，如更昼夜梦觉之变，虽遗编断简，仅存二三，然世移俗革，人亡书残，不复想见先王之余绪。"在这种情况下，针对出土的金石器物，吕大临"于士大夫之家所阅多矣"。他传摹图写，"观其器诵其言，形容仿佛以追三代之遗风，如见其人矣。以意逆志或探其制作之原，以补经传之阙亡，正诸儒之谬误，天下后世之君子有意于古者，亦将有考焉"。吕大临认为，秦汉以来"人亡书残"，与其对这些"遗编断简"进行解读，倒不如直接研究古器物，"观其器诵其言"，正经补史，利于后世。在这种思想指导下，他还对好事者的收藏提出批评，"当天下无事时，好事者畜之，徒为耳目奇异玩好之具而已"，并直言自己撰写《考古图》

1　按，欧阳修在收藏领域所持的经世观念，今人多有讨论，以艾郎诺为代表，可参阅其《对古"迹"的再思考——欧阳修论石刻》，见《欧阳修与宋代士大夫》（思想史研究第四辑），潘玉涛译、刘宁校，上海人民出版社 2007 年，第 48—87 页。

具有严肃的态度和目的，"非敢以器为玩也"。[1]

赵明诚更不讳言欧阳修对他的影响。在《金石录》的序言中，他称："后得欧阳文忠公《集古录》，读而贤之，以为是正讹谬，有功于后学甚大……余之致力于斯，可谓勤且久矣，非特区区为玩好之具而已也。"[2]对于欧阳修"补正史传之阙缪"的观点，赵明诚做了如下阐述：

> 盖窃尝以谓《诗》《书》以后，君臣行事之迹，悉载于史，虽是非褒贬出于秉笔者私意，或失其实，然至其善恶大节有不可诬，而又传之既久，理当依据。若夫岁月、地理、官爵、世次，以金石刻考之，其抵牾十常三四。盖史牒出于后人之手，不能无失，而刻词当时所立，可信不疑。则又考其异同，参以他书，为《金石录》三十卷。[3]

至此，我们会发现，米芾、苏轼、欧阳修在收藏中所秉持的观念，代表了宋代士人阶层的三种思考模式：米芾立足自我，以艺术为宗，感悟时间和永恒；苏轼关照人生，透视人性，强调寓意于物，抵制人的欲望与执念；而欧阳修则通过收藏，传达道德观念并主动承担儒家使命。他们分别见自己，见人性，见天地，同时又统一于士人的精英化，在对世俗的批判中实现趣味"区隔"，完成了审美愉悦、身份识别与价值认同。当然，这只是他们精神世界的显化之一，而非全部。

---

1 按，《考古图记》为吕大临所著《考古图》序文。本段所引，详见《考古图（外二种）》，"古刻新韵"辑八，浙江人民美术出版社 2017 年，第 4—6 页。
2 （宋）赵明诚《金石录》，刘晓东、崔燕南点校，齐鲁书社 2009 年，第 1 页。
3 （宋）赵明诚《金石录》，刘晓东、崔燕南点校，齐鲁书社 2009 年，第 1 页。

四

上述三人在收藏赏鉴领域所持的不同观念，也可以从他们对颜真卿书法的审美品评中窥见一斑。唐末五代直至北宋中期，颜真卿的书法实际上并未受到足够重视，正是欧阳修、蔡襄、苏轼、黄庭坚、朱长文等一大批士人的推崇，才正式确立了颜体在书史中的地位，使颜真卿成为与王羲之并峙且迥异于王氏传统的书家。我们暂且不去详述颜真卿被接受的历史（书家声名在后世的浮沉显替，本就是一个复杂的过程），把目光聚焦到欧阳修、米芾、苏轼对颜书所持的不同态度上来。这是收藏史与艺术史无法决然分割的一个典型案例。收藏之所以成为文化，不仅仅在于延续了宝贵的文化遗产，还在于被藏家注入了观念。而这些观念除了关涉收藏行为本身，亦会联系到另一个极为重要的领域：艺术审美。正如苏轼的文人画理念与其收藏观念之间无法分割的复杂关系，颜真卿这面"镜子"，也映射了北宋士人复杂的内心世界。在颜真卿那里，欧阳修选择了道德的力量，苏轼则站在历史的长河中透视人性与风格的逻辑，米芾反倒是完全遵从了自己对艺术的感知。

书家在后世的接受史，必然离不开他的经历、作品这两个最基本的元素，欧阳修恰恰完整拥有了对颜真卿进行重新解读的资源。作为历史学家，他在《新唐书》中审视了颜真卿的历史事迹，并有意突出了其"忠义"的高尚人格。作为收藏家，他是北宋最重要的颜真卿书法艺术收藏者和颜氏书风的倡导者，从《集古录跋尾》中可以看出，他收藏了二十多种颜书的拓本和真迹，其中以拓本为主，构建了较为完善的收藏体系，并在著录中详细记录了这些藏品的来源和价值。获得颜书《张敬因碑》残件的经历，很能说明欧阳修对颜真卿的推重。这块碑原先在许州临颍县的民田之中。庆历初年，有人知道后前去摹拓，害怕农田被毁的农夫便将碑砸碎。当时，欧阳修在滁州任职，派人前去求访，可惜只得到七段残件，碑文"字画尤奇，甚可惜也"[1]。靠着不懈的努力，颜书拓本成为欧阳修收藏的一个重要门类，他不无炫耀地称："余家所藏颜字碑最多。"[2]正因此，欧阳修毫无疑问地成为了颜真卿最重要的"推手"。

欧阳修借助收藏这个独特的优势，把对颜氏的历史描述和定位，挪移到了对颜书的品题上来，显得更有说服力。正如同《新唐书》中对颜的记录，他在题跋颜书残碑的拓本时说："余谓颜公书如忠臣烈士、道德君子，其端严尊重，人初见而畏之，然愈久而愈可爱也。"[3]这句话，成为后世讨论颜书的经典。在欧阳修眼里，颜真卿的忠贞、刚正以及惨

---

1 （宋）欧阳修《集古录跋尾》卷七《唐张敬因碑》，见《集古录跋尾 集古录目》，上海古籍出版社 2020 年，第 308 页。

2 （宋）欧阳修《集古录跋尾》卷七《唐颜真卿小字麻姑坛记》，见《集古录跋尾 集古录目》，上海古籍出版社 2020 年，第 291 页。

3 （宋）欧阳修《集古录跋尾》卷八《唐颜鲁公书残碑》，见《集古录跋尾 集古录目》，上海古籍出版社 2020 年，第 316 页。

烈命运都与其书法发生了关联，"斯人忠义出于天性，故其字画刚劲独立，不袭前迹，挺然奇伟，有似其为人"[1]。欧阳修为什么会选择这种态度定位颜书的价值？很显然，颜的刚正气质与他存在某种精神上的契合。颜书被欧阳修赋予的美学标准，恰恰是一种儒家典范的意象，这完全符合欧阳修的审美观念和政治主张，以及他儒家的身份。倪雅梅甚至认为，欧阳修对颜书的推崇，与其反对党争和官方倡导的王羲之书风以及政治上的自我保护有关。[2]实际上，欧阳修并不反对王羲之，更不会因此与王氏书风唱"对台戏"，但他倡导颜书"忠义""道德"的成分，是北宋中期士人普遍推崇的理想和抱负，代表了儒家的正统认识，可以看作"士人精神"的反映。钱穆在《国史大纲》中的概括，可以为上述讨论提供一个熨帖的语境：

> 所谓"自觉精神"者，正是那辈读书人渐渐自己从内心深处涌现出一种感觉，觉到他们应该起来担负着天下的重任……他们重新抬出孔子儒学来矫正现实。他们用明白朴质的古文，来推翻当时的文体。他们因此辟佛老，尊儒学，尊六经……[3]

因此，颜书在北宋士人中被不断经典化的过程，某种程度上也是道

---

1 （宋）欧阳修《集古录跋尾》卷八《唐颜鲁公二十二字帖》，见《集古录跋尾 集古录目》，上海古籍出版社 2020 年，第 318 页。

2 详见倪雅梅《中正之笔——颜真卿书法与宋代文人政治》第七章"颜真卿的晚年风格"，杨简茹译、祝帅校译，江苏人民出版社 2018 年，第 193—195 页。按，倪雅梅的观点缺少史实支撑，但作为一种思考方式，可以提供艺术与政治相关联的启示。

3 钱穆《国史大纲》下册，第六编"两宋之部"第三十二章"士大夫的自觉与政治革新运动"，商务印书馆 1996 年修订，第 558—560 页。

德与艺术不断捆绑的过程。其中最重要的观念便是欧阳修的"有似其为人",亦即"书如其人"。这种观念在欧阳修的强化下获得极强生命力,黄庭坚、朱长文等北宋士人对颜书的评价,与欧阳修保持了高度一致,甚至成为艺术审美中的思维定势,影响直至今日。

在"辟佛老,尊儒学"的思想指导下,欧阳修并没有一味鼓吹颜真卿,作为坚定的儒者,他并不认同颜的信仰。颜的《麻姑坛记》记录了麻姑得道成仙的故事。欧阳修在对《麻姑坛记》的题跋中,一方面肯定其"忠义之节",认为"颜公忠义之节,皎如日月,其为人尊严刚劲,象其笔画",又有些遗憾地评价,"而不免惑于神仙之说。释老之为,斯民患也深矣"[1]。

总体而言,在对颜真卿书法的收藏、整理中,欧阳修展现了一个标准的传统收藏家的形象,他投入极大热情访求颜书并进行著录,不满足于对藏品信息的简单记载,而是附丽了鲜明的态度和观念。他对颜书的评价几乎脱离技巧的层面,正如同本书第三章对他的绘画观念的讨论,在书法技巧上他也不属于"行家里手",远逊于苏轼、米芾,但这并不代表他没有自己的鲜明主张。

反观米芾对颜真卿的批评,更能看出欧阳修评价标准中掺杂的"道德因子"和米芾作为艺术家的本色。

米芾对颜真卿的态度有些复杂,他早期临学颜书,临摹的《争座位帖》甚至被大豪郭氏当作真迹,以"八百千"售卖,直至发现了"元章戏笔"的字印,仍不相信是米芾的临摹之作。《海岳名言》中关于颜书

---

1 (宋)欧阳修《集古录跋尾》卷七《唐颜真卿麻姑坛记》,见《集古录跋尾 集古录目》,上海古籍出版社 2020 年,第 290—291 页。

的评价，大体上推崇行书但贬其正书，"颜鲁公行字可教，真便入俗品"[1]。米芾毫不讳言，颜的正书可归入"俗品"的范畴。他甚至将唐代的名家一网打尽，认为欧阳询、虞世南、褚遂良、柳公权和颜真卿"皆一笔书也，安排费工，岂能垂世"[2]？

米芾对颜真卿更为激烈的抨击，出于对颜书"无平淡天成之趣"的不满。在写于崇宁五年（1106）的题跋中，他抛出了著名的"丑书论"：

> 颜真卿学褚遂良既成，自以挑踢名家，作用太多，无平淡天成之趣……大抵颜、柳挑踢，为后世丑怪恶札之祖，从此古法荡无遗矣。[3]

这段话，是米芾贬颜的经典之论，特别是"丑怪恶札之祖"的辛辣评价，宋之后多受重视，似乎已经被阐述得非常完善了。但其中涉及两个文献释读的小问题，在此做简单辨析，以就教于方家。

第一个问题，是对"挑踢"的认识。何谓"挑踢"？学界有两种不同的解释方式。一种认为，"挑踢"大体与"挑剔"同义，故许多著录干脆把"挑踢"写作了"挑剔"，比如傅申的《宋代文人书画评鉴》就引作"挑剔名家，作用太多"[4]。这种写法很有普遍性和代表性，但很少有人据此追问，米芾之言该如何释读？看似浅白的话，实则费解。故许多人释读成"挑剔"后，专引后面"无平淡天成之趣"的观点，对前面

---

1 （宋）米芾《海岳名言》，吴晓琴、汤勤福整理，见《全宋笔记》第二编（四），大象出版社2006年，第222页。

2 （宋）米芾《海岳名言》，吴晓琴、汤勤福整理，见《全宋笔记》第二编（四），大象出版社2006年，第221页。

3 见《米芾集》补遗"跋颜书"，辜艳红点校，浙江人民美术出版社2019年，第216页。

4 见傅申《宋代文人书画评鉴》第一章"书"之第三节"书家评鉴"，上海书画出版社2020年，第86页。

的含混之言就装作视而不见了。另一种看法，认为"挑踢"乃米芾论书的专用之语，是"挑"和"踢"二字并用，读音上也与"挑剔"不同。查律《米芾书法论》一文对此进行了深入辨析：该词不见于宋人书论，应该是米芾的"专利"。明代杨慎《墨池琐录》中录有"挑踢"之言，可知为书法用笔中的"提"和"钩"。清代钱泳在《书学》中继承了杨慎的观点。[1]这种释读方式，更接近我们对书法的认知且有文献支撑，故许多著录正确地沿用了"挑踢"，中华书局依"涉闻梓旧"本整理的米芾《宝晋英光集》（1985年出版），以及今人辜艳红点校的《米芾集》（2019年出版）都写作"自以挑踢名家"，当为定论。

第二个问题，"丑怪恶札之祖"在米芾的著录中出现过多次，这顶不好的帽子到底给了谁？据前引，米芾认定是颜与柳。但在《海岳名言》中，米芾高度评价颜的行书《争座位帖》后，又认为"柳与欧为丑怪恶札祖，其弟公绰，乃不俗于兄。筋骨之说出于柳，世人但以怒张为筋骨，不知不怒张自有筋骨焉"[2]。还是在《海岳名言》中，米芾又有一个与之相似的说法，但把欧阳询从"丑怪恶札祖"的行列删去了："柳公权师欧，不及远甚，而为丑怪恶札之祖。自柳世始有俗书。"[3]柳公权单为"丑怪恶札祖"的观点，在米芾写给薛绍彭的诗中也有相同表达："欧怪褚妍不自持，犹能半蹈古人规。公权丑怪恶札祖，从兹古法荡无遗。张颠与柳颇同罪，鼓吹俗子起乱离。"[4]从米芾复杂甚至有些混乱的表述中，大

---

1 详见查律《米芾书法论》，《中国书法》2021年第4期。

2 （宋）米芾《海岳名言》，吴晓琴、汤勤福整理，见《全宋笔记》第二编（四），大象出版社2006年，第220页。

3 （宋）米芾《海岳名言》，吴晓琴、汤勤福整理，见《全宋笔记》第二编（四），大象出版社2006年，第220页。

4 见《米芾集》卷二"寄薛绍彭"，辜艳红点校，浙江人民美术出版社2019年，第39页。

致可以体会到，他厌恶柳公权以"挑踢"为特征的用笔，那种外露的"怒张"，最令米芾反感。那么，他为什么又分别将颜、欧与柳捆绑在一起，并称为"丑怪恶札祖"？很显然，颜的用笔也存在"挑踢"的习气，而柳的风格出于欧，自然将"师徒"并列了。可见，米芾的书学标准并非如他记录得那么随意和混乱，反倒是唯一的，即用笔的适意与否。在写给薛绍彭的另一封信中，他非常完整地表达了这个观点："何必识难字，辛苦笑扬雄。自古写字人，用字或不通。要之皆一戏，不当问拙工。意足我自足，放笔一戏空。"[1] 不问拙工，但求意足，尽情放笔，这是宋人尚意书风的"绝妙代言"。

米芾并非完全否定颜真卿，他对颜的《争座位帖》不吝赞誉之词，认为乃颜书第一，《书史》中称："想其忠义愤发，顿挫郁屈，意不在字，天真罄露，在于此书。"[2] 这是他为数不多的将颜书与其忠义联系起来的讨论，在其论书体系中很难称得上主流。有趣的是，欧阳修反对并批评颜真卿的信仰，恰恰在米芾这里成了他认同颜的借口。米芾专门为颜真卿写过《颜鲁公碑阴记》，文末称："至仙真事，吾又以刻于碑阴，以贻续仙传者。"[3] 他以一种奇特的方式，表达了对颜的敬仰。

简言之，颜真卿书法并不在米芾的收藏视野之内。按前引，他通过颜书《朱巨川告》进行的藏品交换，更像是把颜书作为了交易的筹码，而非真心宝藏，但《书史》中十余则关于颜书的记载，为后人考察鲁公书迹提供了重要参考。其中涉及的真伪之辨，允为恰当，足见米芾对颜

1　见《米芾集》卷二"答绍彭书来论晋帖误字"，辜艳红点校，浙江人民美术出版社 2019 年，第 60 页。

2　（宋）米芾《书史》，吴晓琴、汤勤福整理，见《全宋笔记》第二编（四），大象出版社 2006 年，第 238 页。按，笔者对所引文本句读略有改动。

3　见《米芾集》卷六"颜鲁公碑阴记"，辜艳红点校，浙江人民美术出版社 2019 年，第 166 页。

书的深入了解。他对颜的评价，则较少牵扯道德、事功等艺术之外的因素，确乎是大胆而尖锐的。这也佐证了古人的审美观念是如何影响收藏的，"尊晋贬唐"的米芾，不可能将唐人书法作为收藏重点，除非他有审美之外的动机。

苏轼与欧阳修、米芾虽然统一于北宋尚意书风的大环境中，但对颜真卿的态度有其独特之处。一方面，他不像欧阳修将颜的道德因素与书法紧密联系起来讨论；另一方面，也不像米芾那样学颜但毫不客气地贬颜。他对颜书的临摹和学习十分深入，曾专门为黄庭坚示范临写"十数纸"[1]。他高度赞誉颜书，既有对《东方朔画赞》出于逸少、不失清远的肯定，也有一种自觉的艺术史的宏阔视野，给颜书确定了艺术史的坐标——"颜鲁公书雄秀独出，一变古法，如杜子美诗，格力天纵，奄有汉魏晋宋以来风流，后之作者，殆难复措手"[2]。在《书吴道子画后》中，他也说："诗至于杜子美，文至于韩退之，书至于颜鲁公，画至于吴道子，而古今之变，天下之能事毕矣。"[3]

苏轼对时人将道德与艺术捆绑在一起讨论的观念，也抱有一种敏锐的警觉，他既指出"书如其人"的片面性，又承认书法能够反映人性，这是他与欧阳修最大的不同。元丰四年（1081）五月，身在黄州的苏轼为唐林夫所藏的六位唐代书家作品题写了跋语。唐林夫与苏轼交好，并多有藏品的往来馈赠。在这篇重要的跋文中，苏轼一一点评了包括颜真卿在内的书家，其中写道：

1　按，苏轼在书法的实践层面，采取了一种包容的态度。他既为黄庭坚示范临写颜书，又建议米芾由唐入晋，专学晋人书风。

2　见《苏东坡全集》卷一百十七"书唐氏六家书后"，北京燕山出版社 2009 年，第 3220 页。

3　见《苏东坡全集》卷一百十八"书吴道子画后"，北京燕山出版社 2009 年，第 3232 页。

世之小人，书字虽工，而其神情终有睢盱侧媚之态，不知人情随想而见，如韩子所谓窃斧者乎，抑真尔也？然至使人见其书而犹憎之，则其人可知矣。[1]

苏轼的态度有些犹豫。他认为，"小人之书"的"睢盱侧媚之态"，或许是我们"疑邻窃斧"式的主观臆测，或许是真的能够在书法中表现出来。这种犹豫指向的是"书字虽工"的"小人之书"，但无论如何，那些让人见而憎之的作品，则是可以知其为人的。

在《题鲁公帖》中，他同样借用"疑邻窃斧"的典故阐述了相似观点，但不再犹豫，显得颇为笃定：

观其书，有以得其为人，则君子小人必见于书。是殆不然。以貌取人，且犹不可，而况书乎？吾观颜公书，未尝不想见其风采，非徒得其为人而已，凛乎若见其诮卢杞而叱希烈，何也？其理与韩非窃斧之说无异。然人之字画工拙之外，盖皆有趣，亦有以见其为人邪正之粗云。[2]

我们暂且不论"窃斧"引典的出处，苏轼这两段话讨论的核心与欧阳修并无二致，都是"书如其人"的问题。在第二段话中，他认为如果通过观书"有以得其为人"，那么君子和小人一定能够从书法中显示出

---

1 见《苏东坡全集》卷一百十七"书唐氏六家书后"，北京燕山出版社 2009 年，第 3220 页。
2 见《苏东坡全集》卷一百十七"题鲁公帖"，北京燕山出版社 2009 年，第 3198 页。

来，这是不可能的。"书如其人"并不尽然，带有片面性。但苏轼话锋一转，又通过对颜真卿书法的认知和感受，肯定了赏鉴者的主观意识特别是先入之见在审美过程中的重要性，通过观颜书，他甚至仿佛看到了颜真卿讥讽卢杞和叱责李希烈的情形。因此，苏轼又认同了书法"盖皆有趣，有以见其为人邪正之粗云"。这个"粗"字，显然是斟酌后的结果，意即大略而非全部，照应了前面对"有以得其为人"的部分否定。

今人解读苏轼的这两段文字时，认为苏轼的观念涉及了审美主体与创作主体之间的一系列深层次问题，充满思辨的张力，但也普遍困惑于文字的跳跃而很难释读，甚至多有断章取义、牵强附会之解。实际上，苏轼讨论问题的逻辑非常严密，这体现在他对"关键词"使用的匠心上。我们还是以第二段话为例：在论述"书如其人"的片面性时，苏轼用了"君子"和"小人"的概念，这两个概念都从属于"有以得其为人"的范畴，可知"为人"明确指称的是道德乃至人性，即"君子"和"小人"的区分。苏轼认为，通过观书无法完全知晓书者在道德上的善恶或美丑。但是，当我们对书者提前设定一个道德的判断后，情况就不一样了，通过颜真卿的书法，苏轼"未尝不想见其风采"。此"风采"绝非前述的道德或人性，因此苏轼称"非徒得其为人而已"，而是观者在道德设定的前提下，对书者风神的"形象重塑"，是观者借由作品展开的艺术想象。很显然，这种想象是道德或人性的衍化，观者能够通过作品自然生发而来。这种认知体验，正如同"疑邻窃斧"——当我认定他是窃斧者，我就会想象出他作为窃斧者的言行。因此，当我认为颜真卿是道德高尚、性情刚烈、视死如归的君子，我就会从他的书法中感知到这种气质。随后，苏轼转移话题，认为书法作为人的情感的自然表达，"盖皆有趣"，虽然不能完全地"书如其人"，但也可以从中大致看出一个人的邪正，从而又客

外郎琅邪颜真卿书

朝散大夫检校尚书都

官郎中东海徐浩题额

粤妙法莲华诸佛之祕

（明）《颜真卿多宝塔碑册》拓本，每开纵 27 厘米，横 12.4 厘米，天津博物馆藏

大唐西京千福寺多寶

佛塔感應碑文

南陽岑勛撰

朝議郎判尚書武部員

观地肯定了"书如其人"的价值。

至此，我们会发现苏轼的论证实则包含了三个严密的层次：首先，他认为艺术和道德并不具备天然的合一性，"书如其人"并非颠扑不破的至理。其次，我们之所以认为"书如其人"，实则是审美主体主观观念的提前介入导致的，即我们先期对书者有了一个评价，才会得出"书如其人"的认知。这一点，是最能体现苏轼思想的深度。最后，苏轼认为艺术毕竟是性情的流露，从中也可以读出人性，特别是那些使人"憎之"的作品，更容易"其人可知"。当然，这要考验赏鉴者的艺术和人文素养，而不能停留于"字画工拙"的评判。

在这三个层次中，苏轼使用了两组不同的概念：第一组概念是道德或人性。苏轼以"为人"来代称，可以分为"君子"或"小人"。第二组概念是道德或人性通过书法显化出的风采、姿态，如"睢盱侧媚之态"、鲁公之"风采""盖皆有趣"中的"趣"，我们可以理解为艺术风格。苏轼将这两组概念之间的关系，通过"书如其人"这个核心问题进行了系统阐述，它们之间当然是有关联的，前者是后者的重要基础，后者是前者的具体体现，但在很多时候又不完全"合拍"。它们之所以"合拍"，常常是因为有审美主体即赏鉴者主观意识的介入，参与了作品的"再创作"。当然，赏鉴者就如同那个"丢了斧子"的人，也会在审美趣味、价值认同上与创作者的本来意图出现偏差。

苏轼的这两段话，很容易被曲解。更有甚者，肯定"书如其人"的价值时，会引此佐证观点；讨论"书如其人"的片面性时，也常常将其作为论据。在人们的断章取义和"各取所需"中，苏轼语义之下蕴含的审美自觉和思辨意味，倒是被忽视了。

苏轼好像也没有收藏过颜真卿的作品，他关于颜书的评价，大都留在了对朋友所持藏品的题跋中。宋人的笔记也记录了一些他对颜书的讨论，最知名的当属《王直方诗话》所载："东坡云：书之美者莫如颜鲁公，然书法之坏自鲁公始；诗之美者莫如韩退之，然诗格之变自退之始。"[1]这段话不见于苏轼现存的题跋，但王直方是苏轼好友，我们姑且认为所录属实。

其实，苏轼认为"书法之坏自鲁公始"，并不代表对颜书的否定，按上文所言，他自觉地秉持了艺术史的格局来评价颜书，在"古今之变"中考察颜书的历史地位以及对书风流变产生的影响，因而与米芾对颜书的贬损不同，更具人文和思辨色彩。在《书黄子思诗集后》中，他表达了相似的观念，可以看作对《王直方诗话》所录之言的诠释：

予尝论书，以谓钟、王之迹，萧散简远，妙在笔画之外。至唐颜、柳，始集古今笔法而尽发之，极书之变，天下翕然以为宗师，而钟、王之法益微。至于诗亦然。苏、李之天成，曹、刘之自得，陶、谢之超然，盖亦至矣。而李太白、杜子美以英玮绝世之姿，凌跨百代，古今诗人尽废，然魏、晋以来高风绝尘，亦少衰矣。李、杜之后，诗人继作，虽间有远韵，而才不逮意，独韦应物、柳宗元发纤秾于简古，寄至味于澹泊，非余子所及也。唐末司空图，崎岖兵乱之间，而诗文高雅，犹有承平之遗风。其诗论曰："梅止于酸，盐止于咸。"饮食不可无盐、梅，而其美常在咸酸之外。盖自列其诗之有得于文字之表者二十四韵，恨当时不识其妙，予三复其言而悲之。闽人黄子思，庆历、皇祐间号能文者。予尝闻前辈诵其诗，每得佳句妙语，

1　（宋）王直方《王直方诗话》，见《宋诗话辑佚》，郭绍虞辑，中华书局 1980 年，第 4—5 页。

反复数四，乃识其所谓，信乎表圣之言，美在咸酸之外，可以一唱
而三叹也。予既与其子几道、其孙师是游，得窥其家集。而子思笃
行高志，为吏有异材，见于墓志详矣，予不复论，独评其诗如此。[1]

　　苏轼认为，书法到了颜真卿、柳公权的时代，"始集古今笔法而尽
发之"，穷尽笔法的变化，于是"天下翕然以为宗师"，这就导致了钟繇、
王羲之书风的衰微。诗歌的流变也是如此。此即苏轼所言的"然书法之
坏自鲁公始"，意在表达他对书风盛衰兴替的理解——颜真卿既是一代
书风的开创者，也未尝不是钟、王书风的终结者。苏轼的观点允为高论，
但如果仅此理解，显然并没有领悟他的言外之意。他肯定颜书在笔画、
技巧、形式等方面"极书之变"，但也含蓄地认为颜书及其追随者丢掉
了钟、王"萧散简远，妙在笔画之外"的风韵。他以"味外之味"来表
达自己的这种审美偏好："美在咸酸之外，可以一唱而三叹也。"这是
苏轼在书法、诗歌等领域秉持的重要观念，是"发纤秾于简古，寄至味
于澹泊"的趣味。由此可见，苏轼认为颜书的雄强丰腴之气，显得过于
直接和外露，不属于"妙在笔画之外"。正因此，他既没有否定颜，又
高妙地指出了颜书风格的"极致化"带来的"缺陷"，再加上"天下翕
然以为宗师"，这难道不是"书法之坏"？

　　艺术发展常常充满这种"悖论"，每当一种鲜明独特的风格确立并
形成潮流，也就意味着"创造性破坏"，这是以暂时告别传统为代价的。
同时，这种风格在演化过程中也会不断被后学者"解构"，甚至会朝着
一个令人担忧的方向发展，最终又会被另一种风格取代。这种情况，在

1　本文所引《书黄子思诗集后》，见《苏东坡全集》卷一百十五，北京燕山出版社2009年，第3152页。

北宋"趋时贵书"的"朝体"盛行中可窥一斑："本朝太宗挺生五代文物已尽之间，天纵好古之性，真造八法，草入三昧，行书无对，飞白入神，一时公卿以上之所好，遂悉学钟、王。至李宗谔主文既久，士子始皆学其书……自此惟趣时贵书矣。宋宣献公绶作参政，倾朝学之，号曰朝体。韩忠献公琦好颜书，士俗皆学颜书。及蔡襄贵，士庶又皆学之。王文公安石作相，士俗亦皆学其体。自此古法不讲。"[1] 所以，苏轼在题跋中表达了来源于"天下翕然以为宗师"的担忧——被推崇和临学的颜书在世人的效仿中，最终会失去本来面貌，甚至被异化为一种极端的表达方式，从而逐步走向艺术的"死胡同"。反倒是当他看到颜真卿临学王羲之的《东方朔画赞》碑后，由衷地给出了一个至高的评价："颜鲁公平生写碑，惟东方朔画赞为清雄，字间栉比，而不失清远。其后见逸少本，乃知鲁公字字临此书，虽小大相悬，而气韵良是。"[2] 依苏轼的审美旨趣，他更青睐颜书流露的"王氏基因"——符合"味外之味"的清雄、清远，而非感官强烈的"咸酸"。[3]

相较于米芾对颜书直白而刻薄的"丑怪恶札之祖"的贬损，苏轼"书法之坏自鲁公始"的评价显得更加复杂，有种浑融而难以言明的意蕴。笔者感到，苏轼对颜"肯定之中有所保留"，但他不太愿意在文字中直白地表达出来，用"机锋"般的语言营造了一个思维的"迷宫"，试图让读者在文字中自行寻找答案。他讨论的重点没有跳脱出宋人书法"尚意"的大逻辑，但并非米芾所谓"挑踢"之类的技法，也不是能否接受"丑怪"

1　（宋）米芾《书史》，吴晓琴、汤勤福整理，见《全宋笔记》第二编（四），大象出版社2006年，第260页。
2　见《苏东坡全集》卷一百十七，北京燕山出版社2009年，第3198页。
3　按，方闻认为，苏轼援借佛教的四相说：生、住、异、灭，形成了他的衰落理论。这对于我们认识苏轼的观点，提供了一种艺术史的视野。详见《心印：中国书画风格于结构分析研究》导言，方闻著、李维琨译，上海书画出版社2016年，第24—25页。

的风格，而是围绕颜书带来的一系列深层次思考：艺术风格如何形成与转换，以及风格在历史中的定位和影响；什么样的风格更契合自己的审美，更具"凌跨百代"的可能性……

综上，欧阳修、米芾、苏轼对颜真卿书法所持的复杂态度，最能代表宋人审美趣味的多元化。米芾的观点直白而辛辣；苏轼的讨论格局更大、也最为深刻；而欧阳修的观念因其显而易见的正统性，占据了主流地位。

经由欧阳修等人的推重，至朱长文《续书断》中对颜真卿艺术风格的"再次强化"，北宋士人完成了对颜真卿的接受和重塑，颜氏书法作为传统道德和完美人格的象征，遂与王羲之开创的传统并驾齐驱。士人的态度也显著影响了皇家的趣味，《宣和书谱》记录了御府收藏的颜真卿正书 6 件和行书 22 件，正书中包括米芾在《书史》里记载的《朱巨川告》，行书中则有流传至今的"天下第二行书"——《祭侄文稿》，《宣和书谱》写作《祭侄季明文》，是颜真卿于唐乾元元年（758）追祭死于安史之乱的从侄颜季明所写的草稿，现藏于台北故宫博物院。《宣和书谱》完整地接受了以欧阳修为代表的北宋士人对颜真卿的评价："惟其忠贯白日，识高天下，故精神见于翰墨之表者，特立而兼括。"[1] 这种"书如其人"的评价，已然获得皇家认可。

颜真卿在北宋初年的地位并非如此，太宗朝的《淳化阁帖》收录了褚遂良、虞世南、欧阳询、柳公权、张旭、怀素等唐代名家的书法作品，唯独无视颜真卿，一件作品也没有收录。除了时代的审美因素、学颜者寥寥外，考虑北宋初年的政治局势，可知颜的"落寞"背后，还有"政治切割"的可能。北宋建国后，政局未稳，南北方仍有打着大唐旗号反

1　（宋）佚名《宣和书谱》卷第三，顾逸点校，上海书画出版社 1984 年，第 24—25 页。

宋的势力，而"一门忠烈"的颜真卿作为前朝"殉道者"且带有鲜明的符号化特征，岂能将之纳入阁帖？北宋初年的政治和艺术语境中，并没有颜真卿立足的充分空间。正是到了欧阳修的时代，这种政治考量随着政局的安定而逐渐被稀释，反倒是颜真卿作为儒家典范的形象得以确立，进而，他的书法在士人的收藏圈中被解读为高尚人格的化身，即便是米芾如此不堪地贬损颜书，也没有挑战颜的人格魅力和史家的权威评价。当然，颜真卿历史地位在北宋的确立，经历了漫长的、层累式的复杂过程，具有影响力的推重者并非欧阳修一人，他们的观念也不尽相同，但不能否认，欧阳修在其中扮演了"关键先生"的角色。相对于苏轼和米芾，他对颜书的收藏更加完善，附丽的观念更加正统，这正是《宣和书谱》延续这种观念的原因，是一种审美趣味之外的"政治正确"的自然流露。

从颜真卿在北宋的接受史中可以看到，古人的收藏赏鉴趣味，包括艺术旨趣以及艺术之外的政治社会因素，是如何影响艺术史走向的。这一切，都要以文物艺术品在当世的递藏为基础，没有有序地传承，就会失去视觉文本，流于空泛地讨论。无论是欧阳修对颜书的收藏和著录，抑或是米芾对颜书递藏信息的记载，还是苏轼关于颜书的题跋，它们都是承载北宋士人对颜书审美观念的重要载体，也都是收藏史研究的重要范畴。这是一个值得深入探究的话题，艺术虽然有其自身的发展规律，但不会脱离政治、社会、文化的整体环境而单独存在。不同的接受观念和社会环境，又会丰富前世艺术家以及艺术品的文化内涵。在这种层累的接受中，我们可以通过"惟穷流变"式的努力，探寻另一种观察艺术史的方式。

五

　　在本书最后一节，谈谈米芾和王诜的作伪行为，特别是他们作伪的动机。与盗墓类似，作伪也是与收藏伴生的"副产品"。之所以把这个话题留在最后，因为前此所有关于北宋士人收藏行为和观念的讨论，都可算作铺垫，我们需要逐步走向宋人精神世界的深处。那个时代去今已远，再加上相关史料稀缺，讨论时难免需要借助通感。笔者感到，探讨他们作伪的心理动机，如同与这些调皮的灵魂对话，新鲜、刺激且充满了挑战。

　　学界公认的看法是，宋代是收藏史中第一次作伪的"高潮"。作伪最早可以追溯到魏晋南北朝时期，但当初的目的是为了摹拓和复制。南齐谢赫的《画品》，提出了影响至今的绘画理论体系——"六法"：气韵生动、骨法用笔、应物象形、随类赋彩、经营位置、传移模写。传移模写，实际上就是临摹和复制。唐代书画艺术交易兴起，真正用于牟利的作伪也开始出现。至北宋，伴随着收藏文化的繁荣，特别是文物艺术品市场的发展，作伪开始泛滥成灾。最具代表性的案例，就是李成赝品的流行。《宣和画谱》载：

> 自成殁后名益著，其画益难得，故学成者皆摹仿成所画峰峦泉石，至于刻画图记名字等，庶几乱真，可以欺世，然不到处，终为识者辨之。[1]

李成是宋代山水画范式的确立者之一，对后世山水画的发展影响深远。李成死后，名气越来越大，但画也越来越难得。那些学李成的人，不仅画作可以乱真，题词、名字等都到了"可以欺世"的程度。能够辨别真赝的"识者"，当属米芾。他为此抛出了"无李论"：

> 山水，李成只见二本，一松石，一山水，四轴。松石皆出盛文肃家，今在余斋。山水在苏州宝月大师处，秀甚不凡，松劲挺，枝叶郁然有阴。荆楚小木，无冗笔，不作龙蛇鬼神之状。今世贵侯所收大图，犹如颜、柳书药牌，形貌似尔，无自然，皆凡俗。林木怒张，松干枯瘦多节，小木如柴，无生意。成身为光禄丞，第进士，子祐为谏议大夫，孙宥为待制，赠成金紫光禄大夫。使其是凡工，衣食所仰，亦不如是之多，皆俗手假名。余欲为"无李论"。[2]

杨春晓认为，米芾"无李论"是通过整体面貌鉴定绘画的典型，"成

---

1 （宋）佚名《宣和画谱》卷第十一"山水二"，俞剑华标点注释，人民美术出版社2017年，第183页。
2 （宋）米芾《画史》，燕永成整理，见《全宋笔记》第二编（四），大象出版社2006年，第268页。按，笔者对所引文本句读略有改动。

为元明清鉴定家鉴定李成绘画的心理定势，后世鉴定家在鉴定李成绘画时无不受其影响"[1]。

北宋时期，不仅有伪托古人作品的，当世艺术家比如苏轼的书法也是作伪"重灾区"。他的书法颇受欢迎，《道山清话》称："子瞻爱杜牧之《华清宫》诗，自言凡为人写了三四十本矣。"[2]正是在旺盛的需求下，临仿苏轼的伪作大行其道。黄庭坚谈道：

> 此帖安陆张梦得简，似是丹阳高述伪作，盖依傍《槽姜山芋帖》为之，然语意笔法，皆不升东坡之堂也。高述、潘岐皆能赝作东坡书，余初犹恐梦得简是真迹，及熟观之，终篇皆假托耳。少年辈不识好恶，乃如此。东坡先生晚年书尤豪壮，挟海上风涛之气，尤非他人所到也。
>
> 丹阳高述、齐安潘岐，其人皆文艺，故其风声气格见于笔墨间。造作语言，想象其人，时作东坡简笔，或能乱真，遇至鉴则亦败矣。不深知东坡笔，用余言求之，思过半矣。东坡书彭城以前犹可伪，至黄州后，掣笔极有力，可望而知真赝也。[3]

黄庭坚作为苏轼学生，深谙老师的书风。他在这两段文字中透露了几个重要信息。苏轼书法当时已有人作伪，不仅仅是临仿真迹，还"造作语言，想象其人"，凭空捏造苏轼的作品。作伪属于"见不得人"的行业，历史上作伪者很少留下姓名，黄庭坚则将高述、潘岐等作伪者的

---

1 杨春晓《满船书画同明月——米芾鉴藏书画研究》第六章"米芾对宋元明清鉴定家的影响"，内蒙古大学出版社 2010 年，第 144 页。

2 （宋）佚名《道山清话》，赵维国整理，见《全宋笔记》第二编（一），大象出版社 2006 年，第 96 页。

3 见《山谷题跋》卷五、补编，屠友祥校注，上海远东出版社 1999 年，第 140、289 页。按，黄庭坚曾有诗赠高述，语含嘲讽。

名字留在了记录中，说明二人作伪水平之高，已经引起时人关注。而且他们"皆文艺"，属于作伪者中的"顶尖人才"，连黄庭坚都差点被蒙骗。

宋人的作伪手段无所不用其极，抛开现代技术不谈，今人作伪的各种方式，宋代几乎完备，比如临摹、仿造、割裂拆配、代笔等。此时，"书画作伪现象已经超越了之前时代'点'状的作伪者和作伪行为，而向整个社会'面'的范围大规模蔓延，成为一种笼罩全社会的不良的社会文化风气"[1]。由此产生的"耳目混淆"，给藏家带来了极大的困扰。《梦溪笔谈》载：

> 李学士世衡喜藏书，有一晋人墨迹在其子绪处，长安石从事尝从李君借去，窃摹一本以献文潞公，以为真迹。一日潞公会客，出书画而李在坐，一见此帖，惊曰："此帖乃吾家物，何忽至此？"急令人归取验之，乃知潞公所收乃摹本。李方知为石君所传，具以白潞公，而坐客墙进，皆言潞公所收乃真迹，而以李所收为摹本，李乃叹曰："彼众我寡，岂复可伸？今日方知身孤寒。"[2]

李世衡收藏的晋人墨迹被石从事借走后"窃摹"，并献给了文彦博。大家都把摹本当作真迹，李世衡百口莫辩，以至于发出了"今日方知身孤寒"的无奈感叹。沈括在这段文字中并没有说明"坐客"们是明知其伪偏不道破，还是有眼无珠、不识真假。依所述情景来判断，大家"指鹿为马"的可能性更大。在文彦博请客吃饭的场面下，客人给宰相个面子，

1　详见杨军《北宋时期书画鉴藏与流通研究》第五章"北宋书画流通的行价及作伪"，安徽美术出版社2015年，第142—159页。

2　（宋）沈括《梦溪笔谈》之《补笔谈》卷二"艺文"，金良年点校，中华书局2017年，第234页。

"识破不道破"，遵循了官场的规则，李世衡也就只能吃"哑巴亏"了。

在庞大的作伪人群中，米芾与王诜极其"另类"。二人同为艺术家和收藏家，对藏品既有精审的眼光，又有妥善的保管，间或"移花接木"，炮制出乱真的伪作。许多人认为这是艺术家天生狂放的写照，但艺术家、收藏家作伪不同于普通作伪，给后世带来的影响偏于负面，更不值得大肆渲染和提倡。

米芾的作伪，大致可分两类：一类为临摹古人作品被当作真迹的"无意之举"，因此还闹出不少笑话。另一类则是有意为之，意图明确。

米芾对晋人书法推崇备至，多加临习，几可乱真。《书史》中有几则记载，估计米芾记录时也颇为得意。他曾临摹王献之的法帖一卷，到了常州的一户人家手里，后来不知何人"取作废帖"，装裱后送给沈括。某日，米芾与众友在甘露寺净名斋雅聚，"各出书画"。沈括拿出了米芾临摹的这幅作品展示，米芾大惊，告诉大家这是他临摹的。沈括有点不高兴了，勃然曰："某家所收久矣，岂是君书？"米芾也不客气，对沈括说："岂有变，主不得认物耶！"[1]他在苏州居住时，与葛藻为邻。葛藻经常观摩米芾临帖，写一幅就收走，后来收集二十余帖，效仿《历代名画记》所载印记伪造并装裱成一轴。某日，葛藻向米芾出示此轴，米芾看后大笑。葛藻与陈奕是好友，后来就将此轴送给陈奕，"陈以为真，余借不肯出。今在黄材家"[2]。此类弄假成真，米芾虽无意，但确实是始作俑者。

流传至今的王羲之《大道帖》和《行穰帖》，王献之《中秋帖》《鹅群贴》《地黄汤帖》和颜真卿《湖州帖》等，学者认为均出自米芾之手。

---

1 （宋）米芾《书史》，吴晓琴、汤勤福整理，见《全宋笔记》第二编（四），大象出版社 2006 年，第 250 页。
2 （宋）米芾《书史》，吴晓琴、汤勤福整理，见《全宋笔记》第二编（四），大象出版社 2006 年，第 250 页。

其中，王献之《中秋帖》、黄绢本褚摹《兰亭序》和循王本冯摹《兰亭序》等，就是米芾有意为之的伪作。杨春晓认为，米芾其实从他人手中只获得过三本"兰亭"，但是以褚摹本为底本，或临或摹，伪造了多个赝本。[1]

米芾也偶尔作伪古画，《可书》载：

> 米元章工于临写，在涟水时，客鬻戴嵩牛图，元章借留数日，以摹本易之而不能辨。后数日，客持图乞还真本。米讶而问曰："尔何以知之？"客曰："牛目中有牧童影，此则无也。"[2]

与米芾同时代的另一位收藏家王诜，也是一位顶尖的作伪者，但在米芾那里，屡屡被识破。《书史》载，米芾每次到王诜家，王诜就拿出书帖让他"临学"。某次王诜翻索书画，米芾见到自己临摹的王献之《鹅群帖》，被"染古色麻纸，满目皴纹，锦囊玉轴，装剪他书上，跋连于其后。又以临虞帖装染，使公卿跋"，米芾大笑，"王就手夺去"[3]。王诜的这套作伪方式，简直"登峰造极"，不仅拿米芾的临摹之作当真迹，还在纸张上染色做旧，粘古跋和公卿跋提升"含真量"，并在外包装上"锦囊玉轴"，装点门面。看来，王诜家简直就是个造假的"窝点"，各种作伪技术已经相当完备且成"流水线"作业，造假的作品也肯定不止一件，无怪乎王诜在被识破后"就手夺去"，米芾认为他尚有许多这样的伪作没有出示。王诜还曾借走米芾所藏王羲之《快雪时晴帖》，未经米芾同

1　详见杨春晓《满船书画同明月——米芾鉴藏书画研究》第五章"米芾的临摹与作伪"，内蒙古大学出版社 2010 年，第 121—130 页。

2　（宋）张知甫《可书》，孔凡礼校注，中华书局 2002 年，第 405 页。

3　（宋）米芾《书史》，吴晓琴、汤勤福整理，见《全宋笔记》第二编（四），大象出版社 2006 年，第 260 页。

意就擅自割下原作的名人题跋及章署，合裱在摹本上还给他，被米芾一眼识破。王诜的造假，有一个幕后团队作支撑，他将工匠吕彦直收留门下，专司"双钩书帖"。米芾就曾见过吕彦直临摹的《黄庭经》一卷，同样识破了双钩的面目。[1]

上引只是米芾与王诜作伪的个案，窥斑见豹，可知其作伪手法的高超和赝品之多。他们都属于士人阶层中的艺术家和收藏家，不同于匠作之流，更非赝造以牟利的"职业作伪者"，那么，他们作伪的动机又是什么？杨军在考察宋代作伪泛滥的成因时，认为有以下几种因素：第一是因为书画摹习的需要，第二是经济利益的驱动，第三是好事者的推波助澜，第四则是文人雅窃，并列举了米芾临戴嵩牛图的个案为例。[2]杨春晓则聚焦米芾作伪的动机，认为一是为了保存副本，二是显示能力、自我炫耀，三是为了交易他人书画，即以假乱真。[3]这是目前可见的为数不多的关于宋人作伪动机的专门探讨。笔者认为，米芾、王诜的作伪有其独特性，涉及人们对收藏的认知，亦即收藏的心理动因，以及北宋社会对作伪所持的普遍态度。这是社会心理与个人心理共同作用的结果。在《大宋收藏》一书中，笔者曾尝试进行探讨，在此略加补充和修订。其中的某些观点，来源于让·鲍德里亚的《物体系》。

这是一个关于收藏的连锁追问。

第一问，什么是古物？古物可以看作一种符号。让·鲍德里亚认为，古物不再有实用的状况出现，它完全是作为符号存在的。然而，它并非

1　(宋)米芾《书史》，吴晓琴、汤勤福整理，见《全宋笔记》第二编(四)，大象出版社 2006 年，第 260 页。

2　详见杨军《北宋时期书画鉴藏与流通研究》第五章"北宋书画流通的行价及作伪"，安徽美术出版社 2015 年，第 148—150 页。

3　详见杨春晓《满船书画同明月——米芾鉴藏书画研究》第五章"米芾的临摹和作伪"，内蒙古大学出版社 2010 年，第 130 页。

无功能，亦不是单纯的装饰，在系统的框架里，古物有一个十分特定的功能：代表时间。所有的古物都是美的，只因为它逃过时间之劫，因此成为前世的符号。[1] 我们可以理解为，古物是时间的象征，越古老，越能够使我们接近它所代表的时代，接近神圣、自然和原始的知识。我们在古物身上感知到的是一种"真确性"，很少能体会到现代物品带来的焦虑。恰恰是经历了时间的沉淀，人们可以从古物那里获取到时间的确定性和安全感。让·鲍德里亚以手表为例，认为借助手表不只是知道时刻，而且是通过自己所拥有的手表来知道时刻，因此便"拥有"了时间。进而，因为拥有了手表，可以持续地记录时间，这已经成为文明人的基本素养：一种安全感。这种感觉，也是心理投射机制的作用，"物品是在我们的日常生活中扮演一个导流者的角色，在它们身上，许多神经质症可以得到消解，许多紧张和追悼状态中的能量可以得到承接"[2]。古物也具有这种导流的价值，它使我们沉迷其中，在感知时间的恒定、平和状态中，得到情感投射和审美愉悦。

第二问，人们为什么喜欢收藏？人类对私有财产具有与生俱来的热情，在这种热情的支配下，通过占有物品得到满足。"所有物品都有两个功能：或是为人所实际运用，或是为人所拥有"[3]，前者具有社会身份，比如机械和工具；后者"被人所拥有"的功能，实际上具有一个主观的身份，即我们通常所理解的收藏品。收藏品特别是古物的价值就在于被人们拥有，它已经基本失去了实际使用功能，满足的恰恰是我们占有的

1　详见让·鲍德里亚《物体系》第四章"边缘物——古物"，林志明译，上海人民出版社 2019 年，第80、89 页。

2　详见让·鲍德里亚《物体系》第五章"边缘体系：收藏"，林志明译，上海人民出版社 2019 年，第 98 页。

3　详见让·鲍德里亚《物体系》第五章"边缘体系：收藏"，林志明译，上海人民出版社 2019 年，第 93 页。

欲望。而这种被拥有，则需要投入激情、热情甚至是狂热。"这时，一件单独的物品就不够了；永远要是一连串的物品，甚至是能使计划完满达成的一个完整的系列。"[1]这就能解释收藏癖的问题了。患收藏癖的人总是害怕扔掉东西，疯狂地储藏物品，否则就会非常难受。这种收藏的极端行为，满足的是对物品单纯占有的欲望，与物品的实际使用功能并没有关系。在喜爱收藏的人眼里，哪怕是重复的物品，都具有这种"被拥有"的功能，人们会反复地搜集，期望达成收藏系列来填充欲望。这有点类似于女人的衣橱永远缺少一件衣服。

让·鲍德里亚的观点，与中国古人对文物的认知有相通之处，但中国古人的表达方式更加感性和通达。前引张彦远的"不为无益之事，则安能悦有涯之生"就颇具代表性。收藏是"无益之事"，"爱好愈笃，近于成癖"，他"以千乘为轻，以一瓢为倦，身外之累，且无长物，唯书与画，犹未忘情"[2]。张彦远所称的"长物"，最早出自于南朝的《世说新语》，唐代时常出现在文人笔下，白居易《销暑》诗中有"眼前无长物，窗下有清风"的名句。

到了北宋时期，把"长物"与收藏行为联系起来的讨论开始增多。宋初学者徐铉为苏易简《文房四谱》所作的序文称："退食之室，图书在焉，笔砚纸墨，余无长物。"[3]前引米芾和赵希鹄的观点则更为丰富，他们代表了古人清赏雅玩的趣味和传统。在他们眼里，文物艺术品实用功利的价值已经基本丧失，其存在的意义在于"被人所拥有"和拥有者精神、

1 详见让·鲍德里亚《物体系》第五章"边缘体系：收藏"，林志明译，上海人民出版社2019年，第94页。
2 （唐）张彦远《历代名画记》卷二"论鉴识收藏购求阅玩"，朱和平注译，中州古籍出版社2016年，第70页。
3 详见苏易简《文房四谱》，石祥编著，中华书局2011年，序第1页。

情感的投射。米芾的"功名不如翰墨",即是这种精神投射的表征,他感知到的是文物艺术品承载的时间和历史。至明代,文震亨很好地延续了这个传统,直接将他的收藏赏鉴著作取名《长物志》,最终定型了文物艺术品所谓"长物"的指称。

第三问,人们为什么不排斥赝品?古玩市场假货充斥是众人皆知的问题,但为什么还有那么多人到市场中试图购买"真品",甚至并不拒绝假货?这不仅仅是一种侥幸心理,还源于古物"表达卓越"的价值和功能。拥有古物象征着身份和地位,投射着占有者的情感。而购买仿制品或者赝品,其实也是在购买一种"表达卓越"的抽象价值,购买"古物作为时间象征"所带来的安全感,与真伪并无多大关系。仿品或赝品也能起到与真品相同的作用,"物品在此的意义不折不扣便是爱慕的对象"[1]。文物艺术品"表达卓越"的抽象价值,是"夸示性消费"的直接动因,"以夸耀的方式消费贵重物品,是有闲绅士博取名望的一种手段。不过,随着手头财富的积累,仅凭独自消费而没有外援,是不足以让天下人知道自己的财富的。于是,他就通过赠送贵重礼品、举办盛大宴会及招待会,把朋友和对手的帮助引了进来"[2]。夸示的心理普遍存在于收藏活动中,有时也会异化为一种优越感。米芾等人的作伪,就有通过高水平的赝造来构建心理优势的可能。

第四问,米芾与王诜为什么要作伪?当我们回答了上述三个问题后,这个问题就迎刃而解了。在排除通过作伪来牟利、置换真品等功利性目的后,他们的作伪带有强烈的心理动机,满足的是对古物符号价值的占

1　详见让·鲍德里亚《物体系》第五章"边缘体系:收藏",林志明译,上海人民出版社2019年,第95页。
2　索尔斯坦·维布伦《夸示性消费》,萧莎译,见罗钢、王中忱主编《消费文化读本》,中国社会科学出版社2003年,正文第8页。

有欲望。真伪在他们眼中是没有区别的，尽管他们非常清楚自己的伪造并不是真正的古物。这是造物般的成就感、体味时间的安全感、借此炫耀的虚荣感共同影响的结果。伪作也是一种创造，凝聚了艺术付出，以此来"血战古人"，展示艺术家的创造性天赋和不亚于古人的才华。而这些伪作，同样具备"被拥有"的功能和"表达卓越"的价值，他们从中获得了与真迹并无差别的享受。通过蒙骗不知情者，还可以强化这种感觉。当米芾识破王诜造假《鹅群帖》后，王诜"就手夺去"，其实是心理挫败的正常反应。米芾记录了许多他的临摹之作被当成真迹的案例，就带有明显的炫耀。

人的任何行为都是思想支配的结果，而人的思想又与其天赋性情、后天环境密不可分。米芾与王诜在那个才学"横亘而出"的时代里，性情、经历有许多相似之处。他们都不属于宋代主流的通过科举而晋升的"寒俊"，像苏轼这样参加科举而步入政坛的例子，在宋代似乎更受追捧。米芾的母亲阎氏曾侍奉过英宗的高皇后。神宗继位后因不忘阎氏的乳褓旧情，赐米芾为秘书省校书郎，从此，米芾才逐渐步入士人阶层。他并未在仕途上有所施展，反倒是屡受挫折，但又不甘于此，颇为自负。其怪诞的言行，既是性格使然，亦有以此来排泄情绪、抵抗世俗的考量。在与苏轼、王诜、蔡京乃至徽宗的相处中，米芾处于一个"被观看"的地位，人们既欣赏他的才华，又津津乐道于他的癫狂。总之，他是那个时代中"被观看"的另类。王诜同样没有经历科举，他出身贵族，娶英宗女蜀国公主为妻，因此而成为皇亲贵戚，社会地位清显。公主性情温和，待寡居的婆婆非常孝顺，不过王诜对婚姻似乎并不太满意，感情上非常放纵，因此受到过处罚。他的性格中同样有疏狂不羁的一面，仗义疏财、喜好交友，对苏轼几乎有求必应，是"乌台诗案"中受牵连而遭罚最重的"同党"。他的兴趣和精力,几乎都在艺术与收藏方面,豪掷千金购买文物艺术品,并因此受到苏轼、黄庭坚等人的批评。这些性格中"放"的因素,加之后天生活环境的熏染,使米芾、王诜都具有某种偏执的气质,往往会投射到艺术活动中。在真迹远远满足不了胃口的时候,通过作伪这种冒险、刺激且并不需要承担诘难、付出代价的行为与古对话、排遣情绪,是完全有可能的。我们也可以用弗洛伊德"结构假设"心理模式中的"置换"和"反向形成",来解释这种现象。

如果我们从整个北宋时期的社会心理层面来观察,也会发现他们的作伪有着深厚的社会基础。不仅是书画领域,北宋民间的伪书也时有出现,可知这是一个带有普遍性的社会现象。王铚是宋初学者王昭素后裔,其父王萃则是欧阳修的学生。王铚嗜好藏书,也是编造伪书的高手。托名冯贽所著的《云仙散录》,就是王铚一手炮制的"伪典",早在南宋时,学者们就已识破了此书的破绽。王铚的作伪,似乎没什么功利性,更像是吸引眼球的"恶作剧"。苏轼嘉祐二年(1057)科举考试中的行为,也仿佛自负调皮的学生给老师开的玩笑。他引用"皋陶曰杀之三,尧曰宥之三"的典故,并以第二名的成绩高中进士。此典实则是他的临时捏造,但主考官欧阳修并未因此责怪苏轼。

从现有史料中,看不到北宋时期因赝造书画而承担讼事或引发当事人争端的记载,米芾等士人虽然对此类人并无好感,将其纳入好事者的行列并给予批判,但在当时的社会氛围中,这种批判似乎并没有跳脱出士人阶层而延申到更广的领域,人们对所谓的真赝,持有一种宽容乃至"无所谓"的心态。张守在《毗陵集》中称:"知音者稀,真奇殆绝,临本之获厚币，宜哉！"[1]在古人留下的艺术品愈发稀少和珍贵的情况下，临本的作用便不言而喻了。张守认为，它们能卖个好价钱，也属正常。

李廌《德隅斋画品》中也有一个重要观念——然画笔神妙，不必较其名氏：

> 梁元帝为荆州刺史日所画粉本，鲁国而上三十有五国，皆写其使者，欲见胡、越一家，要荒种落共来王之职。其状貌各不同，然皆野怪寝陋，无华人气韵。如丁简公家《凌烟功臣》《孔子七十门人》小样，亦唐朝粉本，形性态度，人人殊品，画家盖以此为能事也。此图题字殊妙，高昌等国皆注云贞观某年所灭；又落笔气韵，阎立本所作《职贡图》亦相若，得非立本摹元帝旧本乎？或以谓梁元帝所作，传至贞观，后人因事记于题下，亦未可知。然画笔神妙，不必较其名氏，或梁元帝，或阎立本，皆数百年前第一品画也。纸缝有"褚长文审定"印章，长文鉴画有名于古，定然知此不凡也。[2]

李廌认为，不必纠结于《番客入朝图》是梁元帝绘制还是阎立本摹作，重要的是"数百年前第一品画也"。识者重视的并非真赝，而是艺术品是否"神妙"。这是一种以审美为导向的观念，降低了真伪的评判权重，也客观上为作伪的泛滥提供了宽容的语境。

这个问题确实饶有趣味，且具备深入探讨的价值。北宋时期，士人占据了收藏的"金字塔尖"，主要通过朋友交换等方式获得藏品，他们

---

1 （宋）张守《毗陵集》卷十一，中华书局1985年，第171页。
2 （宋）李廌《德隅斋画品》之"番客入朝图"，见《画品丛书》（一），于安澜编著、张自然校订，河南大学出版社2015年，第222页。

与民间收藏的"身份区隔"，实际上形成了"群体区隔"。恰恰是这种"自成体系"，使他们与民间收藏甚少利益纠缠，这就决定了他们在批判好事者的同时，又不必与好事者产生过多事务往来。即便是米芾、王诜的作伪，也带有浓重的"区隔"意识，影响限于各自的收藏圈和朋友圈，充盈着一种癖好式的趣味。因此，掌握了话语权的士人完全可以用超然的态度来看待民间的作伪行为，在理性批判的基础上，其实并无诘难和打压的必要。当然，我们也不能忽视那个时代相对宽松、自由表达的整体氛围，以及收藏市场尚未发育成熟的因素。明代，士人藏家开始深度介入收藏市场，董其昌等不以转售赝品为耻，作伪已经与消费深度捆绑，已然将士人与民间的"区隔"打破，早已不复宋人对身份的骄傲和矜持。因此，明代士人阶层对收藏领域所谓好事者的评判，思想深度和文化高度远逊于宋代。相较而言，明代的作伪更加泛滥，已然渗透到士人阶层并带有浓重的利益驱动因素。

　　米芾在他所处的北宋时期，既扮演了赝作"裁决者"的角色，又是赝作的"创造者"。这不是悖论，当你拥有了天赋才华，不满足于审视，就会出现"造物"的冲动。米芾所造之物，其实是时间。我们可以放飞想象——他被"棐几延毛子，明窗馆墨卿"的氛围包裹着，暂且放下了脑海中世俗对其"观看"的眼神，于案头挥笔、染色、做旧，他一定是走入了时光隧道，正与王羲之或王献之对话。此时此刻，米芾体会到了世俗世界里无法获取的满足和幸福。他不再"被观看"，而是成了导演，"观看"赝品流出后，那些好事者是如何被自己捉弄的。

　　今天，我们是否仍在被古人捉弄？

主要参考文献

史　籍

01　张彦远著, 朱和平注释《历代名画记》, 中州古籍出版社, 2016年。

02　脱脱等《宋史》, 中华书局, 2000年。

03　蔡絛撰, 冯惠民、沈锡麟点校《铁围山丛谈》, 中华书局, 1983年。

04　周辉等《清波杂志（外八种）》, 上海古籍出版社, 1991年。

05　张邦基撰, 丁如明校点《墨庄漫录》, 上海古籍出版社, 2012年。

06　王栐撰, 孔一校点《燕翼诒谋录》, 上海古籍出版社, 2012年。

07　王黼著, 诸莉君校点《宣和博古图》, 上海书店出版社, 2017年。

08　顾逸点校《宣和书谱》, 上海书画出版社, 1984年。

09　俞剑华标点注释《宣和画谱》, 人民美术出版社, 2017年。

10　邵博撰, 刘德权、李剑雄点校《邵氏闻见后录》, 中华书局, 1983年。

11　赵希鹄著，尹意点校《洞天清录》，浙江人民美术出版社，2016年。

12　欧阳修、欧阳棐《集古录跋尾　集古录目》，上海古籍出版社，2020年。

13　赵明诚著，刘晓东、崔燕南点校《金石录》，齐鲁书社，2009年。

14　王辟之撰，吕友仁点校《渑水燕谈录》，中华书局，1981年。

15　欧阳修撰，李伟国点校《归田录》，中华书局，1981年。

16　苏轼《苏东坡全集》，北京燕山出版社，2009年。

17　刘道醇《圣朝名画评》，山西教育出版社，2017年。

18　沈括撰，金良年点校《梦溪笔谈》，中华书局，2017年。

19　邓椿撰，黄苗子点校《画继》，人民美术出版社，2003年。

20　翟耆年《籀史》，中华书局，1985年。

21　赵彦卫撰，张国星校点《云麓漫钞》，辽宁教育出版社，1998年。

22　叶梦得撰，叶德辉校刊、涂谢权点校《避暑录话》，山东人民出版社，2018年。

23　陈鹄撰，郑世刚校点《西塘集耆旧续闻》，上海古籍出版社，2012年。

24　郭若旭《图画见闻志》，中国书店，2018年。

25　程俱撰，张富祥校证《麟台故事校证》，中华书局，2000年。

26　吕大临《考古图》（外二种），浙江人民美术出版社，2017年。

27　陆游撰，高克勤校点《老学庵笔记》，上海古籍出版社，2012年。

28　米芾撰，吴晓琴、汤勤福整理《书史》，大象出版社"全宋笔记"第二编（四），2006年。

29　米芾撰，燕永成整理《画史》，大象出版社"全宋笔记"第二编（四），2006年。

30　米芾撰，辜艳红点校《米芾集》，浙江人民美术出版社，2019年。

31　董逌撰，赵伟校注《广川画跋》，山西教育出版社，2015年。

32　董逌《广川书跋》，中国书店，2018年。

33　苗书梅等点校，王云海审订《宋会要辑稿·崇儒》，河南大学出版社，2001年。

34　晁公武撰，孙猛校证《郡斋读书志校证》，上海古籍出版社，2011年。

35　李廌《德隅斋画品》，见《画品丛书》，于安澜编著、张自然校订，河南大学出版社，2015年。

36　刘道醇《五代名画补遗》，见《画品丛书》，于安澜编著、张自然校订，河南大学出版社，2015年。

37　陈骙撰，张富祥点校《南宋馆阁录》，中华书局，1998年。

38　苏易简著，石祥编著《文房四谱》，中华书局，2011年。

39　周密撰，吴企明点校《癸辛杂识》，中华书局，1988年。

40　周密撰，黄益元校点《齐东野语》，上海古籍出版社，2012年。

41　岳珂撰，黄益元校点《桯史》，上海古籍出版社，2012年。

42　岳珂《宝真斋法书赞》，商务印书馆"丛书集成初编"，1936年。

43　李冶《敬斋古今黈》，商务印书馆"丛书集成初编"，1935年。

44　文震亨《长物志》，中华书局，2012年。

专　著

01　邓小南《祖宗之法：北宋前期政治述略》（修订版），生活·读书·新知三联书店，2014 年。

02　薛永年、赵力、尚刚《中国美术史：五代至宋元》，中国人民大学出版社，2014 年。

03　邓乔彬《宋代绘画研究》，河南大学出版社，2006 年。

04　陈振《宋史》，上海人民出版社，2016 年。

05　程民生《宋代物价研究》，江西人民出版社，2021 年。

06　彭信威《中国货币史》，上海人民出版社，2015 年。

07　方诚峰《北宋晚期的政治体制与政治文化》，北京大学出版社，2015 年。

08　梁江《中国美术鉴藏史稿》，文物出版社，2009 年。

09　余辉《画里江山犹胜——百年艺术家族之赵宋家族》，中国美术学院出版社，2018 年。

10　余辉《隐忧与曲谏：清明上河图解码录》，北京大学出版社，2015 年。

11　傅申《元代皇室书画收藏史略》，上海书画出版社，2018 年。

12　傅申《宋代文人书画评鉴》，上海书画出版社，2020 年。

13　范凤书《中国私家藏书史》，大象出版社，2001 年。

14　尹沛霞著，韩华译《宋徽宗》，广西师范大学出版社，2018 年。

15　龙沛著，康海源译《重归一统》，九州出版社，2021 年。

16　彭慧萍《虚拟的殿堂：南宋画院之省舍职制与后世想象》，北京大学出版社，2018 年。

17　让·鲍德里亚著，林志明译《物体系》（修订译本），上海人民出版社，2019 年。

18　艾朗诺著，杜斐然、刘鹏、潘玉涛译，郭勉愈校《美的焦虑：北宋士大夫的审美思想与追求》，上海古籍出版社，2013 年。

19　倪雅梅著，杨简茹译，祝帅校译《中正之笔——颜真卿书法与宋代文人政治》，江苏人民出版社，2018 年。

20　杨军《北宋时期书画鉴藏与流通研究》，安徽美术出版社，2015 年。

21　葛路《中国画论史》，北京大学出版社，2009 年。

22　张毅《宋代文学思想史》（修订本），中华书局，2006 年。

23　陈植锷《北宋文化史述论》，中华书局，2019 年。

24　邓白《赵佶》，上海人民美术出版社，1985 年。

25　王元军《文人作伪》，华文出版社，1997 年。

26　高木森《宋人丘壑：宋代绘画思想史》，浙江人民美术出版社，2019 年。

27　杨春晓《满船书画同明月——米芾鉴藏书画研究》，内蒙古大学出版社，2010 年。

28　佘城《宋代绘画发展史》，荣宝斋出版社，2017 年。

29 郑苏淮《宋代美学思想史》，江西人民出版社，2007年。

30 赵娟《北宋书画鉴藏探究》，河南大学出版社，2017年。

31 秦开凤《宋代文化消费研究》，商务印书馆，2019年。

32 苏梅《宋代文人意趣与工艺美术关系》，中国社会科学出版社，2015年。

33 林欢《宋代古器物学笔记材料辑录》，上海人民出版社，2013年。

34 叶康宁《风雅之好——明代嘉万年间的书画消费》，商务印书馆，2017年。

35 罗钢、王中忱主编《消费文化读本》，中国社会科学出版社，2003年。

论　文

01　邓小南《书画材料与宋代政治史研究》，《美术研究》2012 年第 3 期。

02　张富祥《〈宣和博古图〉编纂与流传考》，《淮阴师范学院学报》(哲学社会科学版) 2017 年第 3 期。

03　吕肖奂《欧阳修的集古理念及其集古诗文研究——兼及北宋官僚士大夫文人的第一次收藏热》，《新宋学》，2014 年。

04　梁建国《朝堂之外：北宋东京士人走访与雅集——以苏轼为中心》，《历史研究》2009 年第 2 期。

05　姜鹏《宋初文治导向与经筵缘起》，《传统中国研究集刊》第七辑，2009 年。

06　宋晓希《御书赏赐的文治气象——宋太宗与唐宋御书政治文化的传承和转型》，《北京社会科学》2016 年第 12 期。

07　夏超雄《宋代金石学的主要贡献及其兴起的原因》，《北京大学学报》1982 年第 1 期。

08　徐飔《宋人对古代器物的研究》，《南京艺术学院学报》(美术与设计版) 2006 年第 4 期。

09　苏碧铨《趣味·身份·情感：作为"交游录"的〈集古录〉》，《齐鲁学刊》2020 年第 1 期。

10　张自然《北宋国子监画学机构设立原因考》，《艺术世界》2017 年第 1 期。

11　胡劲茵《北宋徽宗朝大晟乐制作与颁行考议》，《中山大学学报》(社会科学版) 2010 年第 2 期。

12　衣若芬《复制·重整·回忆：欧阳修〈集古录〉的文化考察》，《中山大学学报》（社会科学版）2008 年第 5 期。

13　张荣国《诗画互文：从苏轼、王诜唱和诗新解王诜水墨卷〈烟江叠嶂图〉》，《南京艺术学院学报》（美术与设计）2015 年第 1 期。

14　李光生《苏诗唱和与物品交换—— 一段关于"仇池石"的记忆》，《华夏文化论坛》2019 年第 1 期。

15　梁海、陈政《物欲的批判与超越——生活美学视域下的宋代士人鉴藏审美观念与实践》，《江海学刊》2017 年第 1 期。

16　石炯《徽宗朝的古物研究、铸造与聚藏》，《中国美术学院学报》2015 年第 5 期。

17　李方红《宋徽宗绘画研究的历史与方法——兼论跨学科研究中的艺术史》，《美术观察》2021 年第 1 期。

18　许雅惠《南宋金石收藏与中兴情结》，《美术史研究集刊》第 31 辑，2011 年。

19　查律《米芾书法论》，《中国书法》2021 年第 4 期。

20　史正浩《宋代金石图谱的兴起、演进与艺术影响》，南京艺术学院博士论文，2013 年。

21　肖伟《宣和画谱绘画著录及递藏研究》，南京艺术学院博士论文，

2019 年。

22 张其凤《宋徽宗对文人画的影响》，南京艺术学院博士论文，2007 年。

后 记

我于 2020 年初，在早些年积累的基础上，开始系统留意宋代艺术史和收藏史，并于转年初出版《大宋收藏》。这本小书得到部分读者的喜爱，确实有些惭愧，同时也引来一些疑问：原以为你要写宋代收藏的奇闻异事和文物的传奇经历，没想到写了那么多与文物无关的内容。这个疑问颇有代表性，但猎奇并不是我们了解历史的唯一动机。我想跳脱出猎奇的视线，从收藏这个常人极少关注的角度，哪怕是仅仅打开了这扇窗的一个缝隙，来观察宋代的历史。这一难度可想而知，我时常感到笔力不逮，书中也留下了种种遗憾，某些表述有悖史实，有的则失于简率粗陋。

为弥补遗憾，也为延续阅读和写作的兴致，在《大宋收藏》初稿既成之时，我便启动了新书的写作，初期设定的目标相当宏大，后来愈发吃力，故逐步修订想法，于是就有了这本堪称《大宋收藏》姊妹篇的新书。与前者相比，这本书算是严肃的学术写作，可读性可能会差一些，但也尽量做到畅所欲言。它的着墨点在于那个时代的思想和观念，通过艺术和收藏，与那些有趣的灵魂来一次对话。

2021 年 4 月 1 日，我调至天津博物馆工作。这个日子有些滑稽，但对我来讲，意义非凡。经历了记者、公务员等不同职业，如今算是身份和心境的回归。兜兜转转并非时光的耗费，前此十余年砥砺的是浮躁的心性，收获的则是对世情的淡然、人生的笃定和清醒。其后，书稿进度有所加快，我终于能够安下心来专注地做一件喜欢的事情。

写作时有种难以名状的紧迫感，仿佛有股力量在背后推动我不断地向前，甚至到了无法放松的状态，时常感到迷惘。这是跌入历史之境中必然遇到的现象。在历史面前，我们是如此渺小和无知，而追溯时间带来的疑问，远超有所发现时的兴奋。特别是这种写法涉及政治史、艺术史、文学史、社会史乃至经济史等诸多领域，自己并没有做好充分准备，仅凭热情和所谓"圈外人"的"无知无畏"来支撑，懊恼于前此荒废了太多时间，没有好好地读书和思考。要解除这些困惑，就不得不跟自己较劲儿，工作之余争分夺秒地抢时间、赶进度。我甚至有点喜欢这种状态，像是一个人的战争，在不断挑战自我。

书稿参考了许多现有的学术成果，引注和书后的参考文献已列出，尤其是今人的专著和论文，给了我很多启发，在此向作者们表示衷心感谢。书中引用了一些古人诗词，有的较为常见，故未作引注。如有疏漏，敬请谅解。某些表述，有时很难说清是属于收藏史还是艺术鉴藏史，抑或是艺术史。我无意更无能力构建某种宏大的格局，也不愿纠缠在概念的界定上。其实，概念并不重要，概念的价值要依托解读的方式和内容。我不想把思维局限住，因此写得有些任性，有时甚至有种"刹不住车"的感觉，所以这本书看上去枝蔓太多，绕来绕去的，还有许多"急转弯"。某些观点可能与人们通常的认知不太一致，也关注到了一些隐匿的历史的角落，比如太宗对典籍收藏的重视，在宋初文治的形成过程中，虽然算不上"主流叙事"，但恰恰是历史的"边边角角"，充满了张力。徽宗的收藏是否完全出于兴趣？当然不是，他是一个复杂的解读对象，不能简单用一个"玩物丧志"来概括。在北宋收藏市场业已形成且"名人字画"颇受追捧的情况下，苏轼是否售卖过自己的字画？这牵扯北宋人士对艺术与收藏的认知。北宋的"润笔"并非书画售卖的价格，并不能证明当时文物艺术品交易的真实情况。文人画只是当时士人阶层中流行的艺术形式，并不存在所谓"繁荣发展"乃至与宫廷画相抗衡的问题，我们可以从当时艺术品的价格中窥见一二。米芾的作伪动机中包含了浓重的性格因素，等等。这些观点，或许人们早已讨论过，恕我无知。

总的想法是，对古人收藏活动的考察，不应单纯局限在艺术这个领域，可以从彼时的政治、社会、文化、经济环境以及收藏个体的经历、观念入手，在整体的社会氛围中了解和讨论文物艺术品递藏的信息以及附丽其中的观念（收藏观念、艺术观念乃至政治观念、人生观念等），将古人的收藏活动熨帖地融入历史氛围中，写出符合历史情境的况味。抽离情境的叙述，虽然不易出错，但难免枯燥。这个想法并不新鲜，存在薛永年先生担忧的"加强了历史人文，弱化了艺术审美"[1]的可能，具体写作时，也会产生无法自洽的问题，甚至会让读者有一种观念先行的感觉。但我还是固执地选择了收藏史这个视角，以及适合自己的表达方式。这符合我的职业选择，也是出于个人兴趣。不妥之处，请读者有以教之。

有许多人要感谢。书稿使用了天津博物馆馆藏文物的资料和照片，同事们工作之余给了我很大帮助，我也有幸在文物库房中看到了那么多珍贵文物。它们是时间的碎片，让我在文字之外感知历史的厚重。我始终认为，历史并不仅仅活在文字里，在那些文化遗存中，历史的表情更丰富。我的同窗张新煜、林晨认真审阅书稿，并提出了具体意见。记得

1　薛永年《美术史学与美术本体》，《美术观察》2020 年第 10 期。

张新煜来津办事时，我们彻夜长谈，突然想起二十多年前大学宿舍中为了某个话题争执的场景，一晃那么多年了，而今已是"听雨客舟中"的年龄，"断雁西风"的心境，到底还是保留了一些单纯，感谢生活的砥砺和恩赐，让我没有失去读书的初心。感谢天津社会科学院出版社的编辑韩鹏，为这本书劳神费力。能够出版这样一本缺少噱头甚至有些乏味的小书，该是何等的情怀！还有我的家人，谢谢你们一直以来的理解和支持，让我能够心无旁骛地做点事情。

限于学识和精力，书中难免有偏颇、错讹之处。写得不好的地方，责任在我。真诚希望读者提出批评意见，也真诚期待更多的人关注收藏这个话题，它本来就是生活的一部分，不因猎奇而庸俗，不因严肃而无趣。今天，当你走进博物馆或者通过其他途径审视那些文化遗产时，就是在和历史对话，参与收藏的传奇。

白俊峰

2021 年 7 月于抱晴书屋